思维型教学理论引领下的教师专业能力实训丛书

丛书主编　胡卫平

教学设计能力实训

Jiaoxue Sheji Nengli Shixun

严文法　编著

高等教育出版社·北京

内容简介

在落实立德树人根本任务、发展学生核心素养背景下，课程改革对教师教学设计提出了新的要求。本书以教学设计一般理论为基础，以思维型教学理论为指导，侧重能力实训。本书在思维型教学理论指导下，详细阐述教学设计的基本理论，重点探讨了教学设计的基本环节、教学目标设计、教学方法设计、教学情境创设、教学评价设计、教学设计的预设与生成等。

本书将理论讲授与案例解析相结合，可操作性强，为中小学教师的教学设计提供指导，为教师专业能力指出有效的提升路径，可以作为中小学教师的培训教材或研修读本。

图书在版编目（CIP）数据

教学设计能力实训 / 严文法编著. -- 北京 : 高等教育出版社，2019.7

ISBN 978-7-04-051955-6

Ⅰ. ①教… Ⅱ. ①严… Ⅲ. ①中小学－教学设计 Ⅳ. ①G632.0

中国版本图书馆CIP数据核字(2019)第091562号

策划编辑 魏振水 王文颖　责任编辑 王文颖　封面设计 张 志　版式设计 徐艳妮
插图绘制 于 博　责任校对 李大鹏　责任印制 刘思涵

出版发行 高等教育出版社
社　　址 北京市西城区德外大街4号
邮政编码 100120
印　　刷 肥城新华印刷有限公司
开　　本 787 mm×1092 mm 1/16
印　　张 15.75
字　　数 280千字
购书热线 010-58581118
咨询电话 400-810-0598
网　　址 http://www.hep.edu.cn
　　　　 http://www.hep.com.cn
网上订购 http://www.hepmall.com.cn
　　　　 http://www.hepmall.com
　　　　 http://www.hepmall.cn
版　　次 2019年7月第1版
印　　次 2019年7月第1次印刷
定　　价 39.80元

本书如有缺页、倒页、脱页等质量问题，请到所购图书销售部门联系调换

物 料 号 51955-00

序

百年大计,教育为本;教育大计,教师为本。新时代教师队伍建设已是国家战略。党的十九大后,党中央通过的第一个教育文件《关于全面深化新时代教师队伍建设改革的意见》提出:到2035年,教师综合素质、专业化水平和创新能力大幅提升,培养造就数以百万计的骨干教师、数以十万计的卓越教师、数以万计的教育家型教师。为实现这一目标,教师队伍建设需要“遵循教育规律和教师成长发展规律”。从教师发展的目标来讲,这就需要提升教师的专业素质和创新能力。能力是素质的核心,教师发展的核心目标是教师学会教育教学,提高教育教学能力,即教师的专业能力,能力的提高需要实践,因此,教师专业发展需要加强实训。从专业能力各要素的关系来讲,教学是教育的核心活动,教学能力是教师专业能力的核心,理解教学的本质,掌握科学的教学理论和方法,是教师专业发展的核心要求。从教师成长规律来讲,教师需要经历新任教师、骨干教师、专家型教师等阶段,不同阶段教师发展的目标和途径要符合该阶段教师的特点,教师的培养和培训要系统的设计。从教师发展的机制来讲,教师专业发展是在教师的专业学习中实现的。有效的教师专业学习,无论是新手教师的专业理念形成,还是专家教师的教学研究与创新,都离不开教师积极的思维投入。

教师专业能力的发展需要综合考虑目标、内容和方法等要素。国际教师教育改革的趋势表明:有效的教师专业发展要以教师专业学习为中心,注重教师长期主动的思维投入;以核心能力为导向,注重理论思考与专业实践相融合;注重教师教学创新能力培养,以适应学科内容知识更新与现代教学技术变革;以共同研修为载体,通过信息技术平台将教师的学习活动、学习资源与学习社区相整合。比较而言,我国目前的教师专业发展,在目标上强调教学基本技能和基本理念,忽视高水平的教师专业能力培养,特别是教学研究与创新能力培养严重不足;在规划上缺乏对教师专业发展的系统设计和分层培训;在方法上理论与实践相脱节,缺少基于能力的实训;在资源上缺乏现代教学技术平台和教学资源的支撑;在效果上教师学习投入度较低,素质提高有限;等等。因此,近年来,我们以思维型教学理论为基点,从教师专业能力的层级结构出发,基于思维引领、全程培养、思行合一、技术支撑的教师专业能力发展思路,系统建构了一套独具特色的教师专业能力发展模式。

近20年来，我们系统地总结了教学思想的研究成果，全面概括了学习研究的最新进展，深入分析了核心素养的培养途径，利用脑科学、行为学、教育实验等方法研究了教学的本质及规律，提出了思维型教学理论。从2009年起，基于思维型教学理论，我们建构了教师专业能力发展的理论并进行了大量的实践。本丛书反映了我们在理论研究与实践探索方面的部分成果。为了便于读者更好地阅读和深入地理解，下面对思维型教学理论及教师专业能力发展的相关问题做一简单的介绍。

一、积极思维：思维型教学的核心要求

教学活动是教师教的活动和学生学的活动的有机统一。从学生学的活动来讲，不论是明确学习目标、感知学习材料、理解所学知识、掌握学科方法、迁移运用知识、反思学习过程，还是提出问题、分析问题、解决问题、师生互动、生生互动等，其核心活动都是思维。从教师教的活动来讲，不论是明确教学目标、了解学生基础、进行教学设计，还是创设教学情境、组织教学活动、反思教学过程等，其核心活动也是思维。因此，思维活动是课堂教学中师生的核心活动，教学的本质是思维。促进学生的积极思维，培养以思维为核心的核心素养，是思维型教学理论对教学的基本要求。

1. 思维型教学的目标追求

思维型教学的目标指向核心素养，核心素养是学生在接受相应学段的教育过程中形成的适应个人终身发展和社会发展需要的正确价值观念、必备品格和关键能力，特别强调对知识与方法的深度理解和在真实情境中的灵活应用、批判性思维与创造性思维能力的培养、合作能力与交流能力的培养、内在的学习动机与自主学习能力的培养、创新素质的培养等，在这些素养中，思维能力处于核心地位，学生不论是发展核心素养还是学科核心素养，其最核心的都是思维。思维型教学理论要求培养学生的核心素养要符合学生的认知水平和知识经验，要制订系统的培养规划和教学计划，并能根据学习情况及时调整目标，教学过程要围绕教学目标展开并落实好。

2. 思维型教学的基本原理

为了突出在教学中促进学生积极主动思维，培养以思维为核心的核心素养，教学需要遵循如下五个基本原理：

第一，动机激发。动机作为非智力因素之一，不仅是其他非智力因素的前提与基础，还是推动学生主动学习和积极思维的动力。在教学过程中，教师要创设良好的教学情境，设置适当的问题情境，激发学生的内在学习动机，调动学生学

习的积极性,使其产生强烈的求知欲,保持积极的学习情感与态度。

第二,认知冲突。认知冲突指在认知发展过程中,当原有认知结构与现实情境不相符时在心理上所产生的矛盾或冲突。在课堂教学中,教师要根据课堂教学目标,抓住教学重点,联系已有经验,设计一些能够使学生产生认知冲突的“两难情境”或者看似与现实生活和已有经验相矛盾的情境,以此激发学生的参与欲望,启发学生的积极思维。

第三,自主建构。自主建构包括认知建构和社会建构两个方面。就认知建构来讲,在课堂教学中,教师要恰当地列举生活中的典型事例,唤起学生已有的感性认识;运用观察和实验展示有关事物发生、发展、变化的现象和过程;联系学生已有生活经验和已有知识进行教学。教师要重视概念、规律、理论等的形成过程,让学生掌握建立概念和规律、形成知识、分析问题、解决问题的方法,提出高认知问题;使学生掌握知识之间的联系及关系,在大脑中形成“富有弹性”的知识网络,建构合理的学科结构,为学生创造力的发展打下良好的基础。就社会建构来讲,教师要重视课堂互动。课堂互动是课堂教学中最基本、最主要的人际交往,也是一种常用的教学方式。在课堂教学情境中,教师和学生之间、学生和学生之间发生具有促进性或抑制性的相互作用、相互影响,进而达到师生心理或行为的改变。从课堂互动的主体来讲,有课堂师生互动和课堂生生互动;从课堂互动的内容来讲,有思维互动、情感互动、行为互动。行为互动是课堂教学中师生的外在表现,情感互动是思维互动和行为互动的基础,而思维互动则是互动的核心。在教学过程中,教师要创设平等和谐的互动情境,促进师生之间和生生之间团结友爱、互帮互助的正向情感的建立,激发师生之间和生生之间积极的思维互动。

第四,自我监控。自我监控是指主体将活动本身作为意识的对象,不断对其进行积极主动的计划、检查、评价、反馈、控制和调节。自我监控能力不仅是教师教学能力的核心,而且是学生学习能力的核心,影响着教学过程和教学效果,也影响着学生创造性的发展。教学自我监控能力包括:课前的计划与准备、课堂的反馈与评价、课堂的控制与调节和课后的反思。在教学设计环节,教师不仅要设计每节课的教学,而且要有一个长期的教学规划和系统的教学设计。在教学实施环节,教师要监控整个教学过程,根据教学实际情况,合理调整教学难度、教学方法和教学速度,要重视知识和方法的应用及迁移。教师要特别关注教学反思环节,即在每一次课堂活动将近结束时,教师都要引导学生对学习对象、学习过程、思维方式、所学知识和方法等进行总结和反思。通过总结和反思,学生要加深对知识和方法的理解,总结学习中的经验和教训,形成自己的认知策略,发展自己的认知结构,提高自我监控能力。

第五，应用迁移。应用迁移包括两个方面，一是学生将所学的知识与方法应用迁移到实际情境中、应用迁移到其他领域中，解决实际问题；另一种是学生在学习过程中形成的与同学之间的相互促进、相互合作的态度、积极探索、不断创新的精神以及一些行为规范和价值观以不同形式迁移到日常生活中。

3. 思维型教学的操作标准

教学具有科学性，要遵循一定的规律；教学也具有艺术性，需要个人的创造。思维型教学倡导自主学习、合作学习、探究学习、发现学习、项目式学习，倡导讨论式教学、启发式教学、探究式教学、参与式教学等，也不反对讲授式教学，只是强调要抓住所有这些教学的核心要求，围绕符合学生特点的、发展核心素养的教学目标，激发学生的内在动机，引起学生的认知冲突，促进学生的积极思维。思维型教学的方法可以是多种多样的，但要强调如下几个基本操作标准。

第一，情境与问题。思维型教学强调创设良好的教学情境，产生需要思考和探究的问题，从而激发学生的积极思维。创设情境的基本要求：基于生活实际，接近真实情境；紧扣教学内容，突出教学重点；适合学生水平，符合最近发展区要求；引起认知冲突，激发积极思维；能够融入情感，激发内在动机；具有形象性、具体性、探究性和可感知性。信息技术在教学中的重要作用就是创设情境，包括问题情境、探究情境、互动情境、应用情境、评价情境等。提出问题的基本要求：问题的设计有思维性和挑战性、开放性和探索性、准确性和适切性、层次性和条理性；留足思考时间，给予恰当引导；反馈具有针对性，鼓励自我评价。

第二，探究与合作。思维型教学要求引导学生基于问题自主探究和合作交流，强调学生在独立探究的基础上开展合作交流，或者学生在独立思考的基础上开展合作探究。自主探究的基本要求：需要学生积极思考和独立完成，或者独立探究。合作交流的基本要求：和谐的课堂教学氛围，平等的师生关系；有利于合作互动的教学情境；有助于合作互动的高认知问题；良好的课堂组织，面向全体学生；教师的及时引导，学生的相互激发；以情感互动为基础，达到思维互动。

第三，总结与反思。思维型教学要求引导学生对所学的知识和方法进行系统的概括与总结，建构合理的知识结构、认知结构和学科结构，并反思学习过程中的经验和教训，提高学生的自我计划、自主实施、自我反思能力。总结与反思的基本要求：结构合理，便于学生建构合理的学科结构；内容全面，包括对知识和方法的总结，既反思探究的过程，也反思探究中的经验教训；引导恰当，基于学生反思能力，立足学生积极参与，展示学生思维过程，引导学生自主完成；针对性强，围绕教学的重点、难点和关键点，教给学生探究、总结和反思的方法，注意对易错点进行总结和反思。

第四，应用与迁移。思维型教学强调将所学的知识与方法应用迁移到真实情境和其他领域中去,以及在学习过程中形成的积极态度、创新精神、行为规范和价值观以不同形式迁移到日常生活中。良好的应用迁移需要做到:相关性,即与所学内容相关;典型性,即选择问题具有典型性和代表性;思维型,即能够激发学生的积极思维;引导性,即引导学生自主解决问题;实践性,即联系实际,突出真实问题情境;全面性,即知识和方法的应用迁移,包括迁移到本学科领域和其他学科领域。

实施思维型教学还要求内容选择符合目标,内容理解正确无误,突出知识形成过程,体现学习进阶要求,联系已有知识经验、因材施教,突出课堂教学中教师和学生积极思维这个核心,同时强调教师和学生的作用。

思维型教学理论已经应用于课程与教学改革、教师专业发展、教学评价等多个方面,截至目前,我国有20多个省(市、自治区)的2 000多所学校基于该理论推进课程改革、教学改革、评价改革和教师发展,在瑞士、俄罗斯也有部分学校应用该理论。

思维型教学理论赋予了教师专业发展明确的“思维”品性。一方面,从专业能力的内涵上看,教师的核心专业能力是能够在教学中有效促进学生思维,因此,教师需要掌握有利于促进学生积极思维所必需的一系列教学能力,包括创设教学情境、提出探究问题、设计探究活动、组织合作学习、引导学生反思、促进应用迁移等;另一方面,从专业发展的机制上看,可以通过情境与问题、探究与合作、总结与反思、应用与迁移等多种方式,促使教师对已有的教学观念与实践进行积极的思考,最终促进教师专业能力发展与专业实践改善。

二、螺旋递进:教师专业能力的层级结构

高素质教师离不开高水平专业能力。教师专业能力发展的核心目标是让教师学会教育教学。从认识论层面来看,教育教学活动首先是教师和学生的思维活动。因而思维是教师专业能力的认知核心,构成其基本的认识论内涵。思维是具有多形态、多水平的结构,教师专业能力也是具有多维度、多水平的复杂结构。教师专业能力发展则可以看成是这一结构在时间维度上的层级展开。

总体看来,已有的教师专业能力理论可以分为心理结构理论与教育功能理论。教师专业能力的心理结构理论将教师专业能力视为多种心理特性的综合。麦克迪尔米德(McDiarmid)将教师专业能力概括为知识(如学科专业知识、学科教学知识、一般教学知识等)、技能(如教学设计、课堂管理和学习评价等)和品性(如信念、态度、价值观和认同)三部分。坎特(Kunter)提出,教师专业能力可以从教学知识、专业信念、职业动机和自我调节四个维度加以衡量。哈克菲尔德(Hachfeld)等人指出,教师专业能力是由学科知识、学科教学知识、一般教学知

识、教师信念、价值观、动机和自我管理能力及其之间的相互作用所构成的系统。

与心理结构理论相比，教育功能理论则具有更明确的实践指向，意图说明特定的教师专业能力是为解决哪些教育实践问题而服务的。例如，谢林(Sherin)认为，教师专业能力是识别什么是课堂环境中重要的或值得注意的能力；将细小的课堂和广泛的教学和学习原理相联系的能力；使用课堂互动的能力。哈希姆(Hashem)指出，教师专业能力是根据学生学习进度调整教学材料和教学内容的能力。鲁特(Laut)认为，对教师而言，活动前的诊断、选择材料和教学目标的能力，教学活动中的举例、反馈、提问、布置作业、归纳、多样性指导和时间控制等能力，以及教学活动后的反思能力是教师应具备的教学能力。弗兰齐斯卡(Franziska)提出，教师教学能力由学科知识、教学诊断、教学方法运用和教学管理四个方面构成。各国的教师专业标准也大都可以视为功能取向的教师专业能力理论。如2012年，教育部发布了《中学教师专业标准(试行)》，明确提出教师专业能力由教学设计、教学实施、班级管理与教育活动、教育教学评价、沟通与合作、反思与发展六大部分构成。

上述理论都是对教师专业能力的静态刻画。然而，专业能力的结构应体现一名教师从新手到专家的动态成长过程，而且这一过程并不仅是能力维度值的增加或实践领域的积聚，更是一个在能力上不断自我超越和层级递进的质变过程。能力(capacity)一词本身就具有“成长、发展并成为内在潜能”之意，麦克迪尔米德曾批评已有的教师专业能力结构“过于静态化”，强调应将教师能力置于教师的毕生专业发展框架内加以考察。那么从专业发展的视角来看，教师专业能力包含哪些核心要素？这些要素间的关系如何？在对已有研究文献梳理的基础上，我们首先基于理论对一线教师进行行为事件访谈，并对资料进行编码和聚类分析，确定了教师专业能力的要素；其次通过与教育专家和优秀教师进行访谈，建构了教师专业能力的层级结构模型；最后通过课堂观察，学生评教和增值性评价等评价思路，使用层次分析法和因素分析法，验证了教师专业能力模型的结构效度和效标效度。基于上述研究，我们提出了教师专业能力的层级结构模型。该模型认为，教师专业能力包括基本能力、教学能力、教育能力、自我发展能力和教学创新能力五种能力。这五种能力呈螺旋式上升，形成完整的层级结构，覆盖了从新任教师到专家教师的专业发展过程。

第一，基本能力是对一个教师从事教师工作的基本要求，主要包括思维能力、口语表达，文字表达、板书设计、三笔字等。这些能力也被称为“教师基本功”，是教师专业能力发展的基础。第二，教学能力是实施有效的教学所需要的能力，包括教学设计能力、情境创设能力、提问解释能力、探究教学能力、合作论证能力、评价总结能力、迁移应用能力、教学反思能力等，是教师专业能力的核心。第三,教育能力即育人能力,是指教师促进学生的必备品格发展的能力,体现在班级管理、思想品德教育、法律法规教育、心理健康教育与学生发展指导等方面。第四,自我发展能力是教师在自我发展的过程中,不断增加专业知识,强化专业信念,提升专业素养和凝聚专业认同的能力。主要包括职业生涯规划能力、开展教育研究能力、终身学习能力及自我心理调节能力等,其核心是对自身发展的认知调控和反思批判能力。第五,教学创新能力是教师能够创造性地解决教学问题和推动教学实践的能力,而教师的创新思维能力是教学创新能力的核心构成要素。这种能力是教师创造性实施教学改革及因材施教的基础,是教师专业能力高水平发展的标志。教学创新需要教师能够超越现有教学内容、方法与条件,以新颖的教学方式与手段更好地完成教学任务。教学创新能力具体包括教学理念创新、教学内容创新、教学模式与方法创新、教学技术创造性应用等能力。

教师专业能力发展是这五种能力层级递进和螺旋上升的过程。所谓层级递进和螺旋上升,是指教师专业能力的发展轨迹并非线性过程,个体在某一阶段获得了特定能力,并不意味着下一阶段必然可以获得另一种能力。例如,一名新入职教师经过三年的专业学习,初步掌握了教学能力,但并不意味着他会“顺理成章”地继续发展出教育能力和自我发展能力。因此,在专业发展的每个阶段,教师都需要接受特定的专业能力培养。

三、系统设计:教师专业能力的全程培养

教师专业能力的发展贯穿教师职业生涯发展的全过程,表现为从新任教师、骨干教师到专家型教师的不同专业发展水平,不同水平的教师具有不同的思维特点、能力水平和发展诉求。研究表明,与新任教师相比,专家型教师对教学问题的表征深度更深,问题解决策略更快、更灵活,教学批判性和创新性也更强。教师专业能力的培养需要遵循教师成长的规律,为不同水平的教师“量身定做”相应的专业能力培养模式。

教师专业实践的复杂性和专业能力发展的层级性,要求教师专业能力培养须遵循系统设计和分层实施相结合的基本原则。例如,《英国教师专业标准框架》由(职前)合格教师、(入职)普通教师、资深教师、优秀教师和卓越教师专业标准五个层级组成,并据此设计不同层级的教师专业培养和培训模式。新加坡则为教师设计了高级教师、教师带头人、特级教师、首席特级教师四个层级的专业发展路线,并辅以相应的专业发展培训项目。然而,我国目前各式各类的教师专业能力培养,针对不同发展阶段教师,依然在不同程度上存在专业能力标准单一、缺乏系统规划与层级设计等问题,严重制约了教师专业能力的整体提升。据

此,我们基于教师专业能力层级结构模型,逐渐形成了覆盖不同水平教师专业能力发展诉求的教师专业能力系统培养体系。

(1) 新任教师的基本能力和基本教学能力发展。新任教师是职前教师和入职在一年以内的教师,其专业能力发展诉求主要是"备好课"与"上好课",形成基本的教学设计与实施能力。因此,我们为新任教师设计了基本能力与基本教学能力实训。该模式将线下与线上培训相结合,主要是针对新任教师的基本能力,即教学设计能力、课堂互动能力、课堂提问能力、信息技术应用能力等进行系统实训,系统科学地强化新任教师教学能力。

(2) 骨干教师的学科教学能力和教育能力发展。骨干教师能够胜任日常的教学工作,但可能处于专业能力提升的"徘徊期",教育教学水平裹足不前,专业发展前景不明,职业倦怠日益加重。其主要发展诉求是形成教学专长,成为教学"名师"。因此,我们为骨干教师打造了学科教学能力与教育能力培养模式。该模式主要是结合不同的学科,由相关学科教学领域专家组织专门团队对其学科教学能力、思想品德教育能力、心理健康教育能力与班主任工作能力进行针对性训练,组织开展针对教师学科教学能力的专题培训、工作坊,开展专题性教学研究、学习共同体建设,提高教师适切应用信息化技术的能力,发展骨干教师的教育教学能力。

(3) 优秀教师的教学研究能力和创新能力发展。优秀教师很多已成为区域性或领域性的"名师",对常规教学和班级管理工作驾轻就熟,往往在学校管理或教师专业团体中承担领导者角色,拥有相当的课程与专业自主权。他们的发展诉求更多表现为创新教育模式和凝练教育特色,成为专家型和创新型教师。因此,我们为优秀教师开发了教学研究与创新能力发展模式。该模式主要是引导优秀教师开阔学术视野,形成自身的教学思想和高品位的教学文化,与国内外知名教学专家合作,系统开展教学研究,全面提升教学创新水平,形成自身的教学思想和高品位的课堂文化。

(4) 教学困难教师的个别咨询与辅导。教学困难教师是经过系统的教学能力培养和一段时期的教育教学实践,依然难以胜任教学工作的教师。教学困难的成因较多,并且往往因人而异,甚至与一些心理障碍有关。因此,针对教学困难教师,我们从生涯规划、能力补偿、心理疏导等多个方面相应开展个别咨询和个性化辅导。

四、思行合一:教师专业能力的发展模式

总体看来,当前国际上主流的教师专业能力发展模式有两类:一是标准本位的课程培训模式,强调以教师专业标准引领教师专业发展,教师通过在官方认证

的教育机构进行课程学习和技能实训，从而达到教师专业标准的要求；二是实践本位的校本研修模式，强调教师专业发展要“嵌入”学校的日常教学工作中，教师通过学徒式观察、共同体参与、项目式研修和自我反思等方式，在实际工作中提高专业能力。

理论与实践相脱节，思维与行动相区隔，是这些发展模式共同面临的问题。课程培训模式在实施中常常演变为一种“理论灌输”。古贝德(Goubeaud)研究表明，在美国的524名教师教育工作者中，有一半以上以讲授为主要的教学方法。奥布松(Aubusson)研究发现，课程培训模式经常存在理论观点与实践现实之间的差距，教师教育者在理论上主张发展教师的个人、社会和学习技能，但实际上却主要侧重学术内容的传播 。而在校本研修中，教师关注的焦点始终是“如何行动”而非“如何思考”，他们一旦进入学校，就会很快抛弃在培训中学到的“理论”，开始将学校中有经验的同事视为比教育学家们更有效的学习对象。因此，如何促进教师专业发展的“思行合一”，是教师专业发展领域急需解决的问题。

有效思维总是与特定实践活动相联系的。要实现理论思考与专业实践的整合，教师需要通过自主反思和合作交流的形式，在专业学习中积极投入思维活动，将习得的专业能力应用于专业实践，并对专业实践结果进行进一步的理论反思。基于这一理念，我们构建了教师专业能力提升的实训模式。该模式由“理论指导+案例分析+情境模拟+自主反思+行为反馈”五大学习模块构成。其中，案例分析、情境模拟和自主反思三个模块是理论与实践整合的核心。

教师专业能力发展的一大特点是根植于教育情境，案例是对典型教育情境事件的记录。案例分析是通过呈现案例情境，引导教师通过评议和对话来分析案例和解决问题，从而形成观点、提高能力的一种专业学习方式。在教师专业发展中，案例分析为教师创设学习情境，不仅可以弥补新手教师教学实践经验不足，符合教师学习的问题导向、情感投入和追求实效的特点，而且可以有效引发教师从“他者”的视角对教育现实问题进行客观深入的思考。基于此，我们构建了覆盖基本能力、教学能力、教育能力、自我发展能力和创新能力五大教师专业层级的系列视频与文本案例资源库。在案例分析模块中，教师可以从教育目标、主体、内容、活动组织、师生交互、教学技术与资源运用、评价反馈等多个方面对这些案例进行有层次的交互式分析。

情境模拟是对案例分析的进一步拓展和升华。如果说案例分析仅仅为教师创设了一种感知者的情境，侧重对教师问题分析能力的培养，情境模拟则为教师创设的是一种行动者的情境，侧重对教师问题解决能力的提升。情境模拟学习模块将案例转化为“真实”的任务情境，通过情境创设、问题设定、角色扮演、反思总结、点评讲解等一系列过程来完成。

自主反思是一种批判性的高阶思维形式,是教师专业发展的内在机制与内生动力。美国学者波斯纳(Posner)指出,教师专业发展要建立在对教育经验的自我反思基础上。教师的自主反思,是对自身教育观念和教育实践的理性审视和批判,其目的在于察觉自身存在的教育问题,并探寻解决之道。研究表明,这种批判性的教学反思可以有效促进教师的专业能力提升。基于此,我们通过自我描述与解释、自我分析与比较、自我评价与实践融入等一系列过程,促使教师针对自身的教育知识与信念、教学计划与实施、教学意向与行动、教学策略与效果等内容进行反思。

上述模式有助于克服理论与实践脱节这一教师专业发展领域长期存在的问题。思维型教学理论强调做中学,更强调学中思。我们据此探索出的"理论指导 + 案例分析 + 情境模拟 + 自主反思 + 行为反馈"的教师专业能力实训模式,将教师的"思"与"行"有机结合在一起。案例分析与情境模拟虽然是一种实践样式,但同样强调教师要在实践情境中积极思考,而理论指导与自主反思强调教师将自身的学习与思考引向实践,最终通过思考与实践的反复结合,来提升专业能力水平。

五、平台资源:教师专业学习的有效支撑

有效的思维离不开高品质的思维材料。为帮助学习者学会思考,我们要为其提供相应的学习资源与平台支撑。为实现中共中央、国务院印发的《关于全面深化新时代教师队伍建设改革的意见》所提出的"教师主动适应信息化、人工智能等新技术变革,积极有效开展教育教学"的目标,我们更要重视平台资源的建设。希尔(Hill)提出了基于资源的学习理论(resource-based learning,RBL),将学习资源定义为可以重复使用以支持学习需求的信息、人、场所或观点。学习资源不仅包括文本、视频等多媒体内容资源,也包括工具资源(如学习软件系统与平台)、虚拟化资源(智能学习助手)及学习活动类资源(如教育游戏和活动课程)。近年来,为提高教师教育质量,发达国家纷纷加强了教师教育资源平台建设的力度。例如,美国国会图书馆专门开发了面向教师群体的课堂教学辅助资源和专业发展辅助平台,包括教学计划、优质教学展示、在线教师培训、教师在线合作平台等;澳大利亚的 SCOOTLE 教育资源库可以提供教师专业发展在线资源包,包括教师论坛、课程计划和专业的学习资源。与之相比,我国的教师教育资源平台大都依托高校图书馆建设,侧重为教师教育学科研究服务,以研究性文本资源(论文、专著、调研报告、统计年鉴等)为主,难以有效支撑一线教师的专业学习。为弥补这一短板,落实教师专业发展的模式,有效培养教师的专业能力,我们系

统分析了教师专业能力有效提升对平台资源的需求，建设了教师专业能力培养的实训平台，开发了教师专业发展的资源与软件。

第一，思维具有目的性，设计学习资源必须与学习目标相关联，才能更好地促进学习者的思维投入。据此，我们依据专业能力层级模型，构建了教师专业能力的五个实训平台，并针对不同层级专业能力的实训，开发了相应的课程资源、指导与实训讲义、教学视频、教学课件、教学案例、课后作业等各类教学资源。

(1) 基本能力实训平台，包括普通话测试室和板书测试室，主要用于普通话和板书等基本能力的训练与测试。

(2) 教学能力实训平台，包括教学设计室、信息通信技术(ICT)实验室、教学观察室，主要用于教学设计、ICT 辅助教学、教学行为评价与反馈等教学能力实训。

(3) 教育能力实训平台，包括个体心理辅导室、团体心理辅导室、心理辅导观摩室，主要用于培养教师的个体与团体心理辅导能力、班级班队管理与活动组织能力。

(4) 教研与自我发展能力实训平台，包括学习共同体室、研究性学习室、教学反思室，主要用于教师合作学习、教研和自我反思能力的实训。

(5) 教学改革与创新能力实训平台，包括未来教育实验室、教育产品开发室、教育论坛等，主要为探索未来教育、创新教育模式及研发创新性的教育产品提供平台。

第二，不论何种学习资源，都需要与特定的学习活动有机地整合在一起。我们将各类学习资源嵌入理论指导、案例分析、情境模拟、自主反思、行为反馈等不同的学习模块中。具体来说，我们针对理论指导学习模块，构建了教育教学理论在线课程与文本资源库；针对案例分析学习模块，开发了典型教学案例、未来教育案例、创新教学案例等一系列教学案例；针对情境模拟学习模块，在教学案例基础上开发了教育教学任务脚本库；针对自主反思与行为反馈学习模块，将学习者的教案设计、教学观摩记录、教学日志、教学录像、学生反馈、学生作业、教学研究等材料使用信息化工具记录下来，构成教师专业成长档案袋，作为教师自主反思与行为反馈的资源。

第三，学习资源要易于获得、理解和交流。基于多媒体技术、网络技术和信息技术，开发各类学习软件系统，保证了学习资源的易得性和可视化。该学习软件系统包括针对基本能力的普通话测试系统、板书测试系统；针对教学能力的多媒体录播系统；针对教育能力的心理测评系统；针对教研与自我发展能力的教学反思系统；针对教学改革与创新能力的思维协同学习系统、创造性人才选拔系统；为实现远程指导交互而研发的网络远程教学互动平台等软件系统。教师可以通过网络平台登录上述系统，访问资源库，不仅能便捷地获取各类学习资源，而且能通过在线开展远程教学互动。即便是偏远山区的教师也能与专家进行在线交流，并能得到专家的及时点评，这提高了教学实践指导的效率。

思维型教学理论引领下的教师专业能力发展模式是在系统理论研究的基础上提出的，并且经过了实践的检验。第一，理论与实践深度结合。以思维型教学理论和教师专业能力层级模型为引领，以案例分析、情境模拟、自主反思为学习的核心环节，促进了教师在"思行合一"的专业学习中积极思维和专业成长。第二，研究与培训相互促进。已有团队和资源建设既以教师教育与创新人才培养为研究重点，又以广泛培养高素质创新型教师为实践诉求。我们整合了认知神经科学、心理学、信息技术等相关学科，成功申报并建设了现代教学技术教育部重点实验室，探索了一条科学研究与培训实践相互促进、共同发展、深度融合的可能路径。第三，离线学习与在线学习深度整合。我们构建了信息化环境下教师专业能力提升的线上实训方式，由"网络学习＋自主反思＋教师指导＋能力测评"四个模块构成，通过与离线学习模式的结合，实现了职前培养与职后培训的一体化，教育发达地区与教育欠发达地区的教师培训一体化。

自 2009 年以来，我们先后直接对陕西、山西、甘肃、河南、江苏、浙江、广东等地近百所中小学校 3 000 余名在职教师和 1 000 余名职前教师进行了系统的教师专业能力实训，取得了良好的培训效果。实践表明，职前教师经过 6 个专题的实训，可以达到初级水平。有 3~5 年教学经验的骨干教师，每年集中实训 2 周，其余时间进行教学实践，经过 3 年的时间，可以达到高级水平。教育部教师工作司在研制 2014 年"国培计划"示范性综合改革项目时，借鉴了我们探索的实训模式。国内 100 多所高等学校和国外 50 多所高等学校听取了我们对教师专业能力实训模式的介绍，产生了广泛的社会影响和国际辐射效应，得到了各级领导的充分肯定和专家的高度评价，相关成果荣获国家高等教育教学成果二等奖、国家基础教育教学成果二等奖、陕西省高等教育教学成果特等奖、陕西省基础教育教学成果一等奖和陕西省科技进步二等奖等。

为了有效提升更多的教师的综合素质、专业化水平和创新能力，我们从 2010 年起就计划编写包括基本能力、教学能力、教育能力、教研与自我发展能力，以及教学改革与创新能力等方面的系列丛书，但一直觉得不够成熟，因此积累到现在。本次出版的丛书包括 6 本，涉及教学能力（教学设计能力、课堂提问能力、互动教学能力）、教育能力（班主任胜任能力、心理健康教育能力）、自我发展能力（教学反思能力）三个方面，是在实训讲义的基础上改编而成的，每本讲义都使用了 30 轮以上，并经过 10 年的不断完善。我们进一步根据落实立德树人根本任务、培养学生核心素养，以及《关于全面深化新时代教师队伍建设改革的意见》的要求，对这6本书稿进行了认真修改。关于基本能力、教研能力与创新能力等方面的实训书籍，我们将在后续理论研究和实践探索的基础上完善和出版。

在本丛书即将出版之际，我要感谢国家教师教育985优势学科创新平台建设项目、国家自然科学基金项目、国家社会科学基金项目、中国基础教育质量监测协同创新中心项目等对思维型教学理论研究和教师专业能力发展模式探索的支持；感谢我的博士生、硕士生所做的大量的基础性研究和培训效果评估；感谢陕西师范大学负责教师教育的领导和教师教育办公室对我们工作的支持和出版经费的资助；感谢高等教育出版社教师教育出版事业部魏振水主任和王文颖编辑对本书的出版付出的努力。特别感谢本丛书的几位作者，他们有繁重的教学科研任务，在以课题与论文作为评价教师依据的高等学校，不计较个人的得失，围绕国家教师发展的重大需求，投入大量的精力实施教师培训的探索并完成书稿的写作。本丛书在编写过程中，参考了大量的文献，在此一并表示感谢。

由于水平所限，思维型教学理论与教师专业能力发展的模式需要进一步完善，本丛书中提出的教师专业能力实训的具体做法存在许多不足之处，恳请广大读者批评指正。

2018年12月30日

于现代教学技术教育部重点实验室

前　言

正如胡卫平教授在序中指出的，教师专业能力的结构应体现一名教师从新手到专家的动态成长过程，而且这一过程不仅是能力维度值的增加或实践领域的积聚过程，更是一个在能力上不断自我超越和层级递进的质变过程。基于这个认识及大量研究，胡卫平教授提出了教师专业能力的层级结构模型。该模型认为，教师专业能力包括基本能力、教学能力、教育能力、自我发展能力、教学创新能力五种能力。这五种能力螺旋上升，形成完整的层级结构，覆盖了从新任教师到专家教师的毕生专业发展过程。而教学设计能力是第二层级教学能力的重要组成部分。

本书是胡卫平教授主编的“思维型教学理论引领下的教师专业能力实训丛书”中的一册，共包括八个专题的内容，分别为：现代教学设计概述；思维型教学的基本理论；教学设计的基本环节；教学目标设计；教学方法设计；教学情境设计；教学评价设计；教学设计的预设与生成。

目前，已有不少教学设计与学科教学设计的教材或著作，区别于已有的出版物，本书的主要特色有：

1. 体现新课程改革的理念，着眼于学生核心素养的发展

2014 年 4 月，《教育部关于全面深化课程改革　落实立德树人根本任务的意见》提出了十项着力推进的关键领域和主要环节改革，包括研究制订学生发展核心素养体系和学业质量标准、修订课程方案和课程标准。2016 年 9 月 13 日正式颁布《中国学生发展核心素养框架》，2018 年 1 月正式颁布了《普通高中课程方案(2017 年版)》和基于核心素养的高中阶段各个学科的课程标准，并于 2019 年 1 月正式启动义务教育阶段各个学科课程标准的修订工作。

课程标准的修订依据学生发展核心素养体系。本书以最新修订颁布的国家课程标准作为教学设计的课程理论依据，体现新课程改革的理念，重视真实问题情境的创设、重视认知冲突的激发、重视思维品质的培养、着眼于学生核心素养的发展，立足于学生学科正确价值观念、关键能力和必备品格的形成。

2. 基于教学设计的一般理论基础，以思维型教学理论为指导

教学设计以教学理论、学习理论和传播理论等为理论基础，以系统科学理论

为方法论基础。本书基于教学设计的一般理论基础,借鉴同类教学设计著作或教材的优点,讨论了教学设计的基本原理、基本环节及基本内容。更为重要的是,在基于教学设计一般理论的基础上,重点以思维型教学理论为指导。思维型教学理论是胡卫平教授在系统总结教学思想的研究成果,全面概括学习研究的最新进展,深入分析核心素养的培养途径,利用脑科学、行为学、教育实验等方法研究了教学的本质及规律的基础上提出来的。思维型教学理论认为思维活动是课堂教学中师生的核心活动,教学的本质是思维。促进学生的积极思维,培养以思维为核心的核心素养,是思维型教学理论对教学的基本要求。本书以思维型教学理论为指导,关注基于学生以思维为核心的核心素养的发展。在本书的设计框架里,既依据教学设计的一般理论,同时又以思维型教学理论为指导,既遵循教学设计的一般原则与规律,又强调基于思维型教学理论的目标、方法、情境、评价等要素的设计。

3. 理论联系实际,案例丰富翔实,立足实训,指导性实践性强

本丛书的设计立足于教师专业能力的发展,立足于实训。丛书的每一个主题都经历了几十轮的实训检验,积累了丰富翔实的案例,并且取得了良好的实训效果,本书也不例外。

本书在进行编写设计的时候,遵循一个基本的指导思想:理论联系实际。在每一段理论阐述之后,都会附有一个或几个教学案例(片段)设计,这些案例可能是正面案例,也可能是负面案例,在每一个案例之后都会对案例进行点评,以帮助读者正确理解理论并进行正确的实践操作。全书引用和设计的案例多达百余则,数量大,分布广,涉及不同学段、不同学科、不同教学内容的案例,尽量满足不同学科读者的学习需要。当然,这些案例不一定能够涵盖全部学科,某一个理论下的案例更不能覆盖所有的学科,这些案例只是起到一个示范或者指导的作用,“举一隅而不以三隅反,则不复也”,需要读者结合理论讲析、教学案例和案例解读,将理论迁移到本学科的教学设计中去。

本书的编写思路是:首先介绍现代教学设计的产生、发展、定义与基本原理,其次介绍思维型教学的理论基础、基本原理与基本要求,然后解读教学设计的基本环节,再次重点探讨教学目标、教学方法、教学情境和教学评价的基本设计思路和基于思维型教学理论指导下的设计要点,最后讨论了教学设计的预设性与生成性之间的关系。本书作为思维型教学理论指导下的教师专业能力实训丛书之一,见证了这套丛书从讲义到几十轮的实训再到丛书出版的十年历程。正如胡卫平教授在序中提到的,自 2010 年以来就有丛书出版的计划,但是期间常因对丛书的期许、责任与慎重而耽笔。然而,十年时间也给了我们不断地磨砺、实践和完善的机会,使得我们能够奉献给读者一个比较严谨、系统、有价值和厚重

的丛书。十年玉成,本书既可以作为教师专业能力实训的教材,又可以作为教师实现自身专业发展的案头读本,也可以作为高等师范院校师范生提升教学设计能力的参考书目,还可以供教师教育研究者参考使用。

本书是思维型教学理论指导下的教师专业能力实训丛书之一,是第一次系统地将思维型教学理论用于指导教学设计,庄子曰"始生之物,其形必丑","其作始也简,其将毕也巨",本书虽历经数次调整、修改,但仍有诸多不足,在此也恳请各位读者批评指正。

严文法

2019 年 4 月于陕西师范大学

目 录

■ 专题一

现代教学设计概述

◎ 学习目标

知道教学设计作为一项现代教学技术的产生与发展阶段，能说出每个阶段的标志性事件和理论基础，知道现代教学设计的定义，能说出现代教学设计的基本原理。

◎ 知识导图

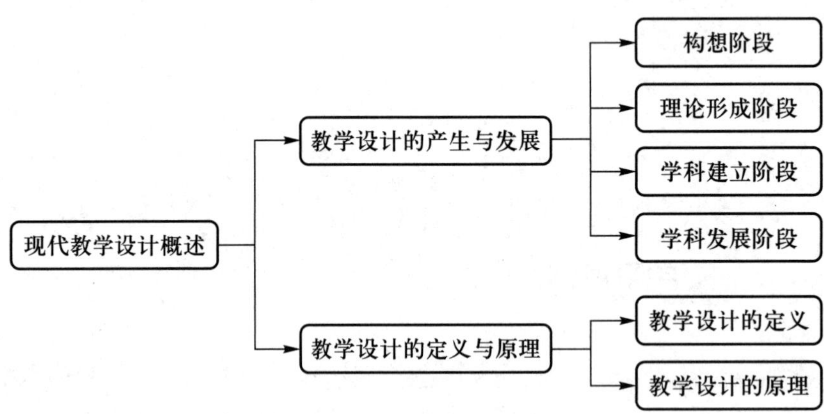
现代教学设计概述
教学设计的产生与发展
构想阶段
理论形成阶段
学科建立阶段
学科发展阶段
教学设计的定义与原理
教学设计的定义
教学设计的原理

教师专业能力发展是提升教学质量的重要途径,教学设计能力正是从各项教学能力中提取出来的上位能力[①],是提高教师专业水平和教学能力的核心内容之一。2012 年颁布的《中学教师专业标准(试行)》在“专业能力”部分提出了教学设计能力的要求,要求“科学设计教学目标和教学计划、合理利用教学资源和方法设计教学过程、引导和帮助中学生设计个性化的学习计划。”而在《小学教师专业标准(试行)》的“专业能力”部分,也提出了教育教学设计能力的要求,要求“合理利用教学资源,科学编写教学方案。”

教学设计是教师的日常工作,教师如何对课程标准、教材、学情进行分析,确定什么样的教学目标,设计什么样的教学活动和教学任务,体现了教师对学科内容、目标以及对教育的理解和看法。良好的教学设计需要建立在教师对现代教学设计基本原理的认识基础上。

一、教学设计的产生与发展

教学设计又称为教学系统设计,是在 20 世纪 60 年代末 70 年代初形成的一项现代教学技术。教学设计的产生与发展大致经历了以下几个阶段。

(一) 构想阶段

20 世纪初,杜威看到了形成一门新学科的必要性,希望能够建立一门学科来构建教育理论和教育实践之间的桥梁,这个所谓的桥梁学科就是教学设计。虽然杜威并没有实际参与到教学设计的构建过程中,但是他的这个想法可以被视为教学设计的构想起点,而在同一个时期桑代克也有类似的构想。

(二) 理论形成阶段

一般来说,教学设计概念的产生可以追溯到第二次世界大战时期。在日本偷袭珍珠港之后,美国参战,由于战争的需要,美国军队希望对士兵进行一定的培训,以便掌握先进武器中的技术,并使士兵尽快适应战争的需要,于是征召了大量从事心理学和教育学研究的专家入伍,希望他们利用心理学和教育学的基本原理及已有的研究成果对士兵进行培训,以提高训练质量。心理学家和教育学家将研究中所得出的教与学的方法应用于军事训练,形成了一整套系统分析的方法。但是,当时大部分的尝试都以失败告终。尽管如此,这个过程还是促进了教学设计思想的发展,比如曾经参与这些培训计划的学习心理学家加涅在总

① 李美凤. 波兰尼知识理论与中小学教师教育技术能力培养——一种基于反思的教育技术能力形成与发展策略体系[J]. 南京晓庄学院学报,2007(3):96–99.

结经验和教训的基础上提出了自己的教学设计思想,其基本观点是:按知识学习从简单到复杂、从低级到高级的顺序,等级化地安排教学步骤,从而促进知识的获得。

因此,尽管这个时期的培训尝试基本都失败了,但是在这个过程中有关教学设计的理论却诞生了,而随着系统论的提出,教学设计的理论基本形成。

这个时期对教学设计理论产生重要影响的主要是行为主义。比如,行为主义学习理论代表人物斯金纳将刺激－反应理论应用于教学实践,出现了程序教学理论和教学机器。

在程序教学理论的指导下,美国于 20 世纪 60 年代兴起了一场“程序教学运动”。程序教学以其精确组织的个别化、自定步骤的学习,确立了许多有益的指导原则,其建立的一系列学习原则和开发程序教材的系统方法,对教学设计理论模式的发展具有重要的影响。在这个时期,研究者都倾向于形成一种理想的基于系统理论的教学方法,其目标在于形成一个教学方案,从行为层面明确教学目标以帮助大多数学生完成学习任务。① 例如在 1962 年出版的《准备教学目标》一书中,马杰详细阐述了可观察、可测量的行为目标。这个时期的教学设计依据行为主义总结出来的一些学习规律,主要进行任务分析和确定学习的行为目标。任务分析的目的是确定学习者将要完成任务的能力或任务的构成,通过设计一些子目标来促使学习者获得这些子能力。安排这些子能力的教学步骤可以导致一个学习者学习任务的完成或教学目标的实现。

(三) 学科建立阶段

目前,人们普遍认可将 1962 年罗伯特·格拉泽明确地提出“教学系统”概念并对教学系统进行设计作为教学设计学科建立的标志。罗伯特·格拉泽认为,教学设计的意义在于改变现有的教学状况,根据决策理论、管理科学等找出最有效的法则,以便决定课程单元的教学活动,他设想的教学设计的步骤为:分析预期的能力目标、诊断学习前的状态、安排促进学习的程序和条件、评价学习的结果。在教学设计发展的理论形成期,程序教学是教学设计的方法学上的依据。程序教学的本质理论基础是行为主义学习理论,行为主义学习理论有一些是合理的,但是行为主义学习理论主要援引的是动物学习实验的结论,而将动物学习实验得出的结论迁移到人的学习,抹杀了人与动物学习的区别,这是一种生物学化和还原论的倾向,而且行为主义学习理论轻视人的意识和主观能动性,带有强烈的机械主义、本能主义的色彩。脱胎于行为主义学习理论的程序教学理论在经历

① 皮连生 . 教学设计[M]. 北京:高等教育出版社,2000.

了最初的轰轰烈烈之后,其有效性为人们怀疑。

在20世纪60年代末和整个70年代,认知学习理论逐渐代替行为主义学习理论,成为教学设计的指导思想。教学设计研究者开始从教学的行为模式转向以学习者心理过程为基础的教学理论。在这个时期,认知学习理论的代表人物布鲁纳认为,知识总是有结构的并通过一定的结构而存在,知识是人们在经验中发现的规律性,并以意义的结构而构造出来的,他主张以结构的框架去处理大量的信息。而学习的实质是一个人把同类事物联系起来,并把它们组织成赋予它们意义的结构的过程。学习就是认知结构的组织和再组织,知识的学习就是学习者在头脑中形成各学科知识的结构。这个时期,研究者重新考虑学习理论,以及如何将这些理论与教学设计相联系,比如,加涅提出根据学习者学习的不同结果类型创立不同的内部条件,并相应地安排外部条件的教学设计理论。

此外,认知心理学关于知识生成的研究结论也被应用到教学设计中,这些研究产生了许多针对学习过程的策略,比如问题解决策略、信息组织策略、自我监控策略、元认知策略等,这些研究也使研究者更新了原先的一些教学设计观点,例如熟练的自动化技能与认知策略具有不同的学习特点及教学特点。[①]

(四) 学科发展阶段

到了20世纪80年代,教学设计研究者开始倾向于将不同的教学设计理论综合成一个行之有效的总体模式,比如赖格卢特的精加工理论。这个理论综合了多种不同的理论观点,包括加涅、奥苏贝尔等人的思想。另外一个教学设计整合理论是藤尼森等人提出的概念教学理论,他们强调概念教学包含陈述性知识、程序性知识和策略性知识三类知识的教学,而每一类知识需要不同的教学策略。

随着建构主义的兴起和不断地为人们接受,到20世纪90年代,建构主义理论对教学设计理论起到较大的作用。建构主义理论认为学习环境包括四个要素:情境、协作、会话和意义建构。其中情境是与学习主题的基本内容相关和现实情况基本一致或相类似的情景与环境,情境提供给学生为理解主题所需要的经验。协作是发生在学习过程中伴随始终的师生之间、生生之间、学生与媒体之间的友好、平等的支援和帮助。会话是在个人自主学习的基础上,小组成员之间的讨论与商榷。意义建构则是学习过程的终极目标,所要建构的意义是指知识或学习主题的意义。在这个时期,学习者与教学媒体、教学情境的结合是教学设计发展的一个重要特征。

我国对教学设计的研究工作起步较晚,在20世纪90年代以前出版的教育

---

① 邱靖玲,吴秀君. 教学设计理论体系综述[J]. 河西学院学报,2008,24(5):100-104.

学、教学论和教育心理学著作、教科书中几乎看不到有关教学设计的论述。在人们眼里,教学设计大体相当于课时计划(教案设计、备课)。大约从20世纪80年代中期开始,我国首先是教育技术界(电化教育)介入该领域,以乌美娜发表在《外国电化教学》杂志1987年第1期的《教学设计简介》作为开端;其次是教育心理学的专业工作者;再次是课程论、教学论工作者。他们做了大量的翻译和介绍、评价工作,并尝试使其本土化。最后发展到实用阶段,就是中小学教师、教研人员、高等院校的学科教学论工作者做了如何使这些理论恰当地应用于教学实践以及如何将这些理论应用于学科教学活动的工作。

几十年来,经过教育技术专家、学者的深入研究,上百种教学设计模型被提出来了,教学设计的理论与实践不断地深入发展。

二、教学设计的定义与原理

在前文我们简要地介绍了教学设计的理论和学科的发展历程。教学设计本身是在不断地完善的,随着信息技术的发展,教学设计的理论也在不断地丰富、充实和完善。那么,教学设计的定义和基本原理是什么呢?

(一) 教学设计的定义

关于教学设计的定义,加涅曾在《教学设计原理》中将其界定为:教学设计是一个系统化规划教学系统的过程。教学系统本身是指对资源和程序做出有利于学习的安排。任何组织机构,如果其目的旨在开发人的才能,那么都可以被包括在教学系统中。① 帕顿在《什么是教学设计》一文中指出,教学设计是设计科学大家庭的一员,设计科学各成员的共同特征是用科学原理及应用来满足人的需要。因为教学设计是对学业业绩问题的解决措施进行策划的过程。乌美娜等认为,教学系统设计是运用系统方法分析教学问题和确定教学目标,建立解决教学问题的策略方案、试行解决方案、评价试行结果和对方案进行修改的过程。② 何克抗等认为,教学设计是运用系统方法,将学习理论与教学理论的原理转换成对教学目标(或教学目的)、教学条件、教学方法、教学评价等教学环节进行具体计划的系统化过程。③

有关教学设计的定义还有很多,这些定义往往从不同的角度和侧重点进行阐述,反映了人们对教学系统设计内涵的不同理解。有的突出教学系统设计的

---

① 加涅.教学设计原理[M].皮连生,译.上海:华东师范大学出版社,2000.
② 乌美娜.教学设计[M].北京:高等教育出版社,1994.
③ 何克抗.教学系统设计[M].北京:北京师范大学出版社,2002.

系统特征，有的侧重学习经验和学习环境的设计与开发，有的则从设计科学的角度出发突出教学设计的设计本质。

如果要给现代教学设计下一个定义的话，那么我们倾向于认为现代教学设计是以现代学习理论、教学理论和传播理论为基础，运用系统的方法分析教学目标和任务、分析学生实际、分析教学环境和资源，确定教学目标，选择教学方法，设计教学思路和流程（包括教学过程的安排、教学方法的组合、教学组织形式的确定、教学媒体的选用等）以及解决教学的策略方案、试行方案，评价试行结果和修改方案的过程。其目的是提高教学效果，优化教学过程。[①]

（二）教学设计的原理

教学设计是一项复杂的技术，需要心理学、教育学及其他相关的学科知识作为指导。只有掌握了这些基础的理论与技术，才能更有效地组织教学。

教学设计作为对教育教学问题的解决方案进行策划筹谋的过程，其本身观点林立、流派纷呈，有时候甚至让人难以适从。这一方面是由于教学设计的理论是一个逐渐吸纳、整合扬弃的过程，另一方面也是因为教育教学问题的解决实在过于复杂，很难找到现成的方法，可能更多地反映为启发式、开放式的解决策略。教学设计理论的演进恰恰反映了人们对创设有效率、有效果和有吸引力的教学系统的不懈追求。

图 1–1 所示为教学设计的基本原理。

1. 教学设计的理论基础

教学设计的理论基础是学习理论、教学理论和传播理论。

⑴ 学习理论

学习理论是探索人类学习的本质及其形成机制的心理学理论，而教学设计是为学习而创造环境，是根据学习的需要设计不同的教学计划，因此教学设计必须广泛了解学习及人类行为。教学设计的学习理论基础主要是以斯金纳、华生等人为代表的行为主义学习理论，以布鲁纳、奥苏贝尔等为代表的认知主义学习理论，以皮亚杰和维果茨基为代表的建构主义学习理论以及以罗杰斯和马斯洛为代表的人本主义学习理论等。

⑵ 教学理论

教学理论是为解决教学问题而研究教学一般规律的科学。教学设计是科学地解决教学问题、提出解决方法的过程，为了解决好教学问题，人们就必须遵循和应用教学客观规律。教学设计的教学理论基础主要有斯金纳的程序教学理论，布卢姆

① 杨承印 . 化学课程与教学论[M]. 西安：陕西师范大学出版社，2010.

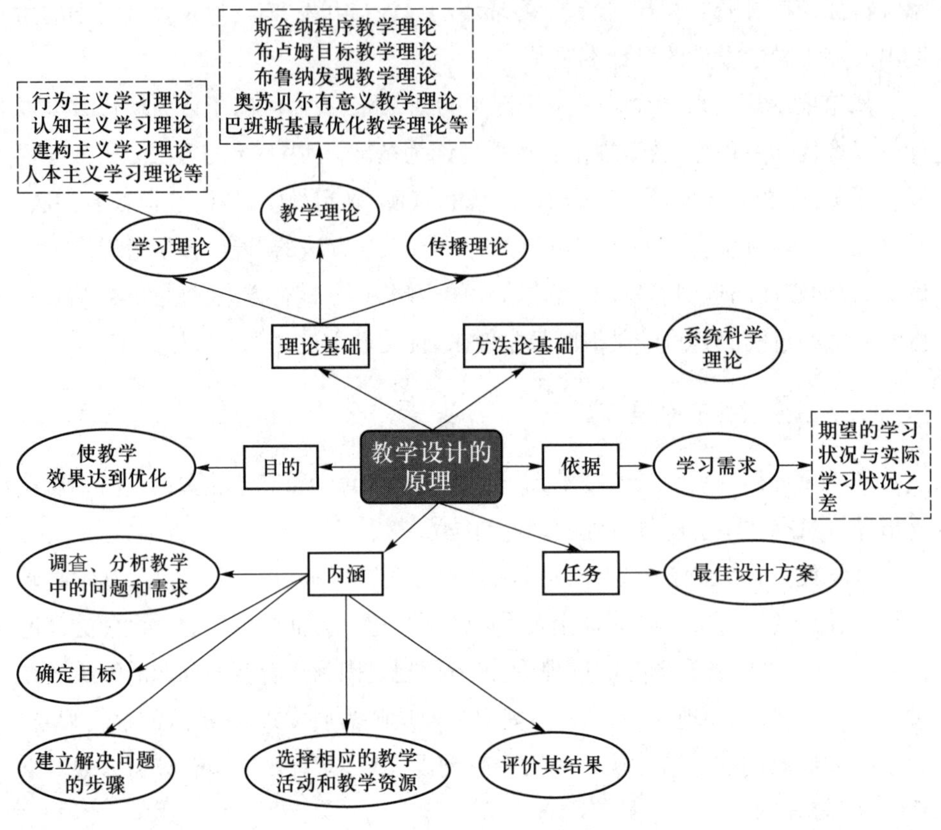

图 1-1　教学设计的基本原理

的教育目标分类理论，布鲁纳的以认知结构为中心的课程论思想、发现式学习和探究式教学理论，奥苏贝尔的有意义教学理论，巴班斯基的教学过程最优化理论等。

(3) 传播理论

教学过程是一个信息特别是教育信息的传播过程，在这个传播过程中有其内在的规律和理论。美国政治学家拉斯维尔 1948 年在《社会传播的构造与功能》一书中，用“5W”公式简明地表达了一般传播过程中的五个基本要素和直线型的传播模式，如下：

传播者→信息 → 媒体→接收者→效果

谁　　　说什么　渠道　给谁　　取得什么效果

用“5W”公式分析教学过程，我们可以看到教学传播过程至少涉及以下要素，这些要素自然成为研究教学过程、解决教学问题的教学设计所应该关心和考虑的重要因素。

Who	谁	教师或其他教学信息源
Says what	说什么	教学内容

In which channel	通过什么渠道	教学媒体
To whom	对谁说	教学对象
With what effect	产生什么效果	教学评价

2. 教学设计的方法论基础

教学设计的方法论基础是系统科学理论。系统理论把事物看成由相互关联的部分所组成的具有特定功能的整体。它要求人们着眼于整体,从整体与部分、整体与环境之间的相互联系、相互制约中选择解决问题的优化方案。教学设计的根本特征是追求教学设计的最优化。

关于教学过程的构成要素,有几种不同的观点,比较典型的有以下几种。

(1) 二要素说:教师、学生。

(2) 三要素说:教师、学生、课程。

(3) 四要素说:教师、学生、教学内容、教学手段或者是教师、学生、教学内容、教学环境。

(4) 多因素说:教师、学生、教学目的、教学方法、课程、反馈、教学环境。

事实上,教学过程的构成要素不仅仅是多因素说所提及的这些要素,而应该更广泛。

系统科学理论指导下的教学设计把教学视为一个由若干要素组成的整体,包括教师、学生、教学内容、教学方法、教学环境等若干要素,教学设计就是要把这些要素系统化,将其视为一个整体进行综合设计,以达到教学设计、教学效果的最优化。

教学设计之所以又称为教学系统设计,就在于其着重创设的是学与教的系统,而这个系统既包含有利于教师进行教学的内容、方法、条件、情境、资源等,也包含促进学生学习的内容、方法、条件、经验、情境、资源等。教学系统或学习系统的根本目的是帮助学习者达到预期的目标。教学设计的思维方式主要来自系统观点。教学设计的根本目的是构建一个最优化的教学设计方案,创设一个有效的教学系统,为达到预期的教与学的目标服务。教学设计的系统思维观点就是把教学成效的条件作为一个整体来看待,这个整体就是“教学系统”。教学系统不是由教或者学单方面组成的,甚至不是教与学的简单组合,而是由相互关联、相互作用、相互影响的若干要素共同构成的一个命运共同体。一个教学系统就是为达到特定目标而由各要素按照一定的互动方式组织起来的结构、功能集合体。因此,创设教学系统的方法是一种系统方法。教学设计就是要在对教学系统所包含的要素及其结构、功能与关系进行充分分析的基础上进行优化设计。

图 1–2 所示为教学设计系统的构成要素。

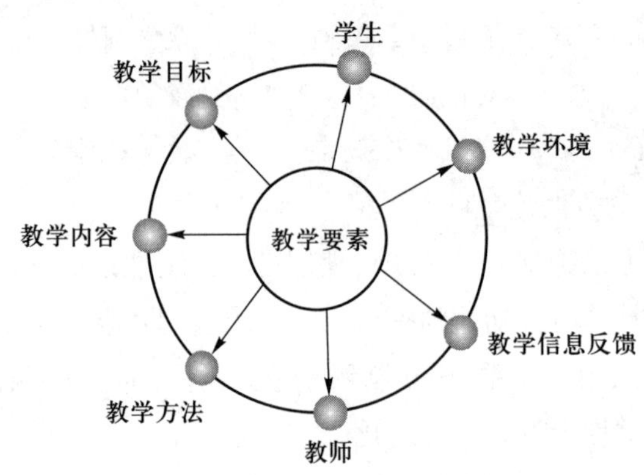

图 1-2 教学设计系统的构成要素

3. 教学设计的依据

教学设计的依据是对学生学习需求的分析，而学生的学习需求就是其学习目标。而学习目标或者学习需求是指学生目前的学习状况与期望达到的学习状况之间的差距。

差距（学习需要）= 期望达到的学习状况 - 目前的学习状况

教学设计不会脱离学生而存在，不会是孤立地基于对课程标准和教材等文本的分析基础上的设计，教学设计一定要依据学生的实际。教学设计的依据是对学生学习需求的分析，也就是说，教师在教学设计前应该清楚学生全体目前的学习状况是什么，要通过教学达到的水平是什么，两者之间的差距是什么。那么，如何分析学生的学习需求呢？一般要遵循以下步骤。

(1) 确定期望达到的总目标。

(2) 确定学生的学习现状。

(3) 两者对比，得出的差距即为学习需求（教学目标）。

(4) 系统整体优化。

4. 教学设计的任务

教师在进行教学前要进行设计，教学设计的任务是什么？如果我们把教学目标定义为解决问题，那么教学设计的任务就是基于对教学设计系统各构成要素的分析，为了实现教学目标、解决问题，寻求解决问题的最佳设计方案。

5. 教学设计的内涵

教学设计的内涵共有五个方面：调查、分析教学中的问题和需求；确定目标；建立解决问题的步骤；选择相应的教学活动和教学资源；评价其结果。

6. 教学设计的目的

基于教学设计的理论基础、方法论基础以及教学设计的任务，教学设计的最终目的是在对教学设计各构成要素分析的基础上，在提出解决问题的最佳设计方案的基础上，实现教学效果的优化。

◎ 思考题

1. 教学设计产生与发展的主要阶段有哪些？
2. 教学设计产生与发展各阶段的代表性理论是什么？
3. 教学设计的定义是什么？
4. 教学设计的理论基础是什么？

■ 专题二

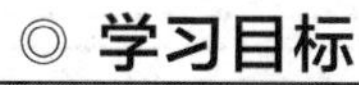

能说出思维型教学的理论依据，能阐述思维型教学的基本原理，能在课堂教学中践行思维型教学的基本要求，知道核心素养和学科核心素养提出的背景，理解学科核心素养的核心是思维。

◎ 知识导图

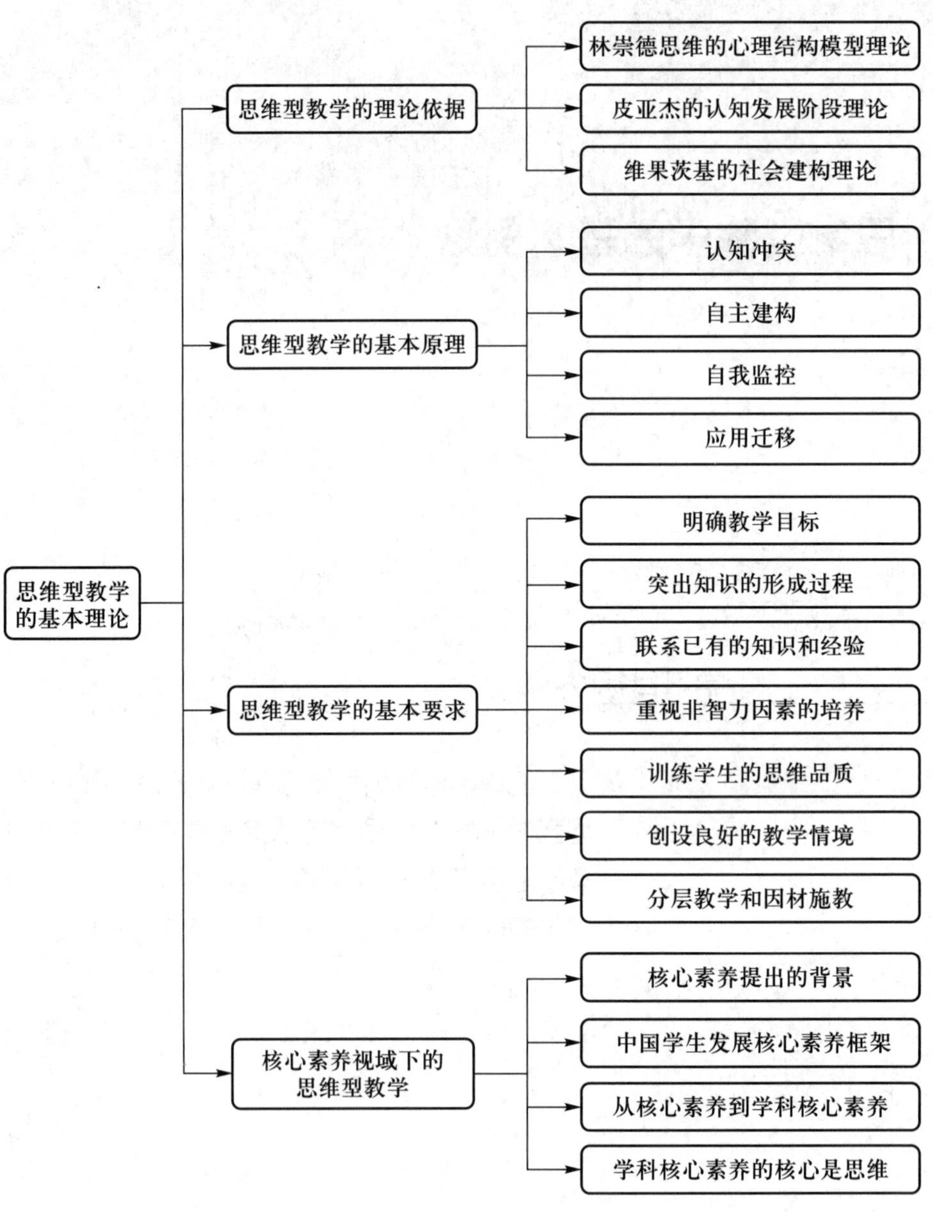

思维型教学的基本理论
思维型教学的理论依据
林崇德思维的心理结构模型理论
皮亚杰的认知发展阶段理论
维果茨基的社会建构理论
思维型教学的基本原理
认知冲突
自主建构
自我监控
应用迁移
思维型教学的基本要求
明确教学目标
突出知识的形成过程
联系已有的知识和经验
重视非智力因素的培养
训练学生的思维品质
创设良好的教学情境
分层教学和因材施教
核心素养视域下的思维型教学
核心素养提出的背景
中国学生发展核心素养框架
从核心素养到学科核心素养
学科核心素养的核心是思维

课堂教学是教师的教和学生的学构成的一个有机整体，是教师有计划、有目的地创设教学环境、促进学生发展的过程。在这个过程中，教师和学生的核心活动是思维，学生有效学习和教师有效教学都需要依靠积极的思维投入。[①] 自新一轮基础教育课程改革以来，课堂教学相比课程改革前有了一些变化，曾经存在的一些问题改进了，但是我们研究发现，仍存在如下一些课堂教学问题。

(1) 注重师生互动和生生互动，但往往停留在行为互动水平。

(2) 注重学生的主体地位，但往往忽视教师的主导作用。

(3) 注重课堂教学的生动活泼，但往往忽视学生的积极思维。

(4) 注重课堂教学的生成，但往往忽视课堂教学的预设，尤其是教学目标。

(5) 注重学生的自学，但往往忽视教师的指导。

(6) 注重探究的形式和过程，但往往忽视探究过程中的思维及对探究过程的反思。

这些问题的核心是片面地关注了课堂教学活动中师生之间或学生之间的行为互动，但忽视了思维的互动；关注了学生的动口与动手，但忽视了动脑。真正有效的学习是在大脑深处发生的基于思维的学习，教和学从根本上来说是一种脑力劳动而不是体力劳动。单纯的基于行为互动的课堂表面上看似热闹，学生的课堂参与程度比较高，但实际上往往因为缺少了思维的参与而呈现为一种虚假的繁荣，是好看但不中用的空中楼阁，是水中月、镜中花的幻影，而繁华落尽，终将一池萍碎、一地萧索。教师不能仅仅关注学生在课堂中的行为表现，更应该关注学生在走出教室之后大脑里发生了什么变化。

教学活动是教师教的活动和学生学的活动的有机统一。从学生学的活动来讲，不论是明确学习目的、感知学习材料、理解所学知识、掌握学科方法、迁移运用知识、反思学习过程，还是提出问题、分析问题、解决问题、师生互动、生生互动等，其核心活动都是思维。从教师教的活动来讲，明确教学目标、了解学生基础、进行教学设计、创设教学情境、组织教学活动、反思教学过程等，其核心活动也是思维。教学的一个重要目的是培养学生的思维能力，科学的教学理论都将促进学生积极思维、发展思维能力作为课堂教学的核心。

视频 2-1
新课程改革后课堂教学中的新问题

① 林崇德，胡卫平．思维型课堂教学的理论与实践[J]．北京师范大学学报(社会科学版)，2010(1)：29-36.

视频 2-2
对新课程改革后课堂教学存在问题的思考

一、思维型教学的理论依据

（一）林崇德思维的心理结构模型理论

既然思维活动是课堂教学中师生的核心活动，那么思维的构成要素及其影响因素直接决定着课堂教学的思想和方法，正确认识思维的结构是实现课堂教学目标的基础。经过 30 多年的理论研究和实践研究，林崇德教授提出了聚焦思维结构的智力理论，而该理论的核心是思维的心理结构模型[①]（见图 2-1）。

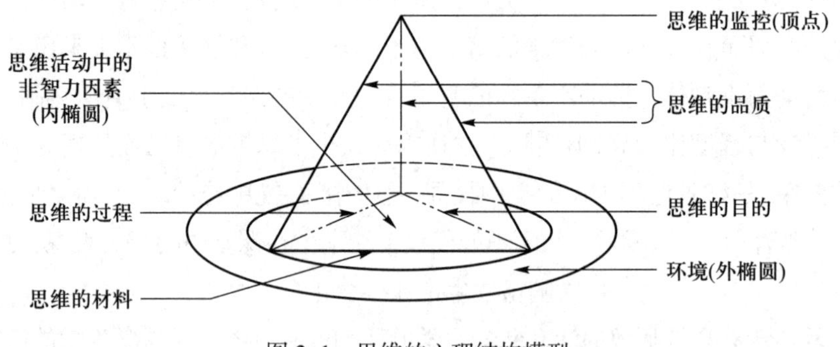

图 2-1 思维的心理结构模型

胡卫平教授提出的思维型教学理论的主要理论基础就是林崇德教授提出的思维的心理结构模型理论。

（二）皮亚杰的认知发展阶段理论

皮亚杰的认知发展阶段理论关注个体自出生后在适应环境的活动中，对事物的认知及面对问题情境时的思维方式与能力表现，以及随年龄增长而改变的历程。皮亚杰认为，心理发展是主体与客体相互作用的结果，并将个体的认知发展分成了感知运动阶段、前运算阶段、具体运算阶段和形式运算阶段。尽管心理学界对其认知发展阶段理论提出了若干批评意见，但是其认知发展的基本理论是正确的，思维发展水平的渐进性和关键期的认识也是基本正确

① LIN C，LI T. Multiple intelligence and the structure of thinking [J]. Theory and Psychology，2003 (13)：829–845.

的[①],有关初中生控制变量能力的发展研究也证明了皮亚杰认知发展阶段理论的部分正确性。[②]而新皮亚杰主义在已有的理论基础上进一步提出了儿童思维发展可以被加速的观点,并提出了对儿童心理进行整体研究的意见。

思维型教学关注学生已有的认知发展水平,同时认为学生认知水平的发展通过适当的教学是可以促进的,教学的核心就是通过关注和发展学生的思维,提高学生的认知水平和解决问题的能力。

(三)维果茨基的社会建构理论

维果茨基的社会建构学习理论的主要观点有:①学习主要通过交互来实现,因此课程设计应该强调学习者和学习者任务之间的交互过程。②借助于适当的成人的帮助,儿童常常能完成他们自己无法单独完成的任务,因此教师应该为儿童提供脚手架。③教师在教学前必须考虑儿童的最近发展区,在设计教学方法时,应该同时考虑儿童的实际发展水平和他们具有的潜力发展水平。

思维型教学重视学生的自主性和社会性建构,在基于问题情境创设的认知冲突之下,主张学生自主探究,主张学生与同学之间、与教师之间开展基于思维和情感参与的课堂互动,形成认知结构,并将学到的知识、方法、能力应用到类似情境的问题解决中去。

二、思维型教学的基本原理

教学既是一门科学,又是一门艺术。教学的科学性体现在教学是有规律可以遵循的,而教学的艺术性体现在教学应该能够体现出教师的创造性。教学有法,教无定法,思维型教学理论不可能规定详细的教学细节,但是可以给出教学的基本原理与基本要求。思维型教学的基本原理如下。[③]

(一)动机激发

动机作为非智力因素之一,不仅是其他非智力因素的前提与基础,还是推动学生主动学习和积极思维的动力。在教学过程中,教师要创设良好的教学情境,设置适当的问题请进,激发学生的内在学习动机,调动学生的学习积极性,使其产生强烈的求知欲,保持积极的学习情感与态度。

---

① 严文法,胡卫平. 国外青少年科学推理能力研究综述[J]. 外国中小学教育,2009(5):26–31.

② 严文法,李彦花. 初中生控制变量能力发展研究[J]. 现代中小学教育,2013(9):78–81.

③ 林崇德,胡卫平. 思维型课堂教学的理论与实践[J]. 北京师范大学学报(社会科学版),2010(1):29–36.

（二）认知冲突

思维结构是静态结构和动态结构的统一，动态性是思维结构的精髓，发展和完善学生的思维结构是课堂教学的重要目标。在学生主体和客观事物相互作用的过程中，社会和教育向学生提出的要求所引起的新的需要和学生已有的心理水平或心理状态之间的矛盾，是学生心理发展的内因或内部矛盾。在课堂教学中，这种矛盾是促进学生积极思维和主动学习的动力。认知冲突指学生在认知发展过程中当原有认知结构与现实情境不相符时在心理上所产生的矛盾或冲突。只有通过调节，不断地解决认知冲突，人的认知才能不断地丰富和发展。在课堂教学中，教师要根据课堂教学目标，抓住教学重点，联系已有的经验，设计一些能够使学生产生认知冲突的“两难情境”或者看似与现实生活和已有的经验相矛盾的情境，以此激发学生的参与欲望，启发学生积极思维，引导学生在探究问题的过程中领悟方法、学会知识、发展能力，主动完成认知结构的建构过程。

（三）自主建构

自主建构包括认知建构和社会建构两个方面。思维材料是思维结构中的成分，包括感性材料和理性材料。同时，随着思维目的、思维过程、思维的材料或结果、思维中非智力因素、思维的品质、思维的监控等的变化，思维结构不断地发展、完善。这体现了建构主义关于认知结构的思想：学习是一个积极主动建构的过程；知识是个体经验的合理化，而不是说明世界的真理；对学习者来讲，先前的经验是非常重要的；从教学的角度来讲，教学是学生主动建构知识的过程。在教学过程中，为使学生积极主动地思考，促进学生思维结构的发展，教师必须恰当地列举生活中的典型事例，唤起学生已有的感性认识，运用观察和实验来展示有关事物发生、发展和变化的现象和过程，联系学生已有的经验和已学知识进行教学。社会文化环境影响着学生的思维活动和思维结构的发展，体现了维果茨基的社会建构思想，应用到课堂教学中，要求教师重视课堂互动。课堂互动是课堂教学中最基本、最重要的人际关系，也是一种常用的教学方式。在课堂教学中，教师和学生之间、学生和学生之间发生具有促进性和抑制性的相互影响、相互作用，进而导致师生心理和行为改变。从互动的主体来讲，有师生互动和生生互动；从课堂互动的内容来讲，有思维互动、情感互动和行为互动。根据思维结构模型，在思维型教学中，三种互动的关系是：情感互动是基础，行为互动是表现，思维互动是核心。

（四）自我监控

思维的自我监控，是自我意识在思维中的表现，是思维结构的顶点或最高形式,包括确定思维目的,管理和控制非认知因素,搜索和选择恰当的思维材料,搜索和选择恰当的思维策略,实施并监督思维过程,评价思维的结果。自我监控能力是教师教学能力的核心和学生学习能力的核心,不仅影响教学过程和教学效果,而且影响其他能力的发展。林崇德、胡卫平关于思维自我监控的思想,不仅强调了教师在教学过程中的反思和学生在学习过程中的反思,而且强调计划、检查、评价、控制等,从而更全面地反映了教学的基本要求。基于思维结构模型的思维自我监控思想,我们提出了教师的自我监控能力是教师教学能力的核心,并对此进行了系统的研究,指出教师监控能力包括课前的计划与准备性、课堂的反馈与评价性、课堂的控制与调节性和课后的反思性。在教学设计环节,教师不仅要设计每节课,而且要有一个长期的教学规划和系统的教学设计。

（五）应用迁移

知识、技能和智力思维有密切的关系。对知识、技能的掌握程度,并不意味着一个人智力和思维能力的高低,但知识、技能与智力思维是相辅相成的。智力和思维的发展是在掌握和运用知识、技能的过程中完成的。在思维结构中,思维材料包括感性材料和理性材料,理性材料主要指概念、规律和理论。应用概念、规律、理论解决实际问题,是学习这些知识的目的,也是检验知识掌握情况的主要标志,还是加深理解的重要环节。思维品质的训练是学生思维能力发展的突破口,关于灵活性品质的训练,需要抓住知识、方法之间的渗透与迁移,引导学生发散式思考、立体思考,交给学生灵活解决问题的方法。重视知识和方法的应用与迁移,对学生加深理解知识、提高思维能力具有重要的作用,为此,我们将应用迁移作为思维型教学的基本原理之一。

思维型教学的理论与实践

针对以上五个基本原理,我们提出思维型教学的四个基本环节,即教学导入、教学过程、教学反思和应用迁移。

教学导入的目标是引出课题。基本要求是:通过观察和实验、按已有知识的逻辑展开、提出问题和分析问题等方法,激发学生的兴趣和动机,创设教学情境,引起学生的认知冲突,激发学生的思维。

教学过程的目标是使学生掌握知识和技能,培养学生的能力和非智力因素。基本要求是:

第一,创设问题情境,引发认知冲突,激发学生的积极思维;

第二,注重师生互动和生生互动,特别强调思维互动;

第三,加强方法教育,注重知识形成的过程;

第四,注重学生探究,培养学生能力。

教学反思的目标是掌握本节课的知识、方法,反思经验教训,形成认知结构。基本要求是:

第一,教师引导,学生自己总结;

第二,总结本节课所学到的知识、方法等;

第三,要掌握知识的来龙去脉,形成认知的结构;

第四,注意对经验教训的总结。

应用迁移的目标是掌握知识的应用,并能迁移到其他情境中去,培养学生分析问题和解决问题的能力以及创造力。

三、思维型教学的基本要求

在教学过程中师生的核心活动是思维,因此,依据思维的构成要素及其影响因素,我们提出思维型教学的基本要求。

(一) 明确教学目标

思维是主体在与客体的交互作用中,在感性反映形式基础上产生的一种理性认识。这种理性认识以自觉定向、能动地预见未来、做出计划,有意识地改造自然、变革社会、调节自己为前提。目的性是思维的根本特点,它反映了思维活动的自觉性、有意性、方向性和能动性,并成为思维的核心要素。为了使教学能够有目的、有计划地促进学生学习知识、发展能力、形成态度,课堂教学必须有明确的目标。

一是教师要根据学生和教学内容,制订比较明确的教学目标和教学规划。在教学过程中,教师要监控课堂教学,根据学生的学习情况,及时调整教学目标。

二是教师在创设的教学情境中提出高认知问题,引发学生的认知冲突,从而使学生明确教学活动的目标,并激发学生积极主动地思考。

三是关心学生是怎样提出问题的,并重视学生分析问题和解决问题的目的性与方向性,以增强他们思维活动的自觉性和能动性。

(二) 突出知识的形成过程

思维的过程是思维的第二个成分,它不仅强调分析、综合、抽象、概括、比较、归类、系统化和具体化,而且强调思维活动的框架和指标为:明确目标—接收信息—加工编码—概括抽象—操作运用—获得成功。它要回答三个问题:过程多长、什么顺序和怎样的流程。依照知识的性质,知识可以分为陈述性知识和程序性知识,前者是“关于是什么的知识”,后者是“关于怎么样的知识”。在课堂教学中强调思维过程,就是要突出知识的形成过程,注重各种方法。

一是重视概念、规律、理论等的形成过程,包括为什么引出这个概念和规律,怎么样得出这个概念和规律,以及怎么认识概念和规律在学科结构中的地位及其应用。

二是让学生掌握建立概念、把握规律、形成知识、分析问题、解决问题的方法,以及观察、实验、思维等方法。

三是提出能够引发学生认知冲突的高认知问题,给学生留有足够的时间,引导学生进行积极主动的探究。

(三) 联系已有的知识和经验

已有的知识和经验对学生建构知识、发展思维具有重要作用。在教学过程中要使学生积极主动地思考,必须丰富学生的感性认识,联系学生的已有知识,并不断地促进学生认知结构的发展和完善。将思维结构的动态性和思维材料的思想运用到课堂教学中,一是要认识到学习是一个积极主动的建构过程,知识是个体经验的合理化,教学就是学生主动建构知识的过程。教师的教学要帮助学生完成这个建构过程。

二是先前的经验对学生来说是非常重要的,教师应该恰当地列举生活中的典型事例,唤起学生已有的感性认识,运用观察和实验来展示有关事物发生、发展和变化的现象及过程,联系学生已有的生活经验和已学的知识进行教学,这样才能使学生真正理解和掌握知识。

三是要重视中小学生的思维,逐步地从具体形象成分占主导地位,发展到抽象逻辑成分占主导地位,创造一切条件使学生的理性思维材料越来越多,以增强他们思维活动的抽象性和逻辑性,增强他们对抽象知识的理解能力。

(四) 重视非智力因素的培养

思维活动中的非智力因素是思维的第四个成分,包括情感因素、意志因素、个性意识倾向性、气质和性格,对学生的学习活动起着动力作用、定型作用和补偿作用。思维活动是智力因素和非智力因素的统一,两者相互影响,相辅相成,只有两者有机结合,思维活动才能发挥效能。将这个思想应用到课堂教学中,一是教师要将非智力因素的培养作为一种目标,不仅包括新课程改革提出的情感态度与价值观,而且也要特别重视动机、兴趣、理想、信念、世界观等。二是在教学过程中教师要创设一种愉快的氛围,激发学生的学习动机和兴趣,促进学生积极主动地思考。但要注意,愉快氛围的创设和情感因素的调动仅仅是一种手段,其目的是让学生积极主动地思考,发挥思维的效能,提高课堂教学效果,一定要避免在课堂教学中仅仅是形式上的生动活泼。

(五) 训练学生的思维品质

作为思维的第五个成分,思维的品质是指智力活动特别是思维活动中智力与能力特点在个体身上的表现,体现了个体之间思维水平以及智力与能力的差异,它体现在以下几个方面。

(1) 深刻性,是指思维活动的抽象程度和逻辑水平,以及思维活动的广度、深度和难度。它表现在善于深入地、逻辑清晰地思考问题;善于把握事物的本质和规律;善于开展系统的、全面的思维活动;善于从整体上用联系的观点认识事物,掌握知识和严密地推理论证。

(2) 灵活性,是指思维活动的灵活程度,反映了智力和能力的“迁移”,具有四个显著特点。一是思维的方向灵活,即一个人善于从不同的角度、不同的方面去思考问题,善于应用不同的知识、用不同的方法正确地解决问题;二是思维的过程灵活,即从分析到综合,从综合到分析,善于组合分析问题;三是思维的结果灵活,即思维的结果具有多样性、灵活性和合理性;四是迁移能力强,即能够有效地正迁移知识和方法。

(3) 批判性,是指人在思维活动中善于严格地估计思维材料和精细地检查思维过程的智力品质,具有分析性、策略性、全面性、独立性和正确性五个特点。

(4) 敏捷性,是指在正确基础上的速度。

(5) 独创性,即创造性思维,表现为善于独立思考,善于创造性地发现问题和解决问题,具有独特性、新颖性和发散性。

思维的这五个品质全面地反映了学生的思维能力,在教师的教学过程和学生的学习过程中,训练学生的思维品质是培养学生能力的突破口,从而为促进学生以思维能力为核心发展智力提供了科学的理论和有效的操作方法。

(六) 创设良好的教学情境

根据思维的心理结构模型,积极思维的前提条件是具有良好的环境。它要求教师创设良好的教学情境,促进学生积极主动地思考。

一是要营造创造型的课堂教学情境。创造型的课堂情境指教师采取民主型的教学方式,平等地对待学生,构建以培养创新意识和创造能力为核心的“学生主体”教育观念;鼓励学生独立思考,让学生敢于标新立异、敢于挑战权威;形成学生主动学习、积极参与的生动活泼的课堂教学氛围。

二是要创设鼓励学生质疑的课堂教学情境。教师对待学生提问的态度是指教师对学生提问产生的一般而稳定的心理倾向,包括积极倾向和消极倾向。教师对待学生的提问应该持积极态度,即喜欢、支持、鼓励、引导学生提问。

三是应该尽量提出高认知问题。所谓高认知问题,就是能使学生产生认知冲突、激发学生积极思考的问题。在课堂教学中创设情境只是一种手段,其目的是激发学生积极主动思考和学习。

(七) 分层教学和因材施教

智力的多元和个性差异越来越受到人们的重视。学生之间的差异是客观存在的,学生从发展的水平来看,表现为超常、正常和低常三种类型。从发展方式的差异来看,有认知方式的区别。从组成类型来看,表现为各种学科能力的组合和使用的区别。从表现范围来看,表现为学习领域和非学习领域、表演领域和非表演领域、学术领域和非学术领域的区别。由于思维和智力的多元性以及个体之间的这种差异性,要求我们分层教学和因材施教。

四、核心素养视域下的思维型教学

(一) 核心素养提出的背景

党的十八大报告指出:“坚持教育为社会主义现代化建设服务、为人民服务,把立德树人作为教育的根本任务,培养德智体美全面发展的社会主义建设者和接班人。”

十八届三中全会指出:“全面贯彻党的教育方针,坚持立德树人,加强社会主义价值体系教育,完善中华传统优秀文化教育,形成爱学习、爱劳动、爱祖国活动的有效形式和长效机制,增强学生的社会责任感、创新精神、实践能力。”

2014 年 3 月,《教育部关于全面深化课程改革 落实立德树人根本任务的意见》明确提出了落实立德树人工程的十个关键领域:

(1) 研究制定学生发展核心素养体系和学业质量标准

(2) 修订课程方案和课程标准

(3) 编写、修订高校和中小学相关的学科教材

(4) 改进学科教学的育人功能

(5) 加强考试招生和评价的育人导向

(6) 强化教师育人能力培养

(7) 完善各方参与的育人机制

(8) 实施研究基地建设计划

(9) 整合和利用优质教育教学资源

(10) 加强课程实施管理

落实立德树人工程的十个关键领域中的第一项就是研究制定学生发展核心素养体系和学业质量标准。事实上,在出台该意见之前,中国学生发展核心素养体系就已经以教育部哲学社会科学研究重大课题委托项目“我国学生核心素养指标体系研究”的形式完成了初步构建。在研制过程中,课题组进行了国际比较研究,借鉴了美国、英国、加拿大、芬兰、法国、匈牙利、澳大利亚、新西兰、新加坡、日本、中国香港、中国台湾等国家和地区,国际经合组织、联合国教科文组织、欧盟等组织机构类似核心素养的表述。[①] 以上国家、地区、组织机构类似素养的表述可以分为三大类:基础素养、核心素养、应用素养。其中,基础素养包括身心健康、道德品质、人文、科学、艺术、数学、语言、信息技术素养。核心素养包括学习能力、思维能力、创新能力等。应用素养包括合作能力、交流能力、自我管理、国家认同、国际理解、社会责任、法律与规则修养、问题解决能力等。结合国际比较和国内的广泛调研,教育部于 2016 年 9 月 13 日发布了《中国学生发展核心素养》。

(二) 中国学生发展核心素养框架

《中国学生发展核心素养》构建了以全面发展的人为核心,包含文化基础、自主发展、社会参与三个方面,每个方面包含两个指标,每个指标包含三个要点的中国学生发展核心素养框架(见图 2–2)。

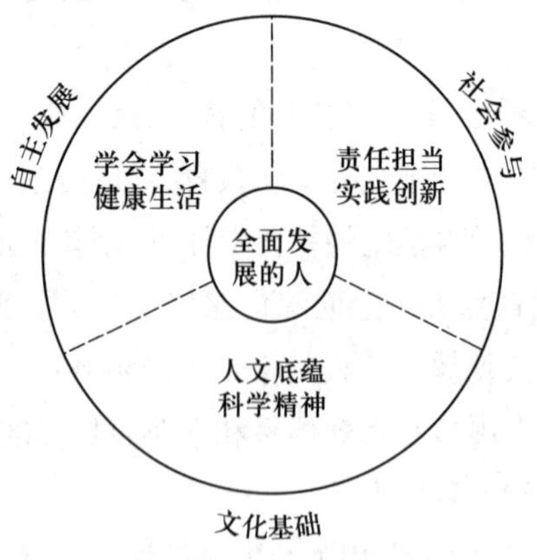

图 2–2 中国学生发展核心素养框架

① 辛涛,姜宇,刘霞.我国义务教育阶段学生核心素养模型的构建[J].课程·教材·教法,2013(1):5–11.

中国学生发展核心素养的具体内容如下。

1. 文化基础

文化是人存在的根和魂。文化基础,重在强调能习得人文、科学等各领域的知识和技能,掌握和运用人类优秀智慧成果,涵养内在精神,追求真善美的统一,发展成为有宽厚文化基础、有更高精神追求的人。

(1) 人文底蕴

主要是学生在学习、理解、运用人文领域知识和技能等方面所形成的基本能力、情感态度和价值取向。具体包括人文积淀、人文情怀和审美情趣等基本要点。

① 人文积淀:具有古今中外人文领域基本知识和成果的积累;能理解和掌握人文思想中所蕴含的认识方法和实践方法等。

② 人文情怀:具有以人为本的意识,尊重、维护人的尊严和价值;能关切人的生存、发展和幸福等。

③ 审美情趣:具有艺术知识、技能与方法的积累;能理解和尊重文化艺术的多样性,具有发现、感知、欣赏、评价美的意识和基本能力;具有健康的审美价值取向;具有艺术表达和创意表现的兴趣和意识,能在生活中拓展和升华美等。

(2) 科学精神

主要是学生在学习、理解、运用科学知识和技能等方面所形成的价值标准、思维方式和行为表现。具体包括理性思维、批判质疑、勇于探究等基本要点。

① 理性思维:崇尚真知,能理解和掌握基本的科学原理和方法;尊重事实和证据,有实证意识和严谨的求知态度;逻辑清晰,能运用科学的思维方式认识事物、解决问题、指导行为等。

② 批判质疑:具有问题意识;能独立思考、独立判断;思维缜密,能多角度、辩证地分析问题,做出选择和决定等。

③ 勇于探究:具有好奇心和想象力;能不畏困难,有坚持不懈的探索精神;能大胆尝试,积极寻求有效的问题解决方法等。

2. 自主发展

自主性是人作为主体的根本属性。自主发展,重在强调能有效管理自己的学习和生活,认识和发现自我价值,发掘自身潜力,有效应对复杂多变的环境,成就出彩人生,发展成为有明确人生方向、有生活品质的人。

(1) 学会学习

主要是学生在学习意识形成、学习方式方法选择、学习进程评估调控等方面的综合表现。具体包括乐学善学、勤于反思、信息意识等基本要点。

① 乐学善学:能正确认识和理解学习的价值,具有积极的学习态度和浓厚的学习兴趣;能养成良好的学习习惯,掌握适合自身的学习方法;能自主学习,具

有终身学习的意识和能力等。

② 勤于反思:具有对自己的学习状态进行审视的意识和习惯,善于总结经验;能够根据不同情境和自身实际,选择或调整学习策略和方法等。

③ 信息意识:能自觉、有效地获取、评估、鉴别、使用信息;具有数字化生存能力,主动适应“互联网 +”等社会信息化发展趋势;具有网络伦理道德与信息安全意识等。

(2) 健康生活

主要是学生在认识自我、发展身心、规划人生等方面的综合表现。具体包括珍爱生命、健全人格、自我管理等基本要点。

① 珍爱生命:理解生命意义和人生价值;具有安全意识与自我保护能力;掌握适合自身的运动方法和技能,养成健康文明的行为习惯和生活方式等。

② 健全人格:具有积极的心理品质,自信自爱,坚韧乐观;有自制力,能调节和管理自己的情绪,具有抗挫折能力等。

③ 自我管理:能正确认识与评估自我;依据自身个性和潜质选择适合的发展方向;合理分配和使用时间与精力;具有达成目标的持续行动力等。

3. 社会参与

社会性是人的本质属性。社会参与,重在强调能处理好自我与社会的关系,养成现代公民所必须遵守和履行的道德准则和行为规范,增强社会责任感,提升创新精神和实践能力,促进个人价值实现,推动社会发展进步,发展成为有理想信念、敢于担当的人。

(1) 责任担当

主要是学生在处理与社会、国家、国际等关系方面所形成的情感态度、价值取向和行为方式。具体包括社会责任、国家认同、国际理解等基本要点。

① 社会责任:自尊自律,文明礼貌,诚信友善,宽和待人;孝亲敬长,有感恩之心;热心公益和志愿服务,敬业奉献,具有团队意识和互助精神;能主动作为,履职尽责,对自我和他人负责;能明辨是非,具有规则与法治意识,积极履行公民义务,理性行使公民权利;崇尚自由、平等,能维护社会公平、正义;热爱并尊重自然,具有绿色生活方式和可持续发展理念及行动等。

② 国家认同:具有国家意识,了解国情历史,认同国民身份,能自觉捍卫国家主权、尊严和利益;具有文化自信,尊重中华民族的优秀文明成果,能传播弘扬中华优秀传统文化和社会主义先进文化;了解中国共产党的历史和光荣传统,具有热爱党、拥护党的意识和行动;理解、接受并自觉践行社会主义核心价值观,具有中国特色社会主义共同理想,有为实现中华民族伟大复兴中国梦而不懈奋斗的信念和行动。

③ 国际理解：具有全球意识和开放的心态，了解人类文明进程和世界发展动态；能尊重世界多元文化的多样性和差异性，积极参与跨文化交流；关注人类面临的全球性挑战，理解人类命运共同体的内涵与价值等。

(2) 实践创新

主要是学生在日常活动、问题解决、适应挑战等方面所形成的实践能力、创新意识和行为表现。具体包括劳动意识、问题解决、技术应用等基本要点。

① 劳动意识：尊重劳动，具有积极的劳动态度和良好的劳动习惯；具有动手操作能力，掌握一定的劳动技能；在主动参加的家务劳动、生产劳动、公益活动和社会实践中，具有改进和创新劳动方式、提高劳动效率的意识；具有通过诚实、合法劳动创造成功生活的意识和行动等。

② 问题解决：善于发现和提出问题，有解决问题的兴趣和热情；能依据特定情境和具体条件，选择制订合理的解决方案；具有在复杂环境中行动的能力等。

③ 技术运用：理解技术与人类文明的有机联系，具有学习掌握技术的兴趣和意愿；具有工程思维，能将创意和方案转化为有形物品或对已有物品进行改进与优化等。

通过对中国学生发展核心素养总体框架各个维度及其所包含的具体指标的分析，我们可以发现，无论是文化基础下的人文底蕴、科学精神，自主发展下的学会学习、健康生活，还是社会参与下的责任担当、实践创新，都离不开学生的积极思维，离不开学生的质疑创新与问题解决。

视频 2-3
中国学生发展核心素养总体框架解读

(三) 从核心素养到学科核心素养

经过一年多的努力，课题组提交了核心素养总体框架初稿。2014 年 7 月，教育部基础教育二司委托教育部基础教育课程教材专家工作委员会对核心素养总体框架进行了审议。为了做好核心素养与课程标准修订的衔接工作，2014 年 8 月，教育部基础教育二司委托专家工作委员会，组织课程、教学、评价、教研、管理等方面的专家，开展“核心素养与课程标准衔接转化研究”，重点基于核心素养总体框架，研究核心素养在课程标准中落实的方式方法。2015 年 1 月，专家工作委员会审议了衔接转化研究成果，赞同研究组提出的核心素养落实方式。

为了确保核心素养的科学性和适宜性，2015 年 4 月和 2016 年年初，教育部基础教育二司两次将核心素养总体框架初稿及研究报告送教育部有关司局和单位征求意见。同时,正式征求了全国各省级教育行政部门的意见,并委托中国教育学会征求各省市教育学会和相关分支机构的意见;此外,召开专题座谈会,听取一线教育实践专家的意见。

核心素养主要是作为贯通各学科的顶端设计来研究的,而发展学生的核心素养必然要在各个学科的教学中去实现,因此,核心素养需要在各个学科中具体体现。从普通高中学科课程标准(2017 年版)来看,各学科普遍构建了包含思维的学科核心素养框架。

案例 2-1 《普通高中数学课程标准(2017 年版)》中的思维素养

《普通高中数学课程标准(2017 年版)》学科核心素养部分指出:数学学科核心素养是数学课程目标的集中体现,是具有数学基本特征的思维品质、关键能力以及情感、态度与价值观的综合体现,是在数学学习和应用的过程中逐步形成和发展的。数学学科核心素养包括:数学抽象、逻辑推理、数学建模、直观想象、数学运算和数据分析。这些数学学科核心素养既相对独立、又相互交融,是一个有机的整体。

【点评 2-1】 数学是思维的体操,《普通高中数学课程标准(实验)》的课程目标分别为知识与技能、数学思考、问题解决、情感态度,其中数学思考与问题解决对“数学是思维的体操”进行了诠释。而《普通高中数学课程标准(2017 年版)》更是明确了能反映数学基本特征的思维品质、关键能力以及情感态度与价值观的 6 条数学学科核心素养,每一条都与思维有关。比如,在具体的阐述中,《普通高中数学课程标准(2017 年版)》指出:“数学抽象是数学的基本思想,是形成理性思维的重要基础,反映了数学的本质特征,贯穿在数学产生、发展、应用的过程中。”“逻辑推理是得到数学结论、构建数学体系的重要方式,是数学严谨性的基本保证,是人们在数学活动中进行交流的基本思维品质。”“数学模型构建了数学与外部世界的桥梁,是数学应用的重要形式。数学建模是应用数学解决实际问题的基本手段,也是推动数学发展的动力。”“直观想象是发现和提出数学问题、分析和解决数学问题的重要手段,是探索和形成论证思路、进行逻辑推理、构建抽象结构的思维基础。”通过对数学学科核心素养的解读,我们可以认识到,数学学科核心素养的核心是思维。

案例 2-2 《普通高中物理课程标准(2017 年版)》中的思维素养

《普通高中物理课程标准(2017 年版)》学科核心素养部分指出:物理学科核心素养主要包括物理观念、科学思维、科学探究、科学态度与责任四个方面。其中，“科学思维”是从物理学视角对客观事物的本质属性、内在规律及相互关系的认识方式；是基于经验事实建构物理模型的抽象概括过程；是分析综合、推理论证等方法在科学领域中的具体运用；是基于事实证据和科学推理对不同观点和结论提出质疑和批判，进行检验和修正，进而提出创造性见解的能力与品格。科学思维主要包括模型建构、科学推理、科学论证、质疑创新等要素。

【点评 2-2】 物理是一门思维密集型学科。《普通高中物理课程标准(2017年版)》明确提出了学科核心素养“科学思维”，可见物理学科对于“科学思维”的重视程度。其中包含的模型建构、科学推理、科学论证、质疑创新等要素都是高阶思维形式。模型建构作为一种认识手段和思维方式，是学生根据研究问题和情境，在对客观事物抽象和概括的基础上构建易于研究的、能反映事物本质特征和共同属性的理想模型、理想过程、理想实验和物理概念的过程。建构模型有助于学生抓住事物的关键要素，加深对概念、过程和系统的理解，形成系统思维。高中阶段模型建构表现在能够分析模型所涉及的各个要素及其结构，使用模型解释物理现象和过程，阐明物理概念和原理，有在真实情境中建构模型的意识和能力等。科学教育研究和实践所提出的科学推理，不仅包括逻辑上的归纳推理、演绎推理和类比推理，而且包括分析与综合、抽象与概括、比较与分类等思维方式，还包括控制变量、组合推理、概率推理、相关推理、因果推理等推理形式。高中阶段的学生要能正确理解和应用上述科学思维方法，从定性和定量两个方面进行科学推理、找出规律、形成结论，并能解释自然现象和解决实际问题。科学论证是以科学知识为中介，积极面对问题，对所获得的数据资料进行解释说明，提出自己的论点，反思自己和别人论点的不足并提出反论点，同时能反驳他人的质疑和批判的高级思维能力。高中阶段的学生应该具有使用科学证据的意识和能力，能运用证据对研究的问题进行描述、解释和预测。质疑创新的核心是科学创造力。科学创造力是指在科学知识学习、科学问题解决和科学创造活动中，根据一定的目的，运用一切已知信息，在新颖、独特且有价值地(或恰当地)产生某种产品的过程中表现出来的智能品质或能力。从产生创造性产品的过程中反映出的个体智能品质的角度来看，高中阶段的学生的科学创造力主要表现在思维和想象的流畅性、灵活性和独创性等方面。从物理学习和活动的角度来看，高中阶段的学生的科学创造力主要表现在观察与实验、物理知识的学习、物理问题的提出、物理问题的解决、物理创造活动等方面。[①]

课程标准以集中的方式强调了科学思维在物理学科核心素养中的地位，而物理观念、科学探究、科学态度与责任又何尝不与思维相关？

---

① 胡卫平．物理学科核心素养的内涵与表现[J]．中学物理教学参考，2017，46(8)：1-3.

案例 2-3 《普通高中生物学课程标准(2017 年版)》中的思维素养

《普通高中生物学课程标准(2017 年版)》学科核心素养部分指出:生物学学科核心素养包括生命观念、科学思维、科学探究和社会责任。其中“科学思维”是指尊重事实和证据、崇尚严谨和务实的求知态度,运用科学的思维方法认识事物、解决实际问题的思维习惯和能力。学生应该在学习过程中逐步发展科学思维,如能够基于生物学事实和证据,运用归纳与概括、演绎与推理、模型与建模、批判性思维、创造性思维等方法,探讨、阐释生命现象及规律,审视或论证生物学社会议题。

【点评 2-3】 生物学课程标准提出了 4 个学科核心素养,与物理课程相似,继学科观念之后将科学思维列在了第二位,这表明了生物学课程对科学思维的重视。从对科学思维的表述来看,高中生物学课程重视基于证据的推理、归纳与概括、演绎与推理、模型与建构、批判性思维、创造性思维以及科学论证等思维方式。

案例 2-4 《普通高中化学课程标准(2017 年版)》中的思维素养

《普通高中化学课程标准(2017 年版)》学科核心素养部分指出:化学学科核心素养包括“宏观辨识与微观探析”“变化观念与平衡思想”“证据推理与模型认知”“科学探究与创新意识”“科学态度与社会责任”5 个方面。其中“宏观辨识与微观探析”要求“能从不同层次认识物质的多样性,并对物质进行分类;能从元素和原子、分子水平认识物质的组成、结构、性质和变化,形成‘结构决定性质’的观念。能从宏观和微观相结合的视角分析与解决实际问题”。“变化观念与平衡思想”要求“能认识物质是运动和变化的,知道化学变化需要一定的条件,并能遵循一定规律;认识化学变化的本质特征是有新物质生成,并伴有能量变化;认识化学变化有一定限度、速率,是可以调控的。能多角度、动态地分析化学变化,运用化学反应原理解决简单的实际问题”。“证据推理与模型认知”要求“具有证据意识,能基于证据对物质组成、结构及其变化提出可能的假设,通过分析推理加以证实或证伪;建立观点、结论和证据之间的逻辑关系。知道可以通过分析、推理等方法认识研究对象的本质特征、构成要素及其相互关系,建立认知模型,并能运用模型解释化学现象,揭示现象的本质和规律”。

【点评 2-4】 从学科核心素养的构成要素来看,化学课程标准似乎没有关于思维的内容表述,其实并非如此,它是将科学思维在化学课程标准中的具体表现进行了分解阐释。正如“教学与评价建议部分”所指出的，“化学学科核心素养构成要素之间具有内在的本质联系。‘宏观辨识与微观探析’‘变化观念与平衡思想’和‘证据推理与模型认知’分别是从学科观念和思维方式视角对化学科学思维的描述”。“宏观辨识与微观探析”阐述的是宏—微—符的结合，“变化观念与平衡思想”突出的是化学作为“变化之学”的特点，体现的是化学变化中“变”与“不变”的动态平衡，我们也可以将“宏观辨识与微观探析”和“变化观念与平衡思维”视为化学学科思维方式和化学学科思想的反映，而“证据推理与模型认知”则明确指向了科学思维中的基于证据的科学推理与模型建构，可以视为化学学科的思维方法。

案例 2-5 《普通高中语文课程标准(2017 年版)》中的思维素养

《普通高中语文课程标准(2017 年版)》学科核心素养部分指出：语文学科核心素养是学生在积极的语言实践活动中积累与构建起来，并在真实的语言运用情境中表现出来的语言能力及其品质；是学生在语文学习中获得的语言知识与语言能力，思维方法与思维品质，情感、态度与价值观的综合体现。主要包括“语言建构与运用”“思维发展与提升”“审美鉴赏与创造”“文化传承与理解”四个方面。其中“思维发展与提升”是指学生在语文学习过程中，通过语言运用，获得直觉思维、形象思维、逻辑思维、辩证思维和创造思维的发展，以及深刻性、敏捷性、灵活性和独创性等思维品质的提升。

【点评 2-5】 语言是出声的思维，思维是不出声的语言。语文与思维密不可分，古人说：读书无疑者，须教有疑。我国当代语文教育家也普遍重视在语文教学中的思维教育。比如于漪认为，语言是思维的工具，没有语言的思维是不存在的；思维是语言的内容，没有思维就不可能有语言。所以，学生要学好语文，提高读、写、听、说的能力，必须在思维方面“进行扎扎实实的训练”，而在学和思的关系上，她说“思维是学习的基本功”，“教师要想方设法让爱思考的学生多思、深思，让不会思考的学生爱思、会思”。于漪还说：“在现代社会从事语文教学，当然不能采用嚼烂了知识喂给学生的陈腐办法，要学生死记硬背……把思维方面应有的锻炼‘转嫁’到记忆上。思维训练和语言训练应放在同等重要的位置……”① 并指出“打铁要靠自身硬。要对学生思维能力有效地培养，教师自己就要爱思、善思、多思，就要具有较高的思维培育的理论素养和实践能力”②。而另一位语文教育家叶圣陶先生也非常重视语文教学中的思维培育，其基本观点

① 于漪．于漪语文教育论集[M]．北京：人民教育出版社，1996.

② 于漪．探索语文思维培育学[N]．光明日报，1995-02-23.

是：语文是一门发展儿童心灵的学科；语文教学的目标应该是训练思维、训练语言；语文教学的原则应该是语言训练与思维训练同时并举；阅读教学和作文教学都应该让学生受到思维的训练，养成良好的思维习惯；在教学方法上则应该愤悱启发，举一反三，让学生得到开启智慧之门的钥匙。①

以上学科所构建的学科核心素养非常明确地将思维作为学科核心素养，而这些学科的其他学科核心素养要素其实同样与思维紧密相关。比如化学学科中的科学探究与创新意识素养，语文学科中的审美鉴赏与创造、文化传承与理解等都不可能脱离开思维来发展。其他一些学科所构建的学科核心素养同样包含思维要素。比如《普通高中地理课程标准（2017 年版）》将“综合思维”作为 4 个地理学科核心素养之一，《普通高中英语课程标准（2017 年版）》将“思维品质”作为 4 个英语学科核心素养之一等。

视频 2–4
从核心素养到学科核心素养

（四）学科核心素养的核心是思维

核心素养不是面面俱到的素养“大杂烩”，而是要突出“关键”素养，是所有学生应该具有的最关键、最必要的素养。我们通过对各学科构建的学科核心素养进行分析和比较可以发现，这些学科的学科核心素养既具有学科特殊性，也包含共同要素，这个处于最关键、最必要地位的共同要素就是思维。

视频 2–5
学科核心素养的核心是思维

古往今来，中外的教育家、哲学家对于思维的重要性进行了充分的表述。比如孔子提出“学而不思则罔，思而不学则殆”，强调学思结合。

案例 2–6　被斥责的勤奋

现代原子物理学的奠基者卢瑟福对思维极为推崇。一天深夜他偶尔发现

① 卫灿金．叶圣陶的语文思维教育观[J]．课程·教材·教法，2002(2):26–29.

一位学生还在埋头实验,便好奇地问:“上午你在干什么?”学生回答:“在做实验。”“下午呢?”“在做实验。”卢瑟福不禁皱起了眉头,继续追问:“那晚上呢?”“也在做实验。”勤奋的学生本以为能够得到导师的一番夸奖,没想到卢瑟福居然大为光火,厉声斥责:“你一天到晚都在做实验,什么时间用于思考呢?”

【点评 2-6】 可能有的人会说卢瑟福有些求全责备,但事实上我们从中领会到的更应该是卢瑟福对思考的重视。正如孔子讲“学而不思则罔”,卢瑟福认为,如果只知道埋头做实验而不去思考,同样是很难有成效的。卢瑟福本人就是一个具有批判性思维和创造性思维的人。在原子结构认识发展史上,道尔顿提出科学原子论,认为原子是不可再分的实心球,之后汤姆孙提出了原子的“葡萄干模型”或者叫“布丁模型”的原子模型(见图 2-3),认为原子是一个实心球,表面均匀分布着电子。汤姆孙是卢瑟福的老师,但是卢瑟福敢于批判质疑。卢瑟福使用 α 粒子轰击金箔,结果发现大多数 α 粒子顺利地通过,就像没有遇到任何阻碍一样,但也有少部分 α 粒子发生了散射(见图 2-4)。那么如何解释这种现象呢?卢瑟福创造性地推理:原子不是一个实心球,在原子内部存在大量空隙,在原子的中心有一个体积非常小而质量非常大的核。从而卢瑟福提出了原子的有核模型理论。尽管他的理论并不绝对正确,但是相对于此前的实心球模型理论更逼近真理,而这也集中体现了卢瑟福的批判性思维和创造性思维。

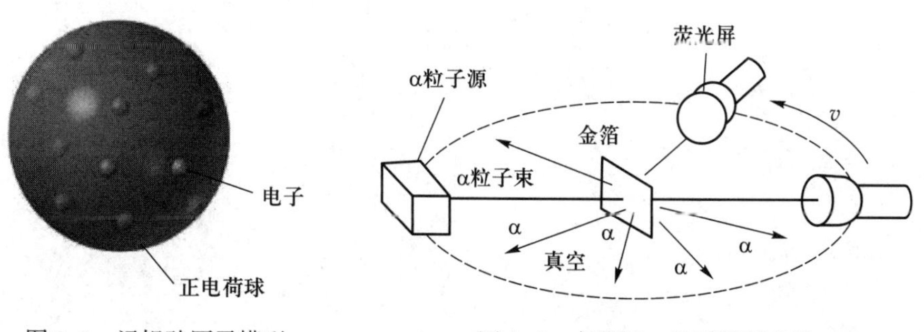

图 2-3　汤姆孙原子模型　　　　图 2-4　卢瑟福 α 粒子散射实验

事实上,儿童青少年的思维发展有几个关键期,覆盖了整个基础教育阶段,因此,在基础教育阶段重视发展学生的思维,在学科教学中进行基于思维的培养是非常必要和重要的。一旦错失了儿童青少年思维发展的关键期,再发展个体的思维能力就非常困难了。相反,如果教育得法,那么个体的思维有可能加速和提前发展。

◎ 思考题

1. 思维型教学的理论依据是什么?
2. 思维型教学的基本原理是什么?
3. 如何在教学中践行思维型教学的基本要求?
4. 如何理解核心素养的核心是思维?

■ 专题三

教学设计的基本环节

◎ 学习目标

能够认识到教学设计是一个系统活动，能够在教学设计的各个阶段进行恰当的分析与设计，能够结合思维型教学的基本原理进行基于课程标准的、发展学生思维和核心素养的教学设计。

◎ 知识导图

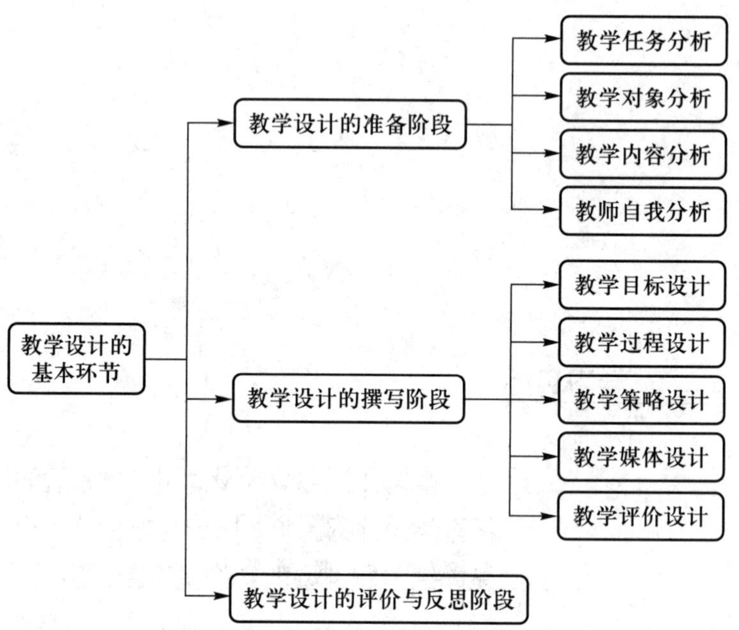
教学设计的基本环节
教学设计的准备阶段
教学任务分析
教学对象分析
教学内容分析
教师自我分析
教学设计的撰写阶段
教学目标设计
教学过程设计
教学策略设计
教学媒体设计
教学评价设计
教学设计的评价与反思阶段

教学设计不是一个孤立的行为,而是一项系统活动。从教学设计活动的阶段来看,教学设计大致包括教学设计前的准备阶段、教学设计的撰写阶段和教学设计的评价与反思阶段。思维型教学设计与一般教学设计的基本环节和阶段相同,不过它在教学设计各环节与阶段更关注学生的思维及其发展。

一、教学设计的准备阶段

凡事预则立,不预则废,教学设计的准备阶段是教学设计的起点,它可以使我们了解教学设计的背景,弄清楚影响教学的各种因素之间的关系,从而为教学设计提供依据。一般而言,教学设计的准备阶段需要做好教学任务分析、教学对象分析、教学内容分析和教师自我分析等几个方面的工作。

(一) 教学任务分析

教学任务分析的主要目的是使教学内容得以具体化和明确化,并为教学目标的制订和教学策略的设计提供依据,在整个教学设计过程中起着承上启下的作用。在实施教学活动之前,教师必须通过研读课程标准和教材,对所要完成的教学任务有清晰的认识和了解,明确学生学习结果的类型,并能清晰地陈述教学目标。对于现行的义务教育阶段各学科的课程标准(2011 年版)和普通高中各学科课程标准(实验),教师需要分析教学内容所在的内容标准部分等的表述;而对于普通高中各学科课程标准(2017 年版)教师则要认真分析课程标准中的内容要求、教学提示和学业要求等内容,并结合课程标准的要求,认真分析教学内容在整个学科课程体系中所处的地位与作用。

案例 3-1　“盐类的水解”教学任务分析

有教师对人民教育出版社出版的普通高中课程标准实验教科书《高中化学:选修 4》第 3 专题第 3 节进行了如下教学任务分析。

【课程标准分析】 根据《普通高中化学课程标准(实验)》中内容标准的要求,学生要认识盐类水解的原理,归纳影响盐类水解程度的主要因素,能举例说明盐类水解在生产、生活中的应用。课程标准中的要求是最基本的要求,“化学反应原理”模块的教学针对的不是所有的高中生,而是针对有志于从事理科学习、对化学感兴趣并将升入大学学习理科的学生。因此,依据教材设计及对学生的分析,在进行教学设计时要求学生达到的教学目标水平应该略高于课程标准的相关要求。

【教材分析】

1. 教材的地位与作用

在学习“盐类的水解”之前，学生已经了解了化学平衡特征及化学平衡移动原理，并讨论了电解质在水溶液中的行为，包括弱电解质的电离平衡和水的电离平衡两个平衡体系。学生已经从微观角度初步认识了溶液酸碱性的实质，在此基础上再来探究盐类在溶液中的变化规律以及对溶液酸碱性的影响，既能促进学生的认知发展，又能加深学生对平衡原理和弱电解质概念的再认识。同时，盐类水解的知识又是后续电化学(原电池和电解池)学习的必备基础。从知识结构上讲，盐类水解平衡是继弱酸、弱碱平衡体系之后的又一个电解质溶液的平衡体系，有利于学生构建完整的电解质溶液的平衡体系。

2. 主要内容

本节内容包括盐类水解的过程、定义及实质，盐类水解的过程和实质是重点内容，盐类水解的实质是难点。教材在设计上先是通过实验让学生感受盐溶液的酸碱性，获取“盐溶液并不一定呈中性”的感性认知，这是第一步。在学生完成感性认识后，教材引导学生从微观角度去探究某些盐溶液呈酸碱性的本质，教材分类讨论了盐在水溶液中形成弱酸或弱碱的过程，分析了这个变化对水电离平衡的影响，从而在“微观粒子变化”的水平更深刻地揭示了盐溶液呈酸碱性的实质。

【点评 3-1】 通过这个案例我们可以看到，这位教师在进行“盐类水解”这个知识点的教学设计之前，对课程标准和教材进行了分析；在对课程标准分析时，能够对与本节课内容相关的内容标准进行阐述，并能对课程标准的地位与作用进行分析，并以此为依据选择教学内容并为教学目标的确定奠定基础。现行高中化学教材有三个版本，不同版本的编写体现了教材编写者对课程标准的解读和对教材编写的独特理解，因此不同版本的教材对知识点的选择与组织是不同的。教师对所使用的教材如何组织教材内容、教学内容在教材体系中所处的地位等进行了分析，从而使教学设计有据可依。

案例 3-2 “碳酸钠和碳酸氢钠性质的比较”教学任务分析

有教师对人民教育出版社出版的普通高中课程标准实验教科书《高中化学:必修 1》第 3 专题“碳酸钠和碳酸氢钠性质的比较”进行教学设计时，进行了如下的教学任务分析。

【课程标准分析】 高中化学课程的基本理念是通过以化学实验为主的多种探究活动，使学生体验科学探究的过程，激发学生学习化学的兴趣，强化科学探究的意识，促进学习方式的转变，培养学生的创新精神和实践能力，以便达到进一步提高科学素养的宗旨。而高中化学必修 1 的内容标准要求是认识常见的化学物质，形成基本的科学探究能力。针对该部分内容的课程目标是根据生产、生活中的实例或通过实验探究，了解金属钠及其重要化合物的主要性质以及溶液中 CO_3^{2-} 的检验。

课程标准对“碳酸钠与碳酸氢钠”在不同的阶段有不同的要求，初中阶段仅仅要求学生知道与盐酸反应的化学方程式。高中阶段要求学生了解碳酸钠和碳酸氢钠的性质及它们两者的区别。高中的不同模块对两者有不同的要求，从表 3-1 可以看出，高中化学必修 1 相对于其他模块对碳酸钠与碳酸氢钠在“知识与技能”方面的要求更高，更加突出化学科学的本质，并且在“过程与方法”“情感、态度与价值观”等体验性目标方面也有所要求。

表 3-1　课程标准中不同模块对该部分教学内容的学习要求

	初中化学	高中化学必修 1	化学与生活	化学反应原理
课程标准的内容	知道碳酸钠、碳酸氢钠和盐酸反应的化学方程式	根据生活、生产中的应用实例或通过实验探究，了解金属钠及其化合物的主要性质	通过实例了解某些药物的主要成分和疗效	认识盐类水解的原理，能举例说明盐类水解在生产、生活中的应用

【教材分析】 三个版本教材的知识线都是通过学生对几个实验现象的观察来分析实验现象，再从化学用语的角度表达出来形成结论，体现了通过实验学习化学的思想。人民教育出版社出版的教材设计了以“碳酸钠与碳酸氢钠的溶解实验”和“热稳定性探究”为主的实验，通过实验着重了解碳酸钠与碳酸氢钠的溶解性、碱性、热稳定性，再归纳总结。这有利于学生在学习碳酸钠与碳酸氢钠的性质的同时掌握科学的探究方法，有利于学生自主地建构知识体系。山东科学技术出版社出版的教材注重与相似物质的比较，自主进行实验设计，验证实验猜想。江苏教育出版社出版的教材除了热稳定性以及与酸反应以外，还有碳酸氢钠与氢氧化钠的转化反应。

【点评 3-2】 通过这个案例我们可以看到，这位教师在进行“碳酸钠与碳酸氢钠”这个知识点的教学设计之前，也对课程标准和教材进行了分析。在对课程标准进行分析时，教师能够对与本节课内容相关的内容标准进行阐述，并能对课程标准的地位与作用进行分析，还对不同阶段的学生应该达到的标准进行了分析解读；而在教材分析部分，不仅对所使用的教材版本的设计进行了分析，还对不同版本教材的内容及其编写特点进行了比较，从而为教学目标的制订和教学策略的选择夯实了基础。

（二）教学对象分析

教学是具有明确的目标指向性的，而这个目标指向的就是教学对象的发展。教学设计的依据是期望学生达到的结果和学生现有水平之差。同样的教学内容，教学对象不同，教学的目标也不一样。同一个年级的不同班级，学生的知识基础、认知水平和非智力因素发展不一定相同，针对不同情况的班级，教师就需要进行不同的目标指向性的设计；即便是在同一个班级内，不同学生存在差异，教师也应该制订适合不同学生发展的教学目标和教学策略。调查研究教学对象的特征，客观正确地了解学生的学习基础，即学生的起始状态，也就是学生在学习新知识之前已经具备的知识基础、可能存在的前概念等，对恰当地进行教学设计、开展有效教学具有非常重要的意义。除了分析教学对象的知识基础之外，教师还应该分析教学对象的认知发展水平，充分考虑教学对象的思维发展水平、非智力因素发展水平等。另外，教师要分析教学对象的接受能力，接受能力不同，教学设计也相应有所不同。

1. 学生的知识基础分析

奥苏贝尔曾说："如果我不得不把教育心理学的所有内容简约成一条原理的话，我会说，影响学习最重要的因素是学生已知的内容。弄清了这一点后，进行相应的教学。"奥苏贝尔提出了有意义学习理论，有意义学习过程的实质是指符号所代表的新知识与学习者认知结构中已有的适当观念建立实质性和非任意的联系的过程。所谓实质性联系，指新的符号或符号代表的观念与学习者认知结构中已有的表象以及已经有意义的符号、概念或命题建立有效联系。所谓非任意的联系，即新知识与认知结构中有关观念存在某种合理的或逻辑基础上的联系。奥苏贝尔的有意义学习理论特别关注"已有的适当观念""已有的认知结构"，也就是学生学习新知识所依赖的学生头脑中已有的知识结构、认知结构。

图 3–1 所呈现的是德国的一个寓言故事，一只青蛙给水里的鱼讲它在陆地上看到的事物：奶牛、鱼和人。无论是这只青蛙讲什么样的事物，这条鱼在建构对事物的理解时，都是在自身基础上来建构的。其中反映的是建构主义的核心学习观，即学习是学习者在已有的知识基础上主动建构的过程。建构主义认为，个体对于世界的理解依赖个人经验，由于人们对于世界的已有经验各不相同，因此人们对于世界的看法也必然会各不相同。知识是个体与外部环境交互作用的结果，人们对事物的理解与个体的先前经验有关，因此对知识正误的判断只能是相对的。知识不是通过教师传授得到的，而是学生在与情境的交互作用过程中自行建构的，因此学生应该处于中心地位，教师是学习的帮助者，教师要在学生已有知识经验的基础上帮助学生主动建构知识。

图 3–1　青蛙与鱼的寓言

在上文的寓言故事中，如果把青蛙比作教师，把鱼比作学生，从教师的角度来看，并没有讲错："奶牛头上有两只角，有四个蹄子，身上有黑白相间的斑点，嘴里含着草。"但是从学生的角度来讲，学生是以自身的经验为基础来建构对牛、鸟、人的知识的，建构的是基于自身知识基础的自己的知识，而这个知识可能与相对正确的科学知识是不同的，这同时也解释了为什么同一个课堂里学生所建构的知识是不相同的。教师在进行教学时，需要考虑到学生在进入课堂之前，其大脑并非一张任由教师涂鸦的白纸，它具备一些已有的知识或者经验，教师应该以学生已有的知识经验为基础展开教学，而学生的已有知识经验可能是相对科学的，也可能是不太科学的，甚至是错误的。

不同时期、不同学段的课程标准都提出教师要关注学生已有知识经验并在此基础上进行教学设计。比如《义务教育物理课程标准（2011 年版）》的"教材编写建议"部分建议：教材编者在选择内容时要注意初中学生已有的知识基础和心理特点，所选的内容应该是这个年龄段学生所熟悉和感兴趣的。"《义务教育小学科学课程标准（2017 年版）》在课程性质、课程内容、课程目标、课程实施等部分均强调对学生已有经验的关注。比如在"学习评价的方式"部分指出：学生学习科学的过程在很大的程度上受其原有的知识、经验和认知结构的影响，有必要在教学准备阶段进行学情诊断，让学生和教师了解学习的出发点在哪里，这是学好科学的前提。学情诊断有多种方法，例如测试、访谈、让学生画思维导图或概念图、观察等。通过各种方法得到的学情信息，具体地描绘了学生学习的出发点，同时也是教师组织教学的重要参考。

案例 3-3

有教师对人民教育出版社出版的普通高中课程标准实验教科书《高中化学:选修 4》第 3 专题第 3 节“盐类的水解”进行教学设计时,分析学生的知识基础如下:在学习盐类的水解之前学生已经学习了包括弱电解质的电离平衡和水的电离平衡两个平衡体系在内的化学平衡原理,在此基础上继续深入讨论电解质在水溶液中的电离行为,学生也已经知道酸、碱溶液呈现酸碱性的本质原因。

案例 3-4

有教师对人民教育出版社出版的普通高中课程标准实验教科书《高中化学:必修 1》第 3 专题“碳酸钠和碳酸氢钠性质的比较”进行教学设计时,分析学生的知识基础如下:学生已经具备了金属钠及其化合物的相关知识,所以本节课容易引起学生的学习兴趣,但是要从实验现象的观察得出碳酸钠与碳酸氢钠的性质差异,对实验装置和试剂的用量的把握显得尤为重要,故在教学过程中应该引导学生观察实验现象并得出结论。

【点评 3-3,3-4】 教师可以依据对学生已有基础的分析,对教材做处理加工,或对教学内容、教学方法、教学策略做适当性修改,使之更适合自己的学生。

案例 3-5 一节失败的公开课

浙江省嘉兴市有一位小学数学特级教师曾经谈到自己一次失败的公开课。有一年他作为特级教师到杭州市一所小学去做示范课,面对的是小学二年级的学生。在上课的时候,为了拉近自己一个嘉兴人和杭州小学生的距离,这位特级教师设计了一个导语:我们杭州自古以来就是一个美丽的地方,俗话说“上有天堂,下有苏杭”,也曾经有大量的文人墨客写下了优美的赞美杭州的诗句,比如“水光潋滟晴方好,山色空蒙雨亦奇。欲把西湖比西子,淡妆浓抹总相宜”(板书)。

这时候学生开始骚动了,纷纷问:“老师,这首诗的名字叫什么?”老师回答:“这首诗叫《饮湖上初晴后雨》。”学生追问:“作者是谁啊?”老师回答:“作者是苏轼。”“老师,那两个字(潋滟)念什么?”“老师,这首诗是什么意思啊?”在学生们不断地追问下,结果这位特级教师迫不得已讲起了这首诗的意思,并讲授了几个生字的读音、写法。如此下来，一节数学课上成了语文课。

【点评 3–5】 一位教师到外地去授课，试图通过赞美当地来拉近与学生的距离固然是一个不错的思路，但是如果所举案例远离了学生已有的知识基础，那就背道而驰了。案例中这位特级教师就忽视了二年级小学生的语文基础，二年级学生还没有学过这首《饮湖上初晴后雨》，这首诗是远离他们的已有知识基础乃至认知水平的，并且儿童的思维和大脑的发育水平决定了他们对于不知道的事情就要去问、去探索问题的答案，这样，把数学课上成语文课的结果就不足为奇了。因此，在进行教学设计时，教师要对教学对象进行恰当地分析。

教师在对学生的知识基础进行分析时，一方面要分析并基于学生头脑中已有知识基础的合理成分，使其与新知识之间建立起实质性的、非任意性的有效连接；另一方面还要特别关注学生头脑中已有的可能并不太正确的前知识甚至是错误知识，进行基于转变的教学设计。已有研究表明，无论是前知识还是错误知识，普遍具有以下特点：广泛性、顽固性、负迁移性、层次复杂性、反复性。研究也发现，这些前知识、错误知识、相异构想往往还表现出普遍性、结构性和关联性、溢出性等特点。① 这些非科学的知识常常与学生的日常直觉经验相联系，根植于一个与科学理论不相容的概念体系。这些前知识、错误知识有些来源于学生的日常经验、先前所学知识的局限性，有些则来自对词语的曲解或者是不恰当的类比等。

比如在生物学教学中，在学习科学概念之前学生往往会认为鲸鱼、鳄鱼、甲鱼等都是鱼类，因为名字中就包含“鱼”，甚至文字中就包含“鱼”字旁。在化学学科中，学生在学习科学概念之前，往往认为糖一定是甜的，盐就是食盐，而催化剂一定能加快反应的进行速率，而溶液一定是水溶液。在物理教学中，在学习科学概念之前，学生往往认为力是维持物体运动的原因，重的物体下落比轻的物体快等。这些错误的概念根植于学生已有的认知结构，错误概念之间甚至是错误概念与科学概念之间盘根错节、相互联系，因此非常稳定和顽固，转变起来非常困难。这些错误概念往往会有负迁移性，如果不加以转变就会影响后续知识的学习，因此必须加以转变，进行基于概念转变的教学设计（见表 3–2）。②

---

① 严文法，陈浩．概念图技术在中学生化学相异构想诊断中的应用研究：以学生对“电解质”概念的理解为例[J]．化学教学，2014(12)：24–27.

② 严文法．国外科学探究模型及其在转变教学中的应用[J]．中学物理教学参考，2009，38(6)：2–4.

案例 3-6 基于概念转变的氧化还原反应概念教学设计

表 3-2 基于概念转变的教学设计

教学内容	教师活动	学生活动	设计意图
导入新课	提问:请学生回忆四个基本反应类型	回想,给出答案	用旧知识导入,创设情境
	提问:四个基本反应类型能否概括所有化学反应分类? 给出高炉炼铁以及 CO 还原 CuO 的反应方程式,请学生判断	思考后判断出不能,出现知识漏洞	
	提问:请学生回想,除了四个基本反应类型以外还学习过哪些基本反应类型?	回答:氧化反应与还原反应	
	判断高炉炼铁以及 CO 还原 CuO 的反应属于氧化反应还是还原反应,说明判断的依据	总结回答:Fe_2O_3 和 CuO 均失氧发生还原反应	
	提问:Fe_2O_3 和 CuO 失去的氧去哪了?	CO 得氧	教师引导,更新学生概念
	总结:由于原子个数守恒,有失必有得,因此氧化反应与还原反应一定同时发生	建立氧化反应与还原反应一定同时发生的思想	
	提出课题:氧化还原反应 板书课题 指出:氧化反应与还原反应不能用来描述一个完整的反应	学生认识新名词,了解到氧化反应与还原反应的局限性	
氧化还原反应新定义	请学生观察化学反应方程式: $2FeCl_3+Cu=CuCl_2+2FeCl_2$	激发学生认知冲突;学生认识到现有的知识无法解释这个化学反应的类型,从而产生学习新概念的动机	学生能够通过自主探究体会到氧化还原反应的特点,给出化合价角度的新定义,增强合作探究能力及总结概括能力
	给出四个初中所学氧化还原反应方程式,请学生分小组标出 CO 与 Fe_2O_3 反应、CO 还原 CuO、$FeCl_3$ 与 Cu 发生反应等几个化学方程式中元素化合价的变化并总结特点;几分钟后请学生代表总结	得出结论:元素化合价改变了,有的升高,有的降低,并非所有的元素化合价都会发生改变	
	引导学生从化合价角度定义氧化反应与还原反应以及氧化还原反应,指出氧化还原反应的特征 板书氧化还原反应的定义与特点	描述概念	

续表

教学内容	教师活动	学生活动	设计意图
氧化还原反应中是否一定有氧参加的探究	提问：两种概念是否均正确？ 给出锌与盐酸反应及钠与氯气反应方程式，让学生用新定义判断此两者是否为氧化还原反应 请学生回答	标出化合价，得出结论：此两种反应是氧化还原反应	帮助学生深化对新定义的把握
	请学生分析这两个反应中有无氧的参与 得出结论：氧化还原反应不一定有氧的参与	学生分析总结，得出结论：并无氧的参与	创设认知冲突，加深学生理解
氧化还原反应与物质得失氧的反应之间的关系	引导学生总结氧化还原反应与物质得失氧的反应之间的关系	得出结论：一般来说，物质得失氧的反应一定是氧化还原反应，氧化还原反应不一定是物质得失氧的反应	建立知识框架
小结课堂，留作业	探究：元素化合价升降的原因是什么？ 作业：归纳总结四种基本反应类型与氧化还原反应的关系		巩固知识，为探究氧化还原反应的本质做铺垫

【点评 3-6】 在高中化学教学中，氧化还原反应是贯穿整个高中化学教学的一个核心概念，因此学习好氧化还原反应的相关知识至关重要。学生在学习氧化还原反应概念之前已经在初中阶段学习了四个基本反应和氧化反应、还原反应。如果教师的教学不能考虑到学生的知识基础，学生头脑中就可能形成大量的相异构想或者错误概念。

学生在初中阶段学习的氧化反应、还原反应，是从得失氧的角度进行定义的，与高中必修阶段“凡是反应中有化合价升降的反应都是氧化还原反应”的定义有很大区别，事实上从基于得失氧的氧化反应、还原反应到基于化合价升降和电子的转移的氧化还原反应经历了一个概念转变的过程。教师需要基于学生已有的知识基础创设以下引发学生认知冲突的案例：反应中不包含氧元素参与的反应是何种反应类型（去除“氧”这个相异构想的来源）；并非四个反应类型亦非氧化反应、还原反应的反应案例（使学生认识到四个基本反应并不能涵盖全部的反应类型）。然后教师要引导学生从这些反应中共同的特征——化合价的升降来入手进行分析，从而给出氧化还原反应的概念。最后教师要引导学生一起分析初中阶段所学习的四个基本反应类型和氧化还原反应之间的关系。

在上述案例中，教师能够依据学生头脑中已有的可以利用的知识经验、存在的前概念，不断地创设用已有的知识不能解决新问题的认知冲突情境，使学生产生对原有概念不满和学习新概念的动机，从而有效地进行概念转变教学。

2. 学生认知水平的分析

学生认知的发展主要包括感知觉、记忆、思维与想象的发展。下面将主要侧重分析中小学生思维能力发展的特点。

朱智贤、林崇德先生在其著作《思维发展心理学》中指出，小学生思维的基本特点是从以具体形象思维为主要形式逐步过渡到以抽象逻辑思维为主要形式的，但这种抽象逻辑思维在很大的程度上仍然直接与感性经验相联系，仍然具有很大成分的具体形象性。应该如何来理解这个特点呢？朱智贤、林崇德先生认为[①]小学生思维能力的发展具有以下特点。

(1) 在整个小学时期内，逐渐过渡到以抽象逻辑思维为主要形式，但小学生的思维仍然带有很大的具体性。如何来分析这个变化过程或者是“过渡性思维”的实质呢？儿童在入学以后，由于教学以及日益复杂的各种新的实践活动向他们提出了多种多样的新要求，他们逐渐地运用抽象概念进行思维，这促使他们的思维水平开始从以具体形象思维为主要形式逐步向以抽象逻辑思维为主要形式过渡。但是，小学生的思维以抽象逻辑思维为主要形式并不意味着小学生的具体形象思维全部消亡。事实上，在整个小学阶段，小学生的思维由具体形象到抽象逻辑思维的过程是很长的，尤其是低年级学生所掌握的概念大部分是具体的，是可以直接感知的，要求他们掌握概念中最为本质的东西无疑是比较困难的。到了小学中、高年级，小学生才逐步学会分出概念中本质和非本质的东西，即便是达到了这个水平，也离不开直接和感性的经验，仍然具有很大成分的具体形象性。

(2) 小学生的思维由具体形象思维到抽象逻辑思维的过渡，是思维发展过程中的“飞跃”或者说是“质变”。在这个过渡中，存在着一个转折期。这个转折期就是小学生思维发展的“关键年龄”。关于这个关键年龄何时出现，研究者的结论存在一定的差异，一般认为这个关键年龄出现在四年级，也就是10~11岁的时候，也有的研究者认为出现在更高年级，当然也有研究者认为如果教育得当，那么这个关键年龄的出现可能会提前到三年级。

(3) 在小学阶段，儿童逐渐具备人类思维的完整结构，同时这个思维结构还有待进一步完善和发展。思维结构获得初步完善，是从小学阶段开始的。从小学阶段起，儿童逐渐具备明确的思维的目的性，表现出完整的思维过程，有着较

① 朱智贤，林崇德．思维发展心理学[M]．北京：北京师范大学出版社，2002.

完善的思维材料和结果,思维品质的发展使个体的思维表现出显著的差异性,儿童思维的监控或自我调节的能力也在日益加强。

(4) 小学生的思维,在从具体形象思维向抽象逻辑思维的发展过程中,存在不平衡性。在整个小学阶段,小学生的抽象逻辑思维水平在不断地提高,其思维中的具体形象成分和抽象成分的关系在不断地发生变化,这是它的发展的一般趋势。但是当具体到不同的思维对象、不同学科、不同教材时,小学生的思维发展又常常会表现出不平衡性。

而对于中学生而言,林崇德先生认为,中学生思维能力的发展具有以下基本特点。

第一,通过假设进行思维。假设是对因果关系的一种猜测。有了假设,思维才有明确的目的和方向。中学生能撇开具体事物,运用抽象的概念,按照提出问题、明确问题、提出假设、检验假设的途径去解决问题。

第二,思维具有更强的预见性。思维的假设性,必然导致主体在复杂活动前,事先有了计划、方案、策略等,即预见性。从中学开始,这种预见性开始出现,中学生不是只看眼前,而是着眼于未来。

第三,思维形式化。在教育条件的影响下,中学生逐步由具体运算思维占优势发展到形式运算思维占优势。

第四,对思维的自我意识和监控能力明显增强。自我意识和监控能力是思维顺利开展的重要条件。中学生思维反省的、监控的特点越来越明显。在一般情况下,中学生意识到自己思维活动的过程并且能够控制,使思路更加清晰,判断更加准确。

第五,思维的创造性迅速发展。从中学开始,由于发展了通过假设的、形式的、反省的抽象思维,中学生思维的创造性或创造性思维获得迅速发展,这成为中学生思维的一个重要特点。

第六,抽象思维的发展存在关键期。中学生的抽象思维已经占主导地位,但这种思维有两种水平:一种需要具体经验的支持,属于经验型的抽象思维;另一种是从具体上升到理论,又用理论指导去获得具体知识,属于理论型的抽象思维。一般来讲,初中生多见经验型,高中生多见理论型,初二年级是由经验型向理论型转变的关键期,高二年级是抽象思维的成熟期。

第七,辩证思维能力迅速发展。中学生形式思维的发展有力地促进了其辩证思维的发展,发展的趋势是:初一学生已经开始掌握辩证思维的各种形式,初三学生处于迅速发展阶段,高二学生的辩证思维已经占优势。

第八,思维的结构逐渐完善。林崇德教授提出了思维心理结构的“三棱模型”,认为思维是由思维的目的、思维的过程、思维的材料或结果、思维的自我意识或监控、思维的品质、思维中的认知因素与非认知因素和思维的环境等因素构成的，思维的结构是静态结构和动态结构的统一，动态是思维结构的精髓。中学生思维结构中的各成分逐渐形成，内部关系更加协调，产生了分析与综合、抽象与概括、归纳与演绎、形式逻辑与辩证逻辑，以及思维的目的、材料与过程、智力因素与非智力因素在思维的监控下协调发展的新格局。

学生在不同年龄、不同学段中表现出不同的认知发展水平和特点。教师在进行教学设计时，一方面要考虑到学生的知识基础，另一方面也要考虑到学生思维等方面的认知发展水平，并以此为重要依据来进行恰当的教学设计。

案例 3-7 朱自清《背影》教学设计片段[①]

中国人民大学附属中学张璇老师在讲朱自清的散文《背影》时做了如下教学设计，将当时有人提出语文教科书中应该删除《背影》的两个依据呈现给学生：一个是朱自清的父亲不遵守交通规则，随意翻越站台；二是朱自清的父亲形象不美。张老师要求学生在充分阅读和理解文本之后，对这两个观点进行评价。

学生 1：我针对朱自清的父亲形象不美、不潇洒进行一个评价。首先，不能将朱自清的父亲不潇洒作为这篇文章不能收入教材的依据，每个人的父亲不一定都很潇洒，而且朱自清先生写这篇文章的目的不是要夸赞自己的父亲有多么潇洒，而是要写出父亲对自己的关怀。如果写他的父亲潇洒的话，可能反而使读者只留下朱自清的父亲很潇洒的一个印象。

教师：朱自清如果把父亲的形象写得很潇洒，那么可能会削弱人们对于父亲关爱的理解的弱化。那么，朱自清是故意把自己的父亲写得不潇洒吗？当然也不是。

学生 2：我来谈一下关于朱自清的父亲不遵守交通规则的问题。朱自清写这篇文章的年代离我们现在还是比较远的，那时候还没有像现在一样比较重视交通规则。而且我们学习一篇文章最重要的是理解文章所表达的感情，而不是从一个刻薄的角度去钻牛角尖，去批判一篇文章。而且在学习一篇文章时我们要从当时的情景去分析，父亲能在祖母去世、事情繁忙等条件下依然去送儿子并且艰难地翻越站台给儿子买橘子，这是一件很让人感动的事，再去苛责他不遵守交通规则是很刻薄、不客观的。

教师：我注意到了这样几个词，客观，不要刻薄，而且一定要结合时代背景。

---

① 转录自中国人民大学附属中学初中语文组张璇老师的授课视频《背影》.

学生3:我也想谈一下有关交通规则的问题,我倒觉得正是朱自清的父亲违反交通规则去给儿子买橘子,才更彰显其对儿子的爱。

教师:不顾交通规则也显示出了其对儿子的爱。

学生4:我结合两点来谈一下。如果朱自清的父亲很潇洒,那么我觉得买橘子的例子就不典型了,正是因为朱自清的父亲矮胖,翻越站台去给儿子买橘子很困难,才更彰显出其对儿子的爱。相反,如果朱自清的父亲健步如飞,是非常强壮的一个人,就会很轻松地跨过站台,就体现不出朱自清父亲对儿子的这种深沉的爱了。

教师:如果朱自清的父亲非常轻松地跨过站台,很轻松地就把橘子买回来,就体现不出这种深沉的爱了。

学生5:朱自清写这篇文章是1917年,那时候的火车速度慢而且少,在那个情景之下,翻越站台可能并不是危险的……

学生6:我倒觉得不能因为那个年代火车速度慢而忽视这个问题,毕竟我们是现在学习这篇文章,现在的火车多而且速度快,如果学生学了这篇文章而去效仿,那就是很危险的。当然我也并不认为这是删除这篇文章的理由,毕竟这篇文章所传达的父爱是非常值得学习的,只是教师在进行教学的时候,可以提醒学生"文中动作危险,请勿效仿!"

…………

【点评3–7】《普通高中语文课程标准(2017年版)》将"思维发展与提升"作为学科核心素养之一,而语文学科核心素养并非仅适用于高中学段,而是适用于不同学段的语文学科。"思维发展与提升"指学生在语文学习过程中,通过语言运用,获得直觉思维、形象思维、逻辑思维、辩证思维和创造思维的发展,以及深刻性、敏捷性、灵活性和独创性等思维品质的提升。

在这个教学案例中,教师设计了让学生对当时的一个时事话题——朱自清的父亲不美且违反交通规则,应该从语文教科书中将《背影》删除——进行分析,评价的活动,教学对象是初二学生。前文的分析已经指出,初二学生已经以抽象思维为主导,并且正由经验型的抽象思维向理论型的抽象思维过渡,而且初一学生已经开始掌握辩证思维的各种形式。从该教学案例中我们也能清晰地看到学生表现出了比较成熟的抽象思维、逻辑思维、辩证思维和批判思维。而且学生通过对朱自清父亲"美与不美"的讨论,也发展了审美鉴赏与创造的能力。

案例 3-8 《孔乙己》教学片段[①]

教学任务：再品孔乙己，他是一个有着悲剧性格的“边缘人”。

师：让我们去看看生活在那个年代的孔乙己的社会地位如何。假如时光倒流，让我们回到孔乙己那个年代，你能在咸亨酒店众多的酒客中，一眼就认出哪个是孔乙己吗？请根据文中的话说说理由。

生：能，根据第四小节中的“孔乙己是站着喝酒而穿长衫的唯一的人”。

师：为什么说他是唯一的？

生：根据文中第一小节的描述，站着喝酒的是短衣帮，而穿长衫的是要踱进店面隔壁的房子里，要酒要菜，慢慢地坐下来喝。

师：也就是说孔乙己既不属于短衣帮，又不属于穿长衫的主顾。但是，他只要踱进店里坐着，不就可以成为长衫主顾一类了吗？他能坐着喝吗？

生：不能，因为他太穷了！经济地位不允许他坐着喝！

师：那么只要他脱下长衫，就可以归入短衣帮了。他愿意脱下长衫吗？

生 1：不能，他太穷了，只有这么一件衣服，所以脱不下来。

师：你认为他没有换洗的衣服，果真是这样吗？

生 2：不对，我觉得是他始终放不下读书人的架子，他认为长衫再破也是读书人的标志。

生 3：在他的思想里，他无论如何也不可能把自己和短衣帮归属在一起。

生 4：他企图用一件长衫来提高自己的社会地位，他的思想意识不认可他脱下。

师：真是欲上不能，欲下不甘啊！既不能踱进店里去喝，又不能放下读书人的架子，脱下长衫。孔乙己成为与这个社会格格不入的孤独的边缘人。

【点评 3-8】“不愤不启，不悱不发”，启发的前提是愤悱状态，而教学中的愤悱状态往往是基于充满认知冲突的问题情境来创设的。在这个教学片段中，饶美红老师基于学生的认知水平，连续创设了“假如时光倒流，让我们回到孔乙己那个年代，你能在咸亨酒店众多的酒客中，一眼就认出哪个是孔乙己吗？”“孔乙己为什么是站着喝酒而穿长衫的唯一的人？”“孔乙己能踱进店里坐着喝成为长衫主顾一类吗？”“孔乙己愿意脱下长衫成为短衣帮吗？”等一系列具有能引发学生的认知冲突、激发学生高认知的问题。而学生也能给出“经济地位不允许他坐着喝”“在他的思想里，他无论如何也不可能把自己和短衣帮

---

① 饶美红，吴丹青.《孔乙己》课堂教学实录及点评[J]. 语文建设，2012(1)：36-40.

归属在一起”的具有深刻思维水平的答案。教师所设计的这种基于学生认知水平而又能挑战学生思维的问题，能够更好地促进学生思维的发展，发展学生的“思维发展与提升”素养。

3. 学生非认知因素特征的分析

1935年，美国心理学家亚历山大在其论文《智力：具体与抽象》中首次提出了非认知因素的概念。1950年，美国心理测量学家韦克斯勒提出了一般智力中的非智力因素的概念，并指出内驱力、情绪稳定性和坚持性等非智力因素在智力行为中的作用。在进行教学设计时，教师除了要关注学生的知识基础、认知发展等因素之外，还要关注学生的动机、兴趣、意志、焦虑等非认知因素，需要分析学生的学习动机的类型、兴趣、意志、焦虑等方面的类型和水平，有针对性地进行相应的教学设计。

比如课堂教学提问的设计。《礼记·学记》指出：“善问者，如攻坚木，先其易者，后其节目，及其久也，相说以解，不善问者反此。”这一段文字说明在进行课堂提问的时候，善于提问的教师往往是先易后难，先提问简单一些的问题，然后逐渐增加课堂提问的难度水平。而不善于提问的教师往往会先提问难度比较大的问题，过早地提出难度大的问题有可能造成学生学习兴趣、学习动机降低，进而导致学习焦虑的增加。

再如，写文章讲究“凤头、猪肚、豹尾”，所谓的“凤头”是指开篇要漂亮，导课也是如此。教师进行导课的目的往往是引出课题、激发学生学习的兴趣。导课有一个基本原则，那就是“趣味性”，而如何界定“趣味性”则需要综合考虑学段的特点、学科的特点等因素。对于小学生而言，教师可以使用故事导入法、情境导入法等导课；而对于高年级的学生，教师则可以使用实验导入法、悬念导入法等激发学生学习的兴趣和动机。

考虑到学生有意注意时间不持久的特点，教师可以在学生的有意注意可能出现涣散时，有针对性地设计提问、小组讨论等教学活动和任务，使学生的注意力重新集中起来。

（三）教学内容分析

韦斯和帕斯利提出判断课堂有效性的指标之一是“教学内容是否有效”[①]。教学内容的选择是为教学目标的实现服务的，只有教学内容有效，教材的选择、教法的运用、教学的评价等才是有效的。而有效地组织和呈现教学内容的前提

① WEISS I R，PASLEY J D. What is high-quality instruction? [J]. Educational Leadership，2004，71(5)：24-28.

是对教学内容进行分析。分析教学内容是围绕着总的教学目标，确定学习内容的范围和深度，揭示学习内容各部分之间的联系的过程，明确各部分的联系也能为教学顺序的安排奠定基础，即教学内容分析既与“学什么”有关，也与“如何学”有关。目前分析教学内容的方法主要有学习层级分析法、图解分析法、解释结构模型法、归类分析法、知识建模内容分析法等，教师可以根据教学内容的类型选择恰当的教学内容分析方法。而从教学内容分析的维度来看，我们可以参照奚定华提出的五个维度，分别是：

(1) 通过背景分析，明确教学内容在整个学科中的地位和作用，明确教学内容与其他知识的联系，整体把握教材。

(2) 通过功能价值分析，明确教学内容的学习价值。

(3) 通过结构分析，明确教学内容的呈现方式、知识结构、思想方法。

(4) 通过要素分析，明确教学内容的核心，了解承载教学内容的感性材料的必要性和合理性，明确例题、习题隐含的教学内容。

(5) 通过学习类型和任务分析，明确教学内容的学习结果类型和学习形式类型，明确学生的先决技能，进而明确新旧知识之间的关系，明确教学目标，明确教学的重难点以及教学序列，并在此基础上进行教学设计。①

教师在进行教学设计前应该研究并掌握教学内容，注意研究教学内容的内在逻辑关系，明确教学内容的重点、难点和关键点；分析教学内容与过程、方法教育和能力培养的相互联系，分析教学内容与科学、技术及社会的联系，分析教材承载德育、美育内容的可行性等，并进行必要的调整。从教学内容的内在逻辑来看，教学内容是由若干知识点共同组成的集合，这些知识点之间必然存在一定的逻辑关系，教师要正确地发现和理解这些知识点之间的内在逻辑关系，形成教学内容的知识结构以进行教学设计，不能照本宣科。而从教学重点和教学难点的选择来看，教学重点和教学难点并非一回事，教学重点是从知识点的重要程度进行判断的，而教学难点是从知识点的难易程度进行判断的。教学重点不一定是教学难点，同样教学难点也不一定是教学重点。

需要注意的是，教学内容不等于教材内容。教材内容只是教学内容的来源之一，教学内容应该根据教学目标来进行选择。长期以来，人们总是将教材内容和教学内容等同起来，认为教材内容是神圣的、不可改造的。这是一种权威式的教材观，是对教材地位和作用、教学内容和教材内容关系不恰当的认识。事实上，从课程标准到教材的转化本身已经是教材编写者对课程标准的解读与重构，教材编写者依据课程标准并基于对课程标准的理解和解读来建构教材。在这个过

---

① 奚定华．数学教学设计[M]．上海：华东师范大学出版社，2001.

程中，不同的教材编写者对课程标准的解读是不同的，教材编写者对于教材编写设计的理解也是不同的，教材编写者的课程观、教材观、知识观等也是不同的，这些不同造成了不同版本教材之间的差异。同样，从教材到教学，也是教师对教材的解读与重构，应该由“忠实取向”的教材观过渡到“调适取向”的教材观，甚至是“创生取向”的教材观，教师可以根据课程标准、学生实际、自身特点以及教学条件等进行创造性的教学。教师可以对教材进行二次加工，可以对教材内容进行加工、重整、增删等处理，可以借鉴不同历史时期、不同版本的教材，但需要注意的是不能盲目拓展教学内容。事实上，从另外一个角度来看，教材本身往往并非无懈可击。

案例 3–9

某版本初二数学教科书在讲“角”这部分内容的时候，为了帮助学生理解“对角、余角、补角”，引入了“光的反射”。在进行内容编排的时候设置的顺序是余角、补角、对角。教材给出的角的类型的图形也非常混乱（见图 3–2）。

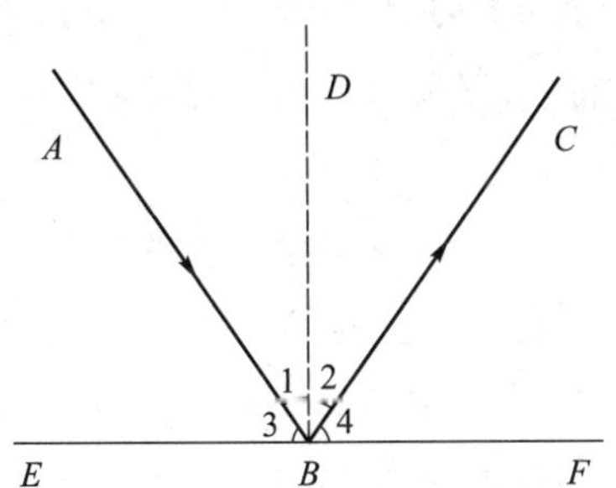

图 3–2　某版本初二数学教科书“角”的呈现

【点评 3–9】 教材是进行教学的材料，而不是唯一的依据。教材编写者在依据课程标准编写教材的时候，本身也是对课程标准的二次加工，未必能恰如其分地实现课程标准的要求。同时，限于编写者本身的学科背景和知识水平，教材难免出现一些纰漏。

本案例中的第一个问题是，教材在进行设计的时候将“光的反射”作为先行组织者，试图以“光的反射”作为角的前知识。但是，在现行初中物理教材中“光的传播”知识是否在这一版数学教科书“角”的内容之前就出现了是存疑的。如果学生并没有“光的传播”知识基础，那么如此安排会给学生理解角的知识制造障碍。第二个问题是按照人的认知顺序，首先对角在生活中比较常见，其次是补角，最后是余角，所以教材将认识角的顺序设计为“余角、补角、对角”是不符合学生的认知顺序的。第三个问题是教材给出的角的示意图混乱无序，且包含干扰学生进行理解的其他类型的角，这对学生学习角的有关知识也是障碍。

案例 3-10

某版本初中语文第三册教材第 39 页《驿路梨花》一文第 10 行“一座草顶、竹蔑泥墙的小屋……”一句的“蔑”字有误，应该为竹字头的“篾”。第 111 页《三峡》一文中，“自非亭午夜分不见曦月”与文下注释“自非亭午夜分，不见曦月”标点不同，注释中的是正确的；第 122 页课后练习第二题“晏子对曰：‘齐使使各有所主……’”一句，与课文中“晏子对曰：‘齐命使各有所主……’”也有一字之差……①

案例 3-11

某版本九年义务教育四年制初级中学语文教科书第一册第 21 课《〈论语〉十则》中第一则：“子曰：学而时习之，不亦说乎？有朋自远方来，不亦乐乎？人不知而不愠，不亦君子乎？”，课文注释为：“时习：按一定时间复习。”即编者将“习”解释为“复习”。

【点评 3-11】《礼记·月令》一书对学习的解释为“学，效也，习，鸟频起也”。学是模仿，而习的繁体字是上羽下白，白羽就是小鸟，引申为小鸟练习飞翔，所以在这里习的意思就是实践、实习、练习。孔子的学生曾参曾经说“传而不习乎”，意思是对老师教过的知识是否进行了练习和演练。而“温故而知新”中的“温故”才是复习。

案例 3-12

某版本小学数学在课后练习题中出了如下一道思考题，并配了图 3-3 左侧所示的配图。

这道思考题是这样的：“站在离大树 5 米的地方看树梢，视线和水平线成 45° 角，眼睛距地面的高度为 1.4 米。树高大约多少米？”

【点评 3-12】 图 3-3(a)将本来应该平行于地面的视线水平线与大树的根部相交，显然是错误的；图 3-3(b)才是正确的，视线的水平线应该平行于地面与

① 资料来源：中国新闻网《新版初中语文课本错误多多》。

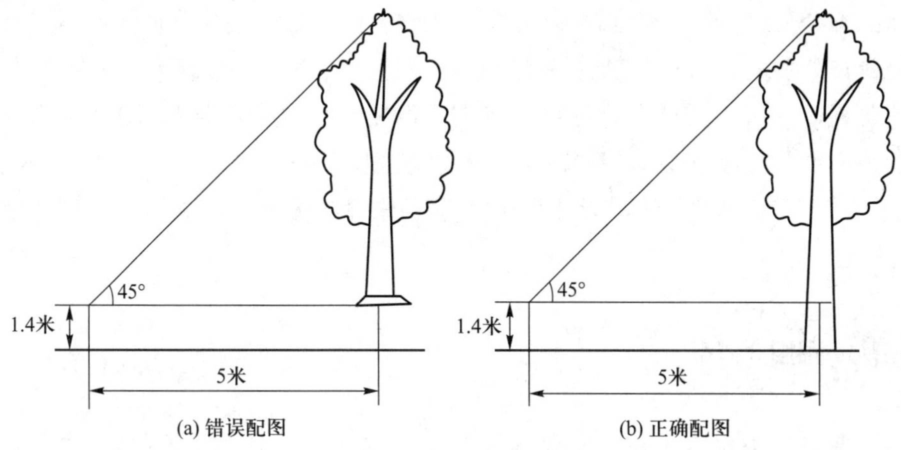

图 3-3　错误配图和正确配图

大树相交于离地面 1.4 米的高度。而这个错误却使用了几年都没有被发现并指出来，直到一位家长在辅导孩子做作业的时候才发现其错误。当记者去采访某小学数学教师的时候，这位教师说：这道题的配图确实有问题，但她认为“可能专家考虑问题的角度不同”，所以从没想到向出版社或编写者反馈。

案例 3-13

某版本初中语文教材收录的《桃花源记》，将文中的“男女衣着，悉如外人”的“外人”一词注释为：“桃花源以外的人。下同。”意即此处的“外人”与后文中的另两处“外人”：“遂与外人间隔”“不足为外人道也”含义相同，均指桃花源以外的人，那么这三处的“外人”意思是否真的一致呢？

【点评 3-13】 学界和教师历来对“悉如外人”中的“外人”的含义有争议，虽然他们都不能给出确切的证据支持自己的观点。从逻辑上来看，桃花源里的人与外界的人服饰相同是不可能的。《桃花源记》中说桃花源里的人“自云先世避秦时乱，率妻子邑人来此绝境，不复出焉，遂与外人间隔。问今是何世，乃不知有汉，无论魏晋”。桃花源里的人秦末来到桃花源，不知有汉，更不用说魏晋了。西汉是公元前 202 年建立的，距离陶渊明所处的东晋时期已有 600 年，600 年间服饰发生了巨大的变化，尤其是魏晋时期的服饰相比秦汉服饰有了较大的改变，在“魏晋风度”的影响下，魏晋服饰更加峨冠博带、宽袍大袖。因此，服饰经历了先秦服饰、汉服、魏晋服饰的演变，在桃花源里的人“不复出焉”“遂与外人间隔”的情况下，服饰是不可能与时俱进的，此处“男女衣着悉如外人”中的“外人”就不应该指是“桃花源以外的人”。从文中来看，如果桃花源里的人与桃花源外的人服饰相同,作者就没有必要来谈服饰的问题了。并且《桃花源记》本身是《桃花源诗》的序言部分,在《桃花源诗》中有"俎豆犹古法,衣裳无新制"一句,此处也提到了"衣裳无新制"的问题,无新制亦即犹古法,这说明桃花源里的人与外面的人衣着不同。所以,时隔数百年,渔人所见桃花源里的人应该依稀颇有古风、"世外之人"的感觉,而从"世外桃源"一词的来源来看,作者正是将"桃源"视为了"世外"。

案例 3-14

某版本小学六年制语文教材第六册第 62 页的一篇题目为《参观中华世纪坛》的文章中,有这样一段话:"坛体外周墙上刻着 56 个中华民族的图案浮雕……"

【点评 3-14】 众所周知,世界上只有一个中华民族,它是代表中国 56 个民族的一个集合概念,因此不能把刻着 56 个民族的浮雕说成是 56 个中华民族的浮雕。

案例 3-15

某版本小学语文教材第八册第 153 页一篇题为《太阳》的文章写明太阳与地球的距离为 1.5 亿千米。而在该课本第 173 页《妙不可言的位置》中,太阳与地球的距离却写为 1.496×10^9 千米,即 14.96 亿千米,后者显然是错误的。

【点评 3-15】 事实上,不仅是早期的教材版本存在一些错讹之处,依据 2011 年版课程标准编写的教材同样存在一些值得推敲和商榷的地方。

视频 3-1
教学内容分析案例解读

教师在进行教学内容分析时,还要厘清教学内容之间的逻辑关系。教材编写者在编排内容的时候本身是按照知识之间的逻辑关系进行的,但不一定明确地将知识之间的逻辑关系进行显性表达。教师在进行教学内容分析和设计的时候,对教学内容的内在逻辑关系应该进行分析和设计,对教材内容及其内容本身的逻辑关系进行组织,不应该生硬地按照知识点呈现的时间顺序或者是事件顺序进行设计,并无视内容之间的逻辑顺序。没有逻辑顺序的教学内容设计是没有结构的，是不利于学生学习和形成认知结构的。某版本高一物理必修 1 第 3 单元第 1 节是“重力与重心”，本节内容有三个知识点：力、重力、重心。有一位教师在进行本节教学时，其教学语言组织为“我们首先来学习一下力”“接下来我们学习一下重力”“接下来我们学习一下重心”。教材是按照力、重力和重心的顺序呈现内容的，但是三者之间的内在逻辑关系是什么？在进行教学的时候只是按照知识点的呈现顺序“接下来”，恐怕教师并没有真正理解三个知识点之间的内在联系，如此教学，学生恐怕更难以理解。

同时，一节课一般包含若干知识点，而知识点的重要程度、关键程度、难易程度不同，教师在进行教学设计的时候还要分析知识点的以上指标，合理地进行设计，合理地安排时间和内容节奏；要在重点、难点、关键点上进行重点设计，而不是反之。

案例 3–16

在进行《高中化学：必修 1》第 3 单元“金属及其化合物”第 1 节“金属的化学性质”的教学时，某教师补充了金属的一般物理性质。从该版本的教材内容设置来看，第 3 单元的导语部分和第 1 节均未涉及金属的一般物理性质，教师为了帮助学生理解金属的一般性质而补充其一般物理性质本无可厚非，但是这位教师在提到“金属的密度一般大于水”时，将教学重点放在了“一般”这个词上。在讲到这个物理性质的时候，教师说“金属的密度一般大于水，既然是一般，那么就有特殊，同学们知道哪些金属的密度小于水吗？”此时学生并未做出回答，教师继续讲道：“现在大家看到的这个试剂瓶中的金属是钠，大家可以看到钠是保存在煤油里的。”接着这位教师就开始讲解钠的保存及其取用方法、切割，并引导同学们观察钠的切面颜色及其颜色变化，然后切割了黄豆粒大小的一块钠，使用滤纸将钠块表面的煤油吸干，再取一支盛有水的试管，将钠置于水中，最后引导学生进行观察：“同学们，大家快看，钠是不是浮在水面上？”

【点评 3–16】 性质活泼的金属钠是不会安静地浮在水面上等着人去观察的。所以，当教师在引导学生观察钠是否浮在水面上的时候，钠已经成了一个光亮的小球，在水面四处游动，发出嘶嘶的响声，并很快消失了。学生也不会按照教师的指示只观察钠是否浮在水面上，他们会因为钠和水的剧烈反应带来的视觉、听觉等感官刺激而感到兴奋和激动。这位教师从引导学生观察钠的保存到钠的形态及谈到其取用、切割、处理再到钠和水的反应，整个过程耗时 10 分钟，而这一切仅仅定位在使学生认识到金属的密度一般大于水，但也有小于水的,例如金属钠。这一个环节耗时太多,直接导致对后续知识的学习匆匆收尾,而本节课的第2课时就让学生学习“钠和水的反应”,这个实验到底是做还是不做呢?如果不做这个实验,本节课并没有认真地通过实验探究钠和水的反应这个重要内容。而如果再做,似乎感到重复操作了。其实,教师如果要强调也有金属的密度小于水,完全可以先铺垫一下,而等到“钠和水的反应”教学时,顺便强调一下钠的密度小于水就可以了,完全可以不必如此大动干戈。从实质上来说,这就是教学节奏失调,没有合理地设计教学的重难点和关键点导致的。

随着新课程改革的不断深入,尤其是普通高中各学科课程标准(2017年版)的颁布,课程标准对教学内容的选择与组织提出了新的要求。在普通高中各学科课程标准(2017年版)中新增加了“学业质量”,各学科课程标准普遍要求基于学业质量标准进行教学内容的选择与组织。

案例 3-17

《普通高中化学课程标准(2017年版)》在“教学与评价建议”中建议“准确把握学业质量要求,合理选择和组织化学教学内容”,节选如下。

(1) 整体规划化学教学内容的深广度。学业质量标准是对学生完成相应的课程内容学习时所应达到的化学学科核心素养水平的一种描述,是以检验和衡量学生化学学习的程度和水平。因此,它不仅仅是对化学教学评价具有指导作用,同时,它也是教师选择化学教学内容的一个重要依据。为此,教师应仔细研读化学学业质量标准,明确化学教学内容在各学段的不同水平要求,整体规划不同学段化学教学内容的深广度。例如,化学反应与能量转化的内容,在不同学习阶段都有所涉及,但教学内容的深广度和学业质量要求是不一样的。在必修阶段,要求学生能基于具体的现象与事实描述和说明化学反应中的物质与能量转化;在选择性必修阶段,要求学生能基于化学反应的本质来解释和说明化学反应中的物质与能量转化,能从物质与能量变化的角度选择和评价燃料,从STSE角度认识化学反应中物质与能量变化的价值,形成资源全面节约,物能循环利用的意识。

(2) 合理组织化学教学内容。化学教学内容的组织,应有利于促进学生从化学学科知识向化学学科核心素养的转化,而内容的结构化则是实现这种转化的关键。内容的结构化主要有以下三种形式:①基于知识关联的结构化;②基于认识思路的结构化;③基于核心观念的结构化。教师在组织教学内容时应高度重视化学知识的结构化设计，充分认识知识结构化对于学生化学学科核心素养发展的重要性，尤其是应有目的、有计划地进行“认识思路”和“核心观念”的结构化设计，逐步提升学生的化学知识结构化水平，发展化学学科核心素养。

(3) 贴近生活、社会实际，重视化学与其他学科的联系。化学科学与生产、生活和科学技术的发展具有密切的联系，对社会发展、科技进步和人类生活质量的提高有着广泛而深刻的影响。在教学中，教师应重视STSE内容主题的选择和组织，紧密联系生产、生活实际，使学生认识到化学能够创造更多物质财富满足人民日益增长的美好生活需要；使学生能综合运用所学知识解释和解决有关的STSE问题。

在化学教学中，教师还应重视跨学科内容主题的选择和组织，加强化学与物理学、生物学、地理学、材料科学和环境科学等学科的联系。

案例 3–18

《普通高中数学课程标准(2017年版)》的教学建议节选如下。

(3) 整体把握教学内容，促进数学学科核心素养连续性和阶段性发展。数学学科核心素养的发展具有连续性和阶段性。教师要以数学学科核心素养为导向，抓住函数、几何与代数、概率与统计、数学建模活动与数学探究活动等内容主线，明晰数学学科核心素养在内容体系形成中表现出的连续性和阶段性，引导学生从整体上把握课程，实现学生数学学科核心素养的形成和发展。

总体看来，普通高中各学科课程标准(2017年版)对教学内容的选择与组织提出了要求，都强调了要基于发展学生的学科核心素养，基于学科核心素养的发展来选择和组织教学内容，同时强调学科教学内容与其他学科、与学生已有经验之间的联系，并从总体上把握教学内容，形成学科知识结构，体现学习进阶的要求。这与思维型教学理论指导下的教学内容分析要求内容选择符合目标、内容理解正确无误、突出知识形成过程、重视联系已有的经验、体现学习进阶等是一致的。

(四) 教师自我分析

教师一般都能够基于课程标准、教材、学情分析等进行教学设计，往往忽视了自我分析，事实上对于同样一节课，不同的教师无论是教学方式、思路还是教学效果，都可能是不同的。不同的教师在教学风格、知识水平、专业能力及驾驭课堂等方面具有差异，因此在教学设计的准备阶段，教师也应该进行自我分析，在自我分析的基础上进行符合自身特点的教学设计。教师在进行自我分析时，可以从以下几个方面着手。

1. 教学思想与教学理论

教学设计区别于传统备课的一个很重要的特征就是教学设计是依据一定的教学思想和教学理论的。前面我们提到教学设计主要的理论基础是教学理论、学习理论和传播学理论。教师在进行自我分析时，首先要分析的就是自己的教学思想和教学理论是否与当前所倡导的教学思想和理论相一致，如果不一致，那么可能的原因是什么。一般而言，当前教师的教学思想与教学理论主要存在以下几个方面的问题：一是没有明确的指导性教学思想与教学理论；二是虽然有明确的指导性教学思想或教学理论，但是过于陈旧，甚至有些与当前所倡导的教学思想或教学理论相背离。

2. 知识结构

教师在进行教学设计之前还要分析自身的知识结构。一般认为，教师的知识结构主要包括本体性知识、条件性知识、实践性知识、文化知识。所谓的本体性知识，是指教师所教授专业的学科知识，教师应该精通自己所教的学科，以全面有序、扎实的学科功底作为依托，才能将知识讲得深刻、精辟、鲜活而有趣，才能游刃有余地进行教学设计。所谓条件性知识，是指与在教学中所运用的包括学生发展、课堂互动、教学评价、教学方法与策略、教学计划与目标等知识密切相关的教育学、心理学与教学法的知识。实践性知识是指在实际教学过程中所具有的课堂情境知识以及与之相关的策略知识，这个类型的知识是在教学实践过程中逐渐积累起来的。文化知识是指能够指导学生全面发展的、满足学生成长和多元化求知需求的知识，这一类知识主要由三部分组成：一是与学科联系紧密的知识；二是现代公民所需具备的计算机系统、多媒体操作、网络应用和信息加工处理传输知识等；三是以辩证唯物主义哲学、科学哲学为代表的人文社科类知识。

教学内容不等于教材内容。教材内容不能出现错误，教学内容同样不能。如果教师的本体性知识都是错的，那么何谈有效？

案例 3-19 《军神》教学片段

某位教师曾叙述了自己在《军神》一课中的教学片段：在品读完课文的关键语句后，我设计了这样的环节——一次偶然的机会，刘伯承与沃克医生相遇了，他们亲切地交谈起来……

沃（师）：你好，很高兴能够再次见到你！

刘(生1):你好!

沃(师):现在你的眼睛感觉怎么样了?

刘(生1):挺好,谢谢!

沃(师):给你做的那次手术我至今记忆犹新。当时你为什么坚决不肯使用麻醉剂呢?

…………

刘(生4):这点疼不算什么,我能忍,为打跑日本鬼子,我连牺牲都不怕!

【点评3-19】 教师创设了一个模拟情境——刘伯承与沃克医生再次相遇,让学生通过模拟对话来感受刘伯承的钢铁意志,应该说其立意是好的。但是在这一段对话中存在一个背景知识错误的问题,学生4说:"这点疼不算什么,我能忍,为打跑日本鬼子,我连牺牲都不怕!"这句话是有问题的,刘伯承元帅未用麻醉药摘除右眼球的手术是在1916年参加护国战争的丰都战役后做的,当时抗日战争尚未爆发,何谈打跑鬼子?学生对于《军神》一文的写作背景可能不清楚,但是教师应该予以提醒和纠正,否则可能就会闹出笑话了。

案例3-20　电解质概念教学片段

有一位高中化学教师在讲授人民教育出版社出版的《高中化学:必修1》第2章"化学物质及其变化"第2节"离子反应"中电解质的概念时,将电解质的概念拓展到了非电解质、强电解质和弱电解质的概念。在课堂练习过程中,教师给出了几种化合物让学生判断是否是电解质,其中有一种化合物是$BaSO_4$,教师引导学生来判断$BaSO_4$是否是电解质,被提问的学生认为不是,理由是"$BaSO_4$难溶于水,其水溶液不导电"。教师在纠正学生答案的时候,给出了如下解释:"$BaSO_4$是电解质,因为$BaSO_4$虽然极难溶于水,但是溶于水的那部分完全电离,因此是电解质。"

【点评3-20】 $BaSO_4$是电解质,这个没有问题,但是这位教师的解释却出了知识性错误。电解质的定义是"在水溶液或熔融状态下可以导电的化合物",判断一种化合物是否是电解质的判据是"在水溶液或熔融状态下是否可以导电",与是否完全电离没有关系,在一种化合物是电解质的前提下,"在水溶液或熔融状态下是否完全电离"是判断强弱电解质的依据。在电解质的定义中"水溶液"和"熔融"两种状态之间是"或"的关系,二具其一即可,但由于思维定式的影响,学生往往想到的是"水溶液"而往往忽视"熔融"状态,这位教师也犯了同样的错误,同样忽视了熔融状态。由于$BaSO_4$极难溶于水,尽管极微量的溶于水的部分完全电离,但是电离产生的离子过少,因此其水溶液几乎不导电,但是

熔融态的 $BaSO_4$ 完全电离出能够自由移动的离子，其熔融态是导电的。根据电解质的定义，$BaSO_4$ 是电解质，而进一步由于 $BaSO_4$ 溶于水的部分和熔融态完全电离，所以 $BaSO_4$ 是强电解质。

3. 能力结构

教师专业能力主要包括基本能力、教学能力、教育能力、教研能力以及自我发展能力，教师在教学设计时自我分析的内容主要是自己的基本能力和教育教学能力。教师要分析自己驾驭和使用语言进行表达的能力，分析自己运用诸如表情语、目光语、手势语等体态语的能力，分析自己进行课堂提问、课堂互动和课堂管理以及使用现代教学技术的能力等方面的优势与可能存在的不足，并结合自身特点选择相应的教学方法和教学策略等。

4. 对学生的了解

教师在进行教学设计前需要对教学对象进行分析，而对教学对象进行分析需要基于对学生的了解。教师要对学情进行分析，要分析自己是否真的了解学情，是否真的了解学生在学习本节课之前已经具备的前知识、经验、头脑里可能存在的相异构想，是否真的了解学生的认知水平、学习态度、学习兴趣、学习动机以及学习风格等，并基于对学生的了解进行教学设计。

5. 教学方法与手段的使用技能

从教学方法的角度来看，教学方法是多样的，教师在选择教学方法时既要考虑教学目标、教学内容、学情、教学条件等因素，还要分析自身特点和使用方法的技能等。随着课程改革的逐步深入、课程与教学理念的不断更新，许多教学模式或者是教学方法涌现出来，教师既要学习、辨识和使用不同的教学模式或教学方法，还要与自身特点相结合，不能简单地去模仿。

从教学手段的角度来看，随着科学技术的快速发展，越来越多的现代化教学手段进入课堂，尤其是电子白板、触控式智能交互一体机、云端教学服务平台等陆续投入使用。从硬件角度来讲，这些现代化教学手段的投入使用将改变传统的教和学的方式，但是教师需要考量自身是否具备使用这些教学手段的能力以及如何在教学过程中更好地使用这些教学手段。

教师自我分析本质上是教师的元认知，尤其是教师的自我觉察、自我评价和自我调节。教师在教学设计前进行自我分析，有助于教师发现自身存在的问题和不足，并有意识地去改进。

二、教学设计的撰写阶段

（一）教学目标设计

教学目标是学生通过学习预期达到的结果，教学目标的陈述若采用不同的方式则会有很大差异。首先，教学目标的具体程度有所不同。其次，对不同行为主体的关注也可以导致教学目标表述有所不同。从系统化教学设计的角度来看，我们将教学目标作为预期教学效果进行一般陈述。这些预期的教学效果往往还能分解为一系列更加具体、明确的行为，而且教学目标应该按照期望学生做些什么来加以陈述。

确定教学目标是课堂教学设计构思阶段的第一步，教学目标是教师完成教学任务所要达到的要求或标准，起到指导教师课堂教学实践活动的作用。所谓教学目标，是预期的学生学习的结果（注意表述是学生学习的结果而不是教师教学达到的结果，这涉及教学目标的行为主体的问题，我们会在下面进行剖析）。教学目标要在考虑学生已有的基础、分析课程标准和教材、明确学习结果的类型及其学习水平的基础上来制订。教学目标应该反映学习结果的多样性和层次性，一般而言，应该包括知识与技能、过程与方法、情感态度与价值观三个维度。目前现行的义务教育阶段各个学科的课程标准基本上还是采用知识与技能、过程与方法、情感态度与价值观三维目标来表述。不过，不同的学科课程目标的维度设置是不完全一样的，比如数学学科设计了四个方面的目标维度：知识技能、数学思考、问题解决、情感态度，而英语学科则构建了五个方面的目标维度：语言技能、语言知识、情感态度、学习策略和文化意识。有些学科的课程目标虽然是三维，但是表述方式不同，比如生物学科构建的课程目标维度是知识、能力、情感态度与价值观，而语文、历史等科目的目标维度则是知识与能力、过程与方法、情感态度与价值观。有些学科的目标维度虽然是知识与技能、过程与方法、情感态度与价值观，但是呈现的顺序却不相同，比如音乐和美术等学科的目标维度是情感态度与价值观、过程与方法、知识与技能等。不管目标如何表达，基本上可以归纳为三维目标，而三维目标的三个维度不是孤立存在的，它们共同构成一个完整的目标结构和体系。教师要进行整体设计，不能将目标进行割裂。

目前已经颁布的普通高中各学科课程标准（2017 年版）用学科核心素养整合了三维目标的表述，但是两者之间并非矛盾的关系，学科核心素养也并非是对三维目标的颠覆，而是继承与发展。《普通高中课程方案（2017 年版）》指出：“各学科基于学科本质凝练了本学科的核心素养,明确了学生学习该学科课程后应该达到的正确价值观念、必备品格和关键能力,对知识与技能、过程与方法、情感态度与价值观三维目标进行了整合。"因此,各个学科的核心素养是对知识与技能、过程与方法、情感态度与价值观三维目标的整合与概括,是基于学科本质属性而凝练的学科正确价值观念、必备品格和关键能力。

明确教学目标,有利于教师明确教学工作的方向,做好教学过程设计和教学评价设计,也有利于发挥学生的主体性和教师的主导性作用。

(二) 教学过程设计

《中国教育报》某记者曾经在采访北京师范大学林崇德教授时提出了一个问题:"21 世纪教师能力中最重要的成分是什么?"林教授毫不犹豫地回答:"是教师的教学监控能力!"教学监控的实质是对教学过程的自我意识和调控,即反思。从实用的专业的角度理解"反思性教学",批判的思想依赖对复杂的课堂教学过程的理解。

关于教学过程的本质,不同的学者给出了不同的回答,比较典型的有特殊认识过程说、认识与发展过程说、活动说、多质说、教育途径说、认识与实践活动说等。《礼记·学记》指出:"学然后知不足,教然后知困。知不足,然后能自反也;知困,然后能自强也。故曰:教学相长也。"综合不同的观点,我们认为从本质上讲,教学过程是以师生相互作用的形式进行的,以学生为主体、以教师为主导,以教科书为主要对象的,实现教学、发展和教育三个功能的和谐统一的特殊认识和实践活动过程。

从所包含的内容来看,教学过程主要包括教学内容的选择,认知、情感、行为等教学活动的设计以及教学活动情境的设计。此外,教师还应该注意设计好教师和学生、学生和学生之间适宜的人际关系活动。

(三) 教学策略设计

1. 教学模式

在谈教学策略之前,我们首先来看一个相关的概念:教学模式。"教学模式"这个术语出现在 20 世纪 70 年代中期美国乔以斯和韦尔关于教学模式理论的论述中。教学模式概念在 20 世纪 80 年代中期后被引入我国。它依据结构功能的系统科学理论,强调生动、丰富多样的课堂教学结构,从而突破了多少年形成的单一僵化的教学环节的束缚,成为教学论范畴研究的热点问题之一。

教学模式是在一定的教学思想和教学原理的指导下,围绕某个主题,为实现教学目标而形成的相对稳定的规范化教学程序和操作体系。作为教学程序,教学模式突出从宏观上把握教学活动整体及各要素之间内部的关系和功能作为操作体系,教学模式则突出有序性和可操作性。

教学模式是有结构的。

(1) 理论依据

程序教学模式的理论基础是行为主义心理学;结构主义教学模式(布鲁纳的概念获得模式)的理论基础是认知心理学;非指导性教学模式的理论依据是人本主义心理学。

(2) 教学目标

任何教学模式都要指向一定的教学目标,即教学模式是为了完成特定的教学目标而设计、建构的。

(3) 操作程序

任何教学模式都有一套独特的教学结构和体现教学活动的逻辑过程的操作顺序。教学模式的显著特征是:合理处理教学过程诸要素的相互关系;合理确定时间流程;从逻辑上展开各个教学步骤(即教学过程结构)。例如,加涅的累积性教学模式的操作程序是:注意→知觉→获得→保持→提取→迁移→反馈→强化。它包含教材内容的展开顺序、师生复杂的心理活动顺序、教学方法的运用顺序这三个方面的整合。

(4) 实现条件

任何教学模式都必须在特定的条件下才能发挥效力。教学模式的支持条件包括环境、设施、媒体(计算机及其网络等)、教学手段、教学的时空组合等。

(5) 教学评价

教学评价是教学模式的一个重要因素,包括评价的方法和标准。教学模式的目标、程序不同,评价方法和标准也就不同。每一个教学模式一般都要规定自己的评价方法和标准。

目前国内常用的教学模式主要有讲授 – 接受教学模式、引导 – 自学教学模式、问题 – 探究教学模式等。

2. 思维型教学理论

胡卫平教授依据皮亚杰的认知发展理论、维果茨基的社会建构主义理论以及林崇德教授的思维结构的智力理论,提出了思维型教学理论。思维型教学的基本原理如图 3–4 所示。

思维型教学的基本构成要素如图 3–5 所示。

思维型教学的基本模式如下。

模式一:创设情境—提出问题—自主探究—合作交流—总结反思—应用迁移(一节课可以是一个循环,或者两个循环,三个循环,也可以多节课一个

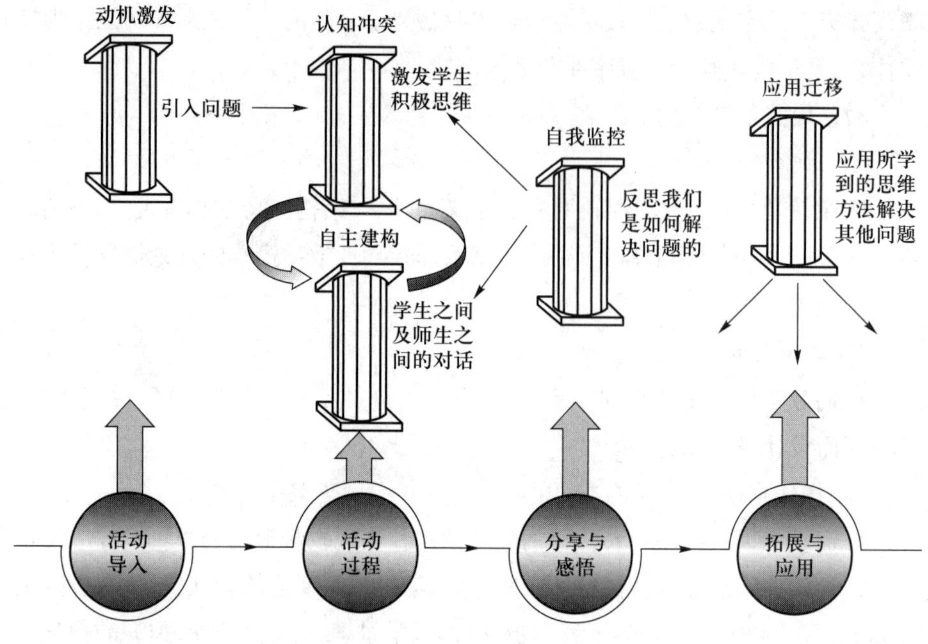

图 3-4 思维型教学的基本原理

图 3-5 思维型教学的基本构成要素

循环)。

模式二:情境—问题 1—探究 1—交流 1—问题 2—探究 2—交流 2……反思—迁移。

模式三:情境 1—问题 1—探究 1—交流 1—情境 2—问题 2—探究 2—交流 2……反思—迁移。

思维型教学的模式不是一成不变的,而是根据教学的实际灵活地选择。比如模式一,是按照思维型教学基本构成要素的顺序进行的,从创设情境到应用迁移经历一个完整的流程,也可以是一节课经历若干个从创设情境到应用迁移流程的循环。再如模式二,先创设一个课题的情境,然后经历一个或若干个从问题到交流的循环,最后进行反思、迁移。而模式三则是创设一个情境,经历一个由情境到合作交流的循环,可以经历多个循环,最后进行总结反思、应用迁移。当然也可以有其他变式,还可以是几节课经历一个完整的教学过程。

不同的教学模式因为其教学目标不同,所以其评价的标准也会有不同,胡卫平教授根据思维型教学模式的教学目标,制订了如下评价标准(见表 3-3)。

表 3-3　思维型教学模式的评价标准

<table>
<tr><th>一级指标</th><th>二级指标</th><th>标准</th></tr>
<tr><td rowspan="2">教学目标与内容</td><td>教学目标</td><td>突出核心素养
符合学生水平
规划完整、恰当
及时调整目标
目标落实良好</td></tr>
<tr><td>教学内容</td><td>内容选择符合目标
内容理解正确无误
突出知识形成过程
重视联系已有经验
体现学习进阶要求</td></tr>
<tr><td rowspan="4">教学过程与方法</td><td>情境创设</td><td>基于生活实际,接近真实情境
紧扣教学内容,突出教学重点
适合学生水平,符合最近发展区要求
引起认知冲突,激发积极思维
能够融入情感,激发内在动机
要有形象性、具体性、探究性和可感知性</td></tr>
<tr><td>问题提出</td><td>问题的设计有思维性和挑战性
问题的设计有开放性和探索性
问题的设计有准确性和适当性
问题的设计有层次性和条理性
留足思考时间,给予恰当引导
反馈具有针对性,鼓励自我评价</td></tr>
<tr><td>自主探究</td><td>自主完成、实施探究、积极思维、注重方法</td></tr>
<tr><td>合作交流</td><td>课堂教学氛围和谐,师生关系平等
创设有利于合作互动的教学情境
有适合合作互动的高认知问题
面向全体学生,具有良好的课堂组织
教师及时引导,学生相互激发
以情感互动为基础,达到思维互动</td></tr>
<tr><td>总结反思</td><td colspan="2">结构合理:便于学生建构合理的学科结构
内容全面:包括知识和方法的总结:既反思探究的过程,也反思探究中的经验教训
引导恰当:基于学生的反思能力,立足学生积极参与,展示学生思维过程,引导学生自主完成
针对性强:围绕教学的重点、难点和关键点,教给学生探究、总结和反思的方法,注意对易错点进行总结和反思</td></tr>
<tr><td>应用迁移</td><td colspan="2">相关性:与所学的内容相关
典型性:选择的问题具有典型性和代表性
思维性:能够激发学生积极思考
引导性:引导学生自主解决问题
实践性:联系实际,突出真实的问题情境
全面性:包括知识和方法的应用迁移,包括迁移到本学科领域和其他学科领域</td></tr>
</table>

3. 教学策略

教学策略是在教学目标确定以后，根据一定的教学任务和学生的特征，有针对性地选择与组合相关的教学内容、教学组织形式、教学方法和技术，形成的具有效率意义的特定的教学方案。教学策略是对教学模式的进一步具体化，教学模式规定着教学策略、教学方法，属于较高的层次。教学策略比教学模式更详细、更具体，受到教学模式的制约。教学方法是为了完成教学任务，促进教师的教和学生的学相互作用所采取的方式、手段与途径。教学方法是更为详细、具体的方式、手段和途径，它是教学策略的具体化，介于教学策略和教学实践之间，教学方法受制于教学策略。教学展开过程采用什么方法，受教学策略支配。教学策略从层次上要高于教学方法，教学方法是具体的、可操作的，教学策略则包含监控、反馈内容，在外延上要大于教学方法。

教学策略要在教学准备阶段进行设计、谋划，形成一定的方案，因此，在这个意义上，教学策略是教学设计的组成部分。教师在教学设计中要考虑教学策略的制订、选择与应用，选择与运用教学策略又必须通盘考虑教学的整个设计。教学策略是实施教学活动的基本依据，是教学设计的中心环节。教学策略是指为了实现目标、满足需要，应该采取哪些教与学的行动，也就是解决“如何教学”的问题。教学策略内容应该包含教师的教、学生的学、组织形式、教学手段或练习手段等，它有效地解决“如何教”“如何学”的问题，是指向具体的教学目标而采取的有针对性的措施，不同的教学目标应该采取不同的教学策略。

（四）教学媒体设计

教学媒体是在教学过程中用于负载教育信息、传递教育信息的手段和工具，通常分为传统教学媒体和现代教学媒体两大类。随着信息技术的快速发展以及数字鸿沟的日渐缩小，以计算机、网络、电子白板、触控式智能交互一体机、云端技术为代表的现代教学媒体得到了普及。

无论是传统教学媒体还是现代教学媒体，均具备自身的基本特征和特殊功能，同时也都有其适应性和局限性，不能各执一端，要么坚守传统教学媒体，要么一味求新。在教学过程中，教师要根据教学内容、教学目标、教学策略及各学科自身的特点，选择可以有效地传递教学信息的媒体类型，设计媒体内容，以使媒体发挥最大的效能；同时，还应该将不同的教学媒体有机地结合，各展其长，互为补充，共同参与课堂教学全过程，实现教学过程的最优化。

《普通高中课程方案（2017 年版）》在“大力推进教学改革”这个条目下，明确提出“推进信息技术在教学中的合理应用”。从观念上来看，我们既不能片面地认为以多媒体为代表的现代信息技术一定比传统媒体好，也不能排斥以多媒体为代表的现代信息技术教学手段。

《普通高中化学课程标准(2017 年版)》“教材编写建议”中的信息技术:

4. 重视信息技术的应用。应重视化学教材信息资源平台的建设,促进化学教材的信息化发展,为各种潜力的学生和教师提供多种多样的学习资源;提倡化学教材示范性地指导运用化学软件处理数据,培养学生运用软件技术学习化学及处理数据的能力。

……

5. 加强校内校外化学教学资源的开发与利用。充分认识“教学资源的开发与利用”是地方、学校、教师课程能力建设的重要抓手,建议特别注重以下内容…… (2) 信息技术资源。应鼓励教师运用信息技术提高课堂教学效率和质量,强化信息技术与化学教学的深度融合,促进教师教学方式和学生学习方式的改变;为教师提供交互式多媒体教学设备、常用办公软件、多媒体制作软件和即时通信软件等工具,关注移动智能网络终端、大数据分析技术和虚拟现实技术为代表的个性化学习与评价系统的发展,并适时引入化学教学中。应鼓励并支持教研组依托校园网尝试开发有特色的化学学习空间和教学资源空间,为师生提供教学交流、反馈和资源共享的平台,努力为学生创造信息化环境下的学习条件。

案例 3-22

《普通高中语文课程标准(2017 年版)》“教学建议”中的信息技术:

“教学建议”第五条“探索信息化背景下教与学方式的转变”部分指出,要改变因循守旧的语文教学习惯,也要打破唯技术至上的观念,把握好技术与语文的关系,合理利用信息技术。要创设运用语言文字的真实情境,形成有意义的互动学习环境,帮助学生有效投入语文实践;要借助信息技术优化整合课堂教学,引导学生经历多样化的学习过程,促进学生在更广阔的语言环境中主动学习,实现知识的迁移与运用。要积极探索基于网络的教学改革,利用具有交互功能的网络学习空间,创设线上线下一体化的“混合式”学习生态,为课堂教学和课外学习服务。在信息化环境下,需要进一步探索教学流程、资源支持、教学支持、学习评估等影响学生学习的各种要素所发生的新变化,积极探索信息化环境下的语文教学模式。

案例 3-23

《普通高中英语课程标准(2017年版)》“教学建议”中的信息技术:

“教学建议”第六条“利用现代信息技术,拓宽学习和运用英语的渠道”中指出,现代信息技术不仅为英语教学提供了多模态的手段、平台和空间,还提供了丰富的资源和跨时空的语言学习机会和使用机会,促进了英语教学理念、教学方式与学习方式的变革。教师要积极关注现代信息技术在英语教学应用领域中的发展和进步,努力营造信息化教学环境,学习和利用网络提供的实时、个性化学习资源,为学生搭建自主学习平台,帮助学生拓宽学习渠道,深化信息技术与英语课程的融合,提高英语学习的效率。教师应在利用传统的教学手段和教学资源(如黑板、白板、卡片、简笔画、教学挂图、模型、实物等教具)的同时,发挥现代教育技术对教与学的支持和服务功能,引导学生开展主动、个性化的探究活动,实现深度学习。例如,利用各种媒介开展移动学习和教学;指导学生合理利用电子词典等工具开展学习;使用数字化技术设计个性化学习平台;利用新媒体语篇开展主题阅读,扩大阅读量;通过网上专题讨论区开展写作教学;开展基于网络的同伴互评等。教师应给予学生充分的指导,让学生根据自己的学习需求和认知兴趣,自主选择和利用网络资源,多渠道、多方式地完成语言实践活动。教师在给学生布置网络学习任务时,自己应先浏览相关网站,确保网站信息的安全、健康、可用,并引导学生注意网络资源使用的安全性。师资条件相对薄弱的地区和学校应该积极创造条件,充分利用远程教育资源,有效推动和改进英语教学。现代信息技术的使用不能替代师生课堂上真实而鲜活的人际互动、观点碰撞、情感交流的语言活动,教师要充分认识现代信息技术与英语课程融合的目的性、恰当性、合理性和有效性。

案例 3-24

《普通高中数学课程标准(2017年版)》“教学建议”中的信息技术:

“教学建议”部分第五条“重视信息技术运用,实现信息技术与数学课程的深度融合”指出,在“互联网+”时代,信息技术的广泛应用正在对数学教育产生深刻影响。在数学教学中,信息技术是学生学习和教师教学的重要辅助手段,为师生交流、生生交流、人际交流搭建了平台,为学习和教学提供了丰富的资源。因此,教师应重视信息技术的运用,优化课堂教学,转变教学与学习方式……教师应注重信息技术与数学课程的深度融合,实现传统教学手段难以达到的效果。

例如，利用计算机展示函数图像、集合图形运动变化过程；利用计算机探究算法进行较大规模的计算；从数据库中获得数据，绘制合适的统计图表；利用计算机的随机模拟结果，帮助学生更好地理解随机事件以及随机事件发生的概率。

其他学科的普通高中课程标准(2017 年版)也都以不同方式不同程度地强调了在现代信息技术条件下教学媒体与学科深度整合的问题。随着信息技术的不断发展、硬件的更新、软件功能的多样化和网络的不断普及，互联网 + 教育得到了快速发展，与学科应用紧密关联的软件不断被开发出来，与信息技术相关的资源不断被建设出来。信息技术的发展不断助推和革新着课堂教学模式，在这个背景下，每一位教师都置身于信息技术发展的洪流中，教师要勇于尝试、不断创新，合理设计和应用传统媒体及现代媒体进行教学。

(五) 教学评价设计

教学评价是教学活动的重要组成部分，教育理念的有效贯彻、教学目标的全面实现、学生学习方式的根本转变都离不开与之相匹配的教学评价体系。因此，教学评价设计是教学设计中关键的一环。教学评价具体到单元或课堂教学评价，教师要根据具体的教学目标进行评价设计，针对不同维度的教学目标评价方式可能不同。评价方式应该是多样化的，比如纸笔测验评价、过程性评价、表现性评价等，而评价的主体也应该是多元的，比如教师评价、学生互评和学生自评、家长评价、社会评价等。

随着课程改革的进一步深化以及普通高中各学科课程标准(2017 年版)的颁布，教学评价应该以课程目标、课程内容和学业质量标准为基本依据，日常教学活动评价要以教学目标的实现为依据。

进行教学评价，要重视评价的目的、评价的内容、评价的方式、评价的主体等，既要关注知识与技能目标的实现，又要关注知识的动态产生过程以及学习者情感态度与价值观的形成，尤其是在学科核心素养颁布之后，更要关注学生本学科正确价值观念、必备品格和关键能力的学科核心素养的培养。

三、教学设计的评价与反思阶段

教学设计的评价与反思是教学设计中不可缺少的一个因素。教学设计中的评价可以通过两条途径进行：一是在教学过程设计完成之后、教学实施之前，对自己的教学过程进行预测，这样教师能够更好地应对各种突如其来的教学事件，更好地在教学活动中进行二次创造。当然，真实的课堂教学是具有生成性的，课堂上可能出现的教学事件很难在教学之前完全预设到。因此,在课堂教学之前进行预设性评价与反思不是要求将课堂教学完全置于预设范围中,不是将教学过程强制引领到预设过程中。恰恰相反,教师应该灵活地处理课堂生成性事件,不要让上课变成"背课"。二是在教学活动之后进行的教学评价,目的在于总结教学过程中的得与失。教学设计是为了更好地帮助在教学活动中实现教学目标,完成教学任务,只有贯注反思性评价的设计,才是一个完整的、成熟的和有效的教学设计。

在教学设计完成之后,教学实施之前,教师需要对教学设计进行预测,分析教学目标是否恰当,教学方法的选择是否适合,教学情境的创设是否合理,教学任务和教学活动的设计能否承载教学内容和教学目标,教学设计的逻辑性、结构性、层次性如何,如果按照现有教学设计进行教学,学生的反应可能怎样,教和学的过程是否存在问题,可能会出现哪些生成性的资源,等等。

在实施教学设计之后,教学设计经受了实践的检验,教师在课后可以根据教学设计实施的具体情况与实施效果,重新审视、评价和反思教学设计:有哪些设计效果比较好,可以为以后的教学设计借鉴,哪些设计效果比较差,需要在后续的教学过程中进行调整或者修改。具体采用的反思形式,可以在教学设计方案上直接修改,也可以通过写教学反思的方式进行。

而事实上,对于教学设计的评价与反思不仅是体现在教学设计完成后、教学实施之前的评价和教学设计实施之后的反思,还是发生在教学实施过程中的反思,即在实施过程中随时根据动态的课堂实施进程与产生的新的问题和情境来调整自己的教学设计。

案例 3–25

有一位教师在上《桂林山水》一课时,要求学生类比课文中的句式造句"漓江的水真静啊,静得像静悄悄的……",有一位同学造句"漓江的水真静啊,静得像静悄悄的夜"。当时这位教师隐约觉得这样造句不合适,但一时也考虑不出到底是哪方面不对劲,于是说"下课后我再考虑考虑"。如果这位教师在课后经过认真思考能对教学过程中出现的这个突发事件进行正确反馈的话是可以的。如果不能,那么学生可能很难判断自己的这个造句到底有没有问题,如果有问题,那么问题到底出现在哪里。

【点评 3–25】 在教学设计的实施过程中进行评价和反思是很重要的。就上文的案例而言,多数学生的造句是符合课文中明喻句的句式的,案例中的这位学生的造句显然超出了教师的预料,而教师未能正确地对教学实施过程中动态生成的这个句子进行评价和反思。这个造句有没有问题呢？从严格意义上讲，这个造句似乎符合修辞中的通感。漓江的水的静是视觉上的感受，而静悄悄的夜是听觉上的感受，在视觉与听觉上产生了通感。就好比朱自清在《荷塘月色》一文中的描写"微风过处，送来缕缕清香，仿佛远处高楼上渺茫的歌声似的"，这一段描写将嗅觉上的荷花清香通感于听觉上的渺茫的歌声，将嗅觉与听觉沟通起来，这是因为荷花的清香和渺茫的歌声都给人一种虚无缥缈的感觉。其他诸如"你的笑容真甜""一弯冷月"等莫不如是。但是，小学生很难真正理解通感这一修辞手法，而且在视觉和听觉上的"静"并无感觉上的相似性，这位学生在造句时更可能出现对"静"这个多义词的不恰当理解，将与运动状态相关的静止及与静谧程度相关的寂静相混淆。这一点可以借助反义词来进行区分：

动（运动）—静（静止），闹（喧闹）—静（寂静）

"漓江的水真静啊！"这个静是指静止，意指漓江的水平静，似乎看不到水的流动，其反义词是动，静止或运动是视觉层面的。而"静悄悄的夜"里的静是指静谧、寂静，其反义词是热闹、喧闹，静谧或者喧闹是听觉层面的，不符合明喻句本体和喻体之间具有相似性的特点，而又缺乏通感这种修辞手法中不同的感官之间的感觉相似性。因此，学生这样的造句是源于对"静"的不恰当理解，是源于对文中明喻句的修辞格的不恰当理解。教师在教学过程中如果能正确地捕捉信息，机智地处理课堂教学过程中动态生成的情境或者问题，将会使课堂的实施效果更好。

◎ 思考题

1. 教学设计的基本环节有哪些？
2. 在教学设计的准备阶段需要做好哪些分析？
3. 在教学设计的撰写阶段需要做好哪些工作？
4. 思维型教学设计是如何体现以思维为核心的教学理念的？

■ 专题四

教学目标设计

◎ 学习目标

知道常见的教学目标分类理论,能判断常见教学目标设计存在的问题并能正确设计教学目标,学会正确设计基于学科核心素养、体现思维型教学理论的教学目标。

◎ 知识导图

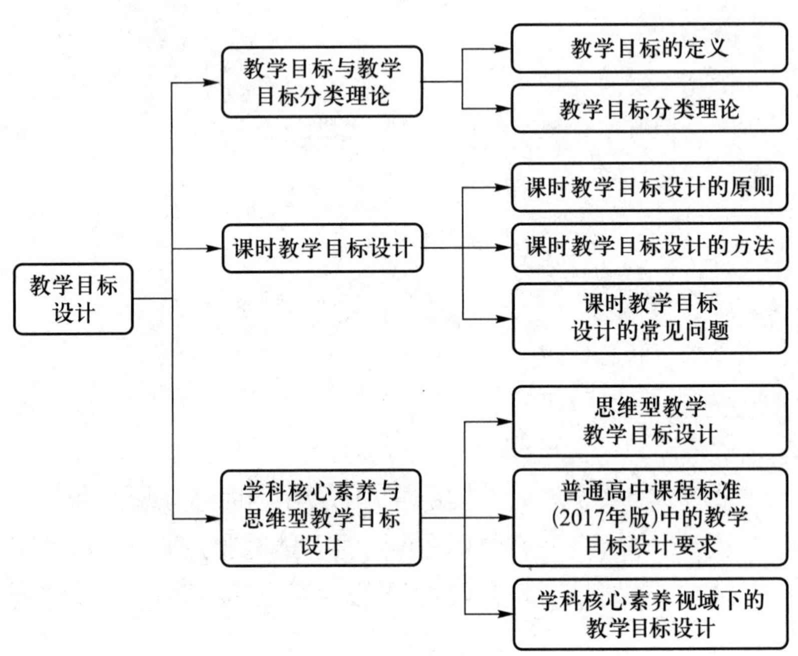

教学目标设计
教学目标与教学目标分类理论
教学目标的定义
教学目标分类理论
课时教学目标设计
课时教学目标设计的原则
课时教学目标设计的方法
课时教学目标设计的常见问题
学科核心素养与思维型教学目标设计
思维型教学教学目标设计
普通高中课程标准(2017年版)中的教学目标设计要求
学科核心素养视域下的教学目标设计

在一节课或一个单元的教学之前,教师往往要考虑这样一些问题:通过本节课或本单元的教学,学生应该获得什么层面的发展?我的教学是否完成了教学任务?学生是否达到了预期的学习结果?我设计的教学活动或教学任务是否符合这个班的学生?根据这节课的教学效果,下一步的教学目标应该如何确定?这些问题大多涉及教学目标的设计与陈述。

一、教学目标与教学目标分类理论

(一)教学目标的定义

对教学目标的理解,由于阐述的角度、采用的研究方法和依据的哲学基础等方面的不同,人们会有不同的观点、看法。下面就国内外学者对教学目标的不同理解作一个概述。

西方学者倾向于将教学目标看成教学的预期结果或效果,或指教学在学生身上引起的行为方式的变化。例如,美国著名教育学家、心理学家布卢姆认为“目标就是预期的结果”,美国著名教育家泰勒认为“形形色色的行为方式的变化,就是教学目标”。也有学者认为,所谓教学目标是指教学活动主体预先确定的、在具体教学活动中所要达到的,利用现有技术手段可以测度的教学结果。教学目标是教学活动的主体在具体教学活动中所要达到的结果或标准,是教和学双方都应该共同遵循的,对教师来说这是教授的目标,对学生来说则是学习的目标。

我国学者倾向于将教学目标和教学目的联系起来,代表性的观点有:教学目标是教学目的的下位范畴,是教学目的的具体化和科学化,是各科教学所要达到的具体目标,是教师预期教学活动要实现的教学结果。教学目标是学生通过教学活动后要达到的预期学习结果,可以分为课程教学目标、单元教学目标、课时教学目标等不同的层次。

(二)教学目标分类理论

教学目标是指在教学中师生预期达到的学习结果和标准。这种学习结果和标准由于教学内容的系统性、复杂性而必将具有层次性和多样性。因此,为了便于目标检测和操作,提高教学效率和效益,我们有必要对教学目标加以分类。教学目标分类的思路是:运用分类学的理论把各项具体教学目标按照由简单到复杂、由低级到高级连续递增的分类形式进行有序的排列和组合,构成明确、具体、有序、可检测的教学目标体系。自20世纪50年代以来,人们对教学目标分类问题进行了系统、深入的研究，提出了几种重要的教学目标分类理论。这里选择有代表性的布卢姆和加涅的分类理论简介如下。

1. 布卢姆的教育目标分类

美国芝加哥大学教授布卢姆认为，教育的首要功能是发展个人，学校的中心任务是发展学生身上那些将使他们在复杂的社会中有效地生活下去的特征。在此基础上，布卢姆建立了层级化的教学目标体系。布卢姆的教育目标体系包括认知领域、情感领域和动作技能领域。其中，布卢姆本人提出了认知领域的目标分类，克拉斯沃尔和布卢姆于 1964 年共同提出了情感领域的目标分类，哈罗和辛普森于 1972 年共同提出了动作技能领域的目标分类。

认知领域目标分类将认知目标从低到高分为六级：知识、领会、运用、分析、综合、评价六个方面。情感领域的教育目标依据价值内化的程度由低到高分成五级：接受、反应、价值化、组织、价值或价值体系的性格化五个方面。动作技能领域的教育目标由低到高分成六级，而由于其中的反射动作和基础性的基本动作是随身体发育自然形成的，不是习得的技能，因此往往只涉及知觉能力、生理能力、技能动作和有意活动四个较高层级的学习目标。

2. 加涅的教学目标分类理论

美国心理学家加涅以信息加工理论为基础，认为设计教学活动的最佳途径是根据教学目标来安排教学工作，对教学目标的分类实际上就是对学习结果的分类。把学习结果作为教学目标有利于确定达到目标所需要的学习条件，而且从学习条件中还可以派生出教学事件，告诉教师应该注意做些什么。因此，对学习结果的分析，可以为教学设计提供可靠的依据，从而为达到教学目标铺平道路。加涅根据习得的能力倾向性的改变——学习结果，将教学目标分为以下几种主要类型。

(1) 智慧技能

智慧技能是学生使用概念符号与环境进行相互作用的能力，是学校教育中最基本、最普遍的一项教学内容，包括从最基本语言技能到高级专业技能。智慧技能又可以细分为辨别、概念、规则以及高级规则四个层次，后一个层次的智慧技能的学习要以前面较简单的技能为先决条件。

(2) 认知策略

认知策略是学生用来指导自己注意、学习、记忆和思维的能力。它与智慧技能的区别是：智慧技能指向学生的环境，指学生能够处理“外部的”数字、文字和符号等。而认知策略指学生在应付环境事件过程中控制自己“内部的”行为，是学生个人的思维过程。认知策略能够影响学生对各种刺激的态度、对记忆中存储信息的解码方式以及所存储的信息块的大小，甚至能够影响学生的研究策略和补救策略以及他们反映的组织结构。

(3) 言语信息

学校教育主要通过言语信息把人类千百年来积累起来的知识一代一代传递下去。

(4) 动作技能

从某种程度上说,所有的行为表现都是动作。动作技能是通过人的活动而习得的。尽管动作技能并没有在学校教育中占据中心地位,但始终是一个重要方面。

(5) 态度

态度是一种影响和调节一个人行动的内部状态,也是一种学习结果。

教学目标设计按照层级的不同可以分为课程教学目标设计、单元教学目标设计、课时教学目标设计等不同的类型。下面将重点围绕与教师的日常教学密切相关的课时教学目标的设计来谈。

我们国家的教学目标设计维度经历了几个阶段。一是教育部 1953 年 3 月颁布的《中学暂行规程(草案)》提出的双基目标,即"得到现代科学的基础知识和技能"①;二是 21 世纪初启动第八轮基础教育课程改革时所提出的知识与技能、过程与方法、情感态度与价值观三维目标;三是以普通高中各学科课程标准颁布为契机,落实立德树人根本任务而提出的学科核心素养。双基、三维目标和核心素养的发展反映了教学目标的不断发展与变化。

如果说从双基到三维目标是一次突破的话,那么从三维目标到核心素养也是一次重大突破。关于三维目标和核心素养的关系,已经有一些学者进行了相关的研究,比较典型的有余文森等人的研究②③④⑤。这些研究大都秉持了继承与发展的态度,认为从三维目标到核心素养不是一个自我否定的过程,而是一个继承与发展、深化课程改革的具体体现,这也与《普通高中课程方案(2017 年版)》及普通高中各学科课程标准(2017 年版)的表述是一致的。三维目标不能全盘否定,与三维目标相比,学科核心素养一方面指向人的发展,另一方面指向从正确价值观念、必备品格和关键能力等方面所体现的学科的本质属性。

---

① 中央教育科学研究所.中华人民共和国教育大事记:1949—1982[M].北京:教育科学出版社,1984.

② 余文森.从三维目标走向核心素养[J].华东师范大学学报(教育科学版).2016(1):1-13.

③ 余文森.从三维目标走向核心素养是课改深化的标志[J].人民教育,2016(19):27.

④ 郑昀,徐林祥.从"双基"到"三维目标",再到"核心素养":新中国成立以来语文学科教学目标述评[J].课程·教材·教法,2017,37(10):43-49.

⑤ 马开剑."三维目标"和"核心素养":概念的魅惑与实践[J].天津教育,2017(11):31-34.

二、课时教学目标设计

(一) 课时教学目标设计的原则

1. 一致原则

课时教学目标是课程目标的具体化和行为化。因此课时教学目标与课程目标在方向上保持完全一致。

2. 整体原则

教学目标的不同构成要素应该共同构成一个相对完整的目标体系,而不是片面的。

案例 4-1 教学目标不是"贴标签"

有一位教师在进行教学反思时提道:有一次我在讲碳酸钠这一节的时候,把知识、技能和过程、方法处理得特别好,可是到快下课的时候,我才发现思想教育这个方面给漏掉了。所以当时我就问学生:"我对你们进行思想教育了吗?"学生说:"没有。"我说:"那咱们就进行一下思想教育。翻开书看一下侯德榜在改变纯碱制法方面为国家做出的贡献。"然后这节课就下课了。后来,在评课的过程中,校长给我指出这种思想教育是"贴标签",是将三维目标割裂的表现。

【点评 4-1】 教学目标是预期学生达到的结果,是教学的归宿,而不应该是一个形式化的标签。从不同维度界定的三维目标也好,学科核心素养目标也好,都应该是教学目标的不同表达,它们共同构成了教学目标整体,而不应该是割裂的,也不应该是形式上的完整。一节课的教学目标应该立足学生的全面发展而有不同的目标结果输出,不应该形式化、标签化。正如《普通高中化学课程标准(2017 年版)》所提醒的"应避免教学目标的制订流于形式。教师应根据具体教学内容的特点和学生的实际来确定化学教学目标,切忌生硬照搬化学学科核心素养的 5 个方面,防止教学目标制订的表面化和形式化"。

教师在设计教学目标时,如果从三维目标的角度来表述,一般不会遗漏知识与技能目标,但是往往会遗漏过程与方法目标。事实上,过程与方法目标同样很重要,而且过程不仅仅是经历科学探究的过程,更应该是经历知识的动态产生过程,不应该只学习静态的作为结果的知识。

案例 4-2

“有人发现已经裂开了一条缝的茧中，蝴蝶正在痛苦地挣扎，他于心不忍，便拿起剪刀把茧剪开，帮助蝴蝶破茧而出。可是这只蝴蝶却因身体臃肿、翅膀干瘪，根本飞不起来，不久便死去了。蝴蝶必先在痛苦中挣扎、直到把翅膀练强壮了，再破茧而出，才能飞得起来。省去了过程，看似为其免除了痛苦，但结果却是适得其反”。

【点评 4-2】 上面这一段文字告诉我们过程的重要性。我们在形容一个人历经苦难终于取得成功时，往往会使用破茧为蝶、凤凰涅槃这类词语，无论是破茧的过程还是涅槃的过程都是非常痛苦的，但只有经历了这种痛苦才能获得重生。对于学习的过程也是如此，我们的教学不能只注重知识产生的结果，还要关注知识产生的过程，使学生经历动态的知识产生的过程才能更好地理解知识、形成能力、发展素养。

除了过程性目标，情感态度与价值观这一类的体验性目标也是教学目标的重要方面，情感态度与价值观的教育应该渗透在每个学科的教学中。为了说明这个问题，我们来看下面的案例。

案例 4-3

君子挟才以为善，小人挟才以为恶。挟才以为善者，善无不至矣；挟才以为恶者，恶亦无不至矣。愚者虽欲为不善，智不能周，力不能胜，譬之乳狗搏人，人得而制之。小人智足以遂其奸，勇足以决其暴，是虎而翼者也，其为害岂不多哉！——《资治通鉴》

【点评 4-3】 上面这段文字谈的是正确的情感态度与价值观培养的重要性。司马光在《资治通鉴》中的这一段有关“君子”与“小人”的关系的论述，辩证地讨论了“德”与“才”的关系，以知识与技能为主要表现形式的“才”固然很重要，但是以正确的情感态度与价值观为主要表现形式的“德”更为重要。

教师在进行教学目标设计时，要对不同维度的目标输出进行完整的设计，使学生获得全面发展。在落实立德树人根本任务、深化课程改革的背景下，教学目标也要围绕核心素养和各个学科的学科核心素养发展而设计，体现正确价值观念、必备品格和关键能力。

视频 4-1
教学目标的完整性

3. 层次原则

我们将教学目标设计的层次原则分为纵向层次原则和横向层次原则。

纵向层次原则是指教学目标的完成应该是一个循序渐进的过程，而且在单元教学目标、课时教学目标以及课程教学目标之间，在时间上有渐进性，教学目标应该是一个螺旋式上升的过程，所以在纵向上教学目标应该具有层次性。随着时间的推移、学段的变化，教学目标的表述程度与要求也应该有层次性，不断地递进。教学目标的设计要考虑到学段特征和课程要求，不能"一竿子捅到底"。尤其是现在各学科主张围绕核心概念(知识)按照学习进阶进行教材编写和教学设计的背景下，教学设计更应该关注目标设计的纵向层次，在不同的时间和学段有不同水平的目标要求。比如《普通高中化学课程标准(2017 年版)》在"教学建议"中指出：应统筹规划化学教学目标。学生化学学科核心素养的发展是一个持续进步的过程，因此，教师应依据化学学科核心素养的内涵及其发展水平、高中化学课程目标、高中化学课程内容及学业质量要求(包括学业要求和学业质量水平)，结合学生的已有经验，对学段、模块或主题、单元和课时教学目标进行整体规划和设计。例如，结构决定性质是化学学科的核心观念，是宏观辨识与微观探析思维方式的具体表现形式。对于这一观念的学习，就可以整体设计为四个阶段：在必修阶段元素周期律的学习中，要求认识元素"位""构""性"之间的内在联系，能根据元素"位""构"的特点预测和解释元素的性质；在选择性必修课程"化学键与物质的性质"的学习中，要求能根据化学键的特点，解释和预测化合物的性质。在选择性必修课程"分子间作用力与物质的性质"的学习中，要求能解释和说明分子间作用力、氢键对物质性质的影响；在选择性必修课程"有机化学基础"模块的学习中，要求能根据有机化合物官能团的结构特点解释和预测有机化合物的性质。

其他学科课程标准也同样给出了类似的进阶式教学目标要求，而教学目标的纵向层次性也在课程标准对学科核心素养的水平划分中得到了明确体现。

横向层次原则是指在同一课时教学目标的设计中，应该考虑到对于全班同学而言，其教学目标的达成是不一样的。教师在进行教学目标设计时应针对不同层次的学生设计适合其发展的不同的教学目标。《普通高中数学课程标准(2017 年版)》指出：教师应该结合相应的教学内容，落实"四基"，培养"四能"，促进学生数学学科核心素养的形成和发展，达到相应水平的要求，部分学生可以达到更高水平的要求。《普通高中语文课程标准(2017年版)》指出：要坚守语文课程的基本要求，恰当把握教学容量，不任意增加学生的学习负担，同时也要鼓励对语文学习有兴趣而且学有余力的学生追求更高的目标。

有的教师可能会认为，一个教学设计应该只有一套教学目标，如何针对不同水平的学生设计不同的目标呢？其实所谓的目标的横向层次原则并非指针对不同水平的学生设计不同的教学目标系统，而是指针对不同水平的学生设计不同水平的目标层级，从而因材施教，促使学生实现个性化发展。

案例 4–4

"氧化还原反应"概念的教学目标层级设计(片段)如下：

1. 能说出氧化还原反应的概念。
2. 能判断一个反应是否是氧化还原反应。
3. 能解释氧化还原反应的实质。

【点评 4–4】 围绕氧化还原反应的概念设计的这三个目标代表了不同的层次水平。能说出概念的水平层级最低，可以定位为全体同学都能达到的目标。能判断一个反应是否是氧化还原反应是对定义"凡是有元素化合价升降的反应都是氧化还原反应"的直接应用，学生如果能判断出反应前后化合价有无升降即可做出判断，可以定位为多数同学能够达到的目标。而能解释氧化还原反应的实质，则是在理解概念的基础上，能从微观层面理解氧化还原反应发生的实质，其水平层级更高，可以定位为部分学生能够达到的目标。

4. 具体原则

在课堂教学过程中，教学目标要能直接指导教学，对教与学的活动均要有准确的测量标准，尤其是对认知性和操作性的学习内容应该依据具体性原则，设计出明确、可测量、便于操作的行为目标。这就要求教学目标一方面要有针对性，要明确针对某课时的具体内容进行目标设计，不能是放之四海而皆准的笼统的教学目标；另一方面，应该选择可外显的行为动词，而不是内隐的认知动词。

5. 难度适中原则

教学目标的设计应该体现难度适中原则，要避免两种倾向：一种是教学目标设置过高，教学完成之后学生均达不到要求，即出现了教学目标的天花板效应。另一种是教学目标设置过低，学生不需要努力就可以达到，或者是全体学生均能达到，即出现了教学目标的地板效应。好的教学目标应该符合最近发展区要求，即大多数学生在经过努力之后能够达到。

（二）课时教学目标设计的方法

教学目标是教学活动的领航，围绕教学过程的众多环节，例如教学重难点的确定、教学方法的选择、教学活动的展开、教学反思评价等均建立在设定合理教学目标的基础之上。同样，教学目标也是学生学习的航标，对学生在学习后所发生的发展和变化的判断也应该以此作为评价依据。

影响教学目标设定的因素有很多，教师应该抓住其中较为核心的主导因素，辅以准确的表达方式，最终设定出科学、合理、有效的教学目标，实现高效的教学[①]。

1. 以课程标准为基准

课程标准从宏观、概括的角度提出学科的课程性质与课程理念，在内容标准部分或者是内容要求与学业要求、质量标准部分明确规定了课程内容以及学生需要掌握的程度，并且给出了相应的活动探究建议。课程标准将学生全方位的发展与学科课程目标、课时教学目标密切联系起来，为一线教师设定教学目标提供了导向和蓝图。

教师在设定教学目标时，首先应该以课程标准为基准，在研读与分析过程中注意把握两点：一是关注课程基本理念，深刻理解整体课程目标，在课时教学目标的设定中有效渗透学科的教育价值，在课堂这个直接的实施途径中切实实践课程理念，完成课程目标。二是紧紧围绕课程标准，尤其是内容标准或内容要求以及学业要求提出的基本要求和核心能力，确定教学内容的广度和深度，保证学生学到位而不越位；参考课程标准提出的活动探究、教学情境建议，挖掘出学生可以达到的隐性目标，设置出合理的行为条件和教学活动。

2. 以教材为依托

教材是课程标准的具体体现，是教学的主要内容，是实现教学目标的载体。如果说课程标准勾勒出了教学目标的线条，那么教材则完成了填涂和润色。只有对教材进行深入剖析，教师才能确定教学目标的具体内容。在分析教材的过程中教师应该注意以下两个方面。

一方面，要反复钻研、琢磨教材，仔细体会教材中设置的各板块、活动、实验的存在意义与顺序排布的内在原因，深刻领会教材编写者的设计意图，明确把握章节知识之间的逻辑关系，建构知识的整体框架脉络，形成知识的体系化教学。

① 张雪琳，严文法．化学教学目标制定中的问题分析与方法探究[J]．中学化学教学参考，2015(11)：12-13.

另一方面，不能单一关注教材所呈现的显性知识层面，还要深入挖掘其中所蕴含的深层次的“隐性资源”，比如科学思维、科学精神、价值观等。教育所要培养的学生并不是学习的机器、知识的奴隶，教学要达到的目标不仅仅是对知识、方法与技能的掌握，更是包含一系列学科观念的形成、完整人格的塑造，而这些超知识的目标是内隐在知识体系中的，需要通过知识内容的传递与教学来完成。教师在完成对教材全面、深入解读的前提下，必须融入个人的理解和诠释，才能将三维目标统一起来，才能充分实现教学目标的人文价值。

3. 以学情为基础

教学目标的行为主体是学生，即明确学生需要做什么、怎么做，应该达到何种程度，实现什么样的要求，教学目标的完成过程便是学生的学习过程。由此看来，教师在设定教学目标的过程中，进行客观、合理、正确的学情分析，既是前提也是基础。更全面、更准确地分析学情应该基于以下两点考虑。

一是明确学生的学习起点和发展需要，例如已经存在什么样的前概念，有无相关的知识过渡衔接，知识储备是否足以支持学生接受新知识，等等。不同地区、学校、班级的学生之间必然存在学习进度和学习能力的差异，教学目标不能千篇一律。教师只有深入分析受教学生的知识基础、学习能力及发展需求，才能更好地找到学生的“最近发展区”，确保教学目标是“跳一跳，够得着”的可行性目标。

二是既考虑全体学生又兼顾个体差异，不同学生的学习兴趣、认知特点、接受能力不尽相同。这就意味着教学目标的设定应该具有层次性，针对不同层次的学生，有不同的要求、活动和方式，使每位学生都尽可能以最合理的方式发展，真正成为教学目标的主体。这样才不至于让教学目标成为一纸空文，失去其有效性。

4. 教学目标的四要素

一般认为，教学目标应该包含四个要素，分别是行为主体（audience）、行为动词（behaviour）、行为的情境（context）或条件（condition）、行为表现程度（degree）。而基于四要素的教学目标的基本书写格式为：行为条件（C）+ 行为主体（A）+ 行为动词（B）+ 行为表现程度（D）。由于行为主体默认是学生，至于通过什么样的行为条件完成目标可以不在目标中予以呈现，因此，教学目标的书写可以缩略为：行为动词（B）+ 行为表现程度（D）。

教学目标表述示例 1：通过与一元一次方程的比较，能说出二元一次方程的

概念，并会辨别一个方程是不是二元一次方程。

教学目标表述示例 2：认识“桦、胸”等 5 个生字，会写“郊、散”等 12 个生字。能正确读写“郊外、散步、胸脯”等 14 个词语。

【点评 4–5】 上述两个教学目标表述基本符合教学目标设定的规范。示例 1 包含行为条件“通过与一元一次方程的比较”，行为动词包含“说出”“辨别”这样具有明确性、可观察、可测量的指向具体行为结果的行为动词，行为表现程度明确，行为主体“能说出”“会辨别”指向的是学生。示例 2 略去了行为条件，行为动词包含“认识”“会写”“读写”这样明确的、可以观察、可以测量的指向具体行为结构的行为动词，行为表现程度明确、具体，行为主体是学生。

5. 知识与技能目标的设计

知识与技能目标应该是可观察、可测量、可评价的，因此，在进行教学目标设计的时候，知识与技能类型的目标应该用可观测的、指向学习结果的行为动词来说明，陈述应该具体、明确。

6. 过程与方法目标的设计

一般而言，过程与方法目标的设计常用过程性、体验性的行为动词表示。

7. 情感态度与价值观目标的设计

情感态度与价值观目标是需要长期来完成的，甚至往往是整个学校教育的目标，很难通过某一节课来完成。情感态度与价值观这一类体验性的目标通常使用体验性的行为动词表示，一般不应该有具体结果。

案例 4–6

《义务教育物理课程标准（2011 年版）》附录 2 中行为动词的举例说明如下。

类型	水平	行为动词举例
认知性目标行为动词	了解	了解、知道、描述、说出、列举、举例说明、说明
	认识	认识
	理解	解释、理解、计算
技能性目标行为动词	独立操作	会、会测量、会选用、会使用、会根据……估测、会用……测量
体验性目标行为动词	经历	尝试、观察、经历、探究、能
	认同	关心、关注、有……意识
	内化	养成

《义务教育化学课程标准(2011 年版)》附录中有关行为动词的分类如下。

1. 认知性学习目标的水平

从低到高：
- 知道、记住、说出、列举、找到
- 认识、了解、看懂、识别、能表示、懂得
- 理解、解释、说明、区分、判断、简单计算

2. 技能型学习目标的水平

从低到高：
- 模仿操作、初步学习
- 独立操作、初步学习

3. 体验性学习目标的水平

从低到高：
- 经历、体验、感受
- 认同、意识、体会、认识、关注、遵守
- 内化、初步形成、树立、保持、发展、增强

《义务教育初中科学课程标准(2011 年版)》附录 1 中有关行为动词的界定如下。

分类	层次	各层次水平的界定	表达词举例
认知性目标	了解	能说出知识的要点或事物的基本特征，并能在有关的问题中识别它们	描述、说出、知道、了解、识别、列举、举例、指认等
	理解	能阐述知识的内涵，把握其内在逻辑关系，能用于解释简单现象或进行简单计算	解释、说明、比较、概述、认识、理解、区别、懂得等
	应用	能将知识运用在新情境中，与已知知识建立联系，分析有关现象或提出解决问题的途径和方法	辨析、运用理论或模型分析、阐明、分类、推导、应用等
技能性目标	模仿	借助说明书或教师的示范进行常规仪器操作和基本练习性操作	按照、根据、练习、尝试等
	独立操作	学生独立进行目的明确的操作，能与已有的技能建立联系	测量、测定、绘制、制作、查阅、收集、计算、学会、会等
体验性目标	参与	经历某个学习过程，例如探究、实验、检索、阅读、参观、查询等	观察、体验、体会、感知等
	反应	在经历的基础上表达态度、情感和价值取向	关系、关注、注意、善于等
	领悟	经过一个阶段学习过程后对某些科学观念(假设与理论，情感态度与价值观)的内化	形成、养成、树立、建立、具有等

【点评 4-6】 通过以上义务教育(初中)物理、化学、科学课程标准附录中有关行为动词的界定,我们可以看出,不同的学科都尝试给出对应不同认知水平的行为动词的范例。通过这三个学科的案例我们也能够观察分析出来,不同的学科在构建对应不同水平层级的行为动词时尽可能体现学科的特点。尽管这些给出的行为动词有些值得推敲,但是也可以给教师进行教学目标设计选择行为动词提供参考。教师可以参考课程标准给出的行为动词,结合本学科的具体特点,选择恰当的行为动词进行教学目标的表述。

(三) 课时教学目标设计的常见问题

在目前实际的教学过程中,教学目标的设计在合理性和有效性方面还存在不足,一线教师对于教学目标的理解、设计存在很多问题,概括如下。

制订化学教学目标过程中的问题分析与方法探究

1. 无教学目标

在设计教学目标时第一个常见的弊病就是无教学目标。教师把教学目标的设计视为可有可无的东西,无视教学目标在课堂教学中的主旨与灵魂的作用,无视教学目标的导向、诊断、调控与评价功能,略过教学目标直接进行教学过程的设计,造成“铃声一响,走进课堂;要讲什么,等我来想”“脚踩西瓜皮,滑到哪里算哪里”的情况。

案例 4-7

有一位语文教师在讲鲁迅的名作《论雷峰塔的倒掉》时,进入课堂之后向学生发问:“同学们,我们今天讲点什么呢?”学生在下面交头接耳,有同学大声说:“老师,你给我们讲一下为什么鲁迅用很大的篇幅讲吃螃蟹吧!”然后,教师回答说:“好,下面我们就来讨论一下鲁迅为什么讲吃螃蟹。”于是一节课就围绕着这个话题,在学生七嘴八舌的讨论中过去了。

【点评 4-7】 课堂还给学生的理念是好的,但这并不意味着由学生来主导课堂。就该案例而言,讨论鲁迅为什么用大篇幅来写吃螃蟹是有价值的,可以让学生领会鲁迅对作为迫害者的法海和作为受害者的白素贞的态度。作者对法海躲进螃蟹壳再也出不来了而雷峰塔终于倒掉、白素贞得到解放持高兴的态度,但是需要讨论的问题显然不仅限于此。

出现这样的问题是由于教师没有对课堂进行预设,尤其是教师对教学目标没有进行设计。如果学生提出价值不大的问题,那么教师是不是也要用一节课的时间去引导学生讨论呢?

在有些探究式教学课堂中,教师为了追求课堂的生动,让学生在课堂上相当“忙碌”,教室里学生乱作一团,还美其名曰“动中学”。殊不知这种教学活动是外在多于内在的,动手与动脑相脱节,目的性很差,为活动而活动,有活动却没有体验,没有反思,这样就失去了进行活动的意义,更不符合探究式教学的本意。教师讲授少了,课堂上乱哄哄的讨论看似热烈却没有主题,学生海阔天空、胡言乱语,还受表扬,说有创新。课堂上教师淡化出场,一切让学生自己说了算。例如在文本的诵读与理解中,在没有充分引导虚设情境的情况下让学生“想读哪一段就读哪一段”“想和谁交流就和谁交流”“用自己喜欢的方式来交流读书感受”,而教师又不能及时发挥主导作用,一堂课给学生大量的时间自读,结果是:甲也正确,乙也不错,丙很好,丁真棒。整堂课学生“跑野马”,想说啥就说啥。这种现象也是我们在开篇所谈到的,虽然互动增加了,但只停留在行为互动上,有探究但缺少探究的思维和对探究的反思的问题是类似的。

2. 教学目标过于笼统、含混

教学目标是学生预期要达到的结果,教学目标应该是具体的、明确的。但在教学目标设计中常存在的一个问题是教学目标过于笼统,使用的动词多是不可测、难以评价的,如“了解”“知道”“明了”“理解”“掌握”“运用”等,都很难去清晰界定和衡量、评价。另一个问题是一节课的教学目标过大,与教育目的、课程目标混为一谈。还有一个问题是一节课的教学目标“放之四海而皆准”,适用于某个类型课堂的教学目标。另外,还有的教学目标包罗万象,造成所谓的“教学目标像个筐,什么都可以往里装”的问题。

3. 教学目标脱离教学实际

教学目标是教与学活动的归宿,教学内容的组织、教学方法的选择、教学活动与任务的设计都是围绕教学目标的。但是有些教师设计的教学目标与教学实际相脱离,教学实际不能为教学目标的完成服务,教学目标的设计也不能指导教学实际,甚至目标与实际完全不符,是相互割裂的。

4. 教学目标的主体是教师

新课程倡导学生是学习的主体,在教学目标的设计中提倡以学生为行为主体,教学目标侧重为学生学习的目标。而有的教师的教学目标设计陈述的主体往往是教师或者教学内容,“通过……的教学,使学生……”或者是“通过……的教学,培养学生……”“让学生……”“使学生……”“帮助学生……”等语句在教学目标中频频出现。这也反映了在教学目标设计与实施过程中,部分教师并未真正意识到教学目标对学生学习的引领作用，以及教学目标对学生调整学习、自我评价的指导作用。

5. 教学目标缺乏个性

教师在设计教学目标时，往往照抄照搬教学参考书、网络上教学设计文本中现成的教学目标，内容空泛、千篇一律，并未充分考虑具体课时、教学环境、学生实际情况等因素。教学目标虽然以字面形式呈现出来，但是与实际的教学全然脱离，教学随意，教学目标失去了应有的作用。正所谓“一千个读者就有一千个哈姆雷特”，同样，在进行教学目标设计时，即便是选用同样版本的教材、面对同样的文本，不同的教师面对不同的学生水平、不同的教学条件，都有可能设计出不同的教学目标。但是有些教师的教学目标设计却是千篇一律、千人一面的，缺少个性。

案例 4-8

某教师设计的《孙权劝学》一文的教学目标如下。

1. 知识与能力目标：继续培养学生阅读浅显文言文的能力，理解、积累文言文词汇。

2. 过程与方法目标：培养学生朗读、翻译及自主、合作、探究的学习能力。

3. 情感态度与价值观目标：启发学生学习古人的学习精神，通过努力学习来完善和充实自己。

【点评 4-8】 该教学目标的设计存在如下问题：

(1) 出现了双主体的情况，行为主体应该为学生，而继续培养、启发等动词则显示默认主体为教师，理解、完善和充实自己的主体则是学生。

(2) 目标陈述过于笼统，不能明确地体现学生学习的预期结果。

(3) 过程与方法目标的陈述不恰当，将过程与方法和能力相混淆。

(4) 广泛适用于所有蕴含古人学习精神的文言文，如果不看本节课的授课题目《孙权劝学》，我们从教学目标的设计上无法解读出是哪篇课文的教学目标。

案例 4-9

某教师设计的《岳阳楼记》一文的教学目标如下。

(一) 知识目标

1. 掌握一些常见的文言实词的意义和虚词的用法，逐步加强文言词汇的积累。

2. 认识作者、写作背景及文体特征。

3. 概述本文写景抒情、运用对比突出主旨的特点及文中警句的思想光彩。

4. 背诵课文。

(二) 能力目标

1. 指导学生朗读,继续提高诵读能力,品味意境,读出情感。

2. 揣摩本文叙事、写景、议论、抒情相结合以及寓情于景、情景交融的写法。

3. 揣摩本文的立意美、意境美、语言美,逐步提高鉴赏能力。

(三) 情感目标

思考本文名句“先天下之忧而忧,后天下之乐而乐”所体现的作者的政治抱负及其在现代社会生活中多方面的意义,激发学生走出自我,胸怀天下,以利民为己任,以强我中华为宗旨,积极进取,大胆开拓,做一个精彩的人,做一个大写的人。

【点评 4–9】 该教学目标设计存在的问题主要有:

(1) 从教学目标维度的设置上来看,目标设计不完整。

(2) 行为主体为双主体:有些目标行为主体是学生,而有些目标行为主体是教师,比如认识、背诵、概括等行为动词的主体是学生,而指导、激发等动词的行为主体是教师。

(3) 目标过多,有些可以整合。

(4) 如果不是情感目标里的一句“先天下之忧而忧,后天下之乐而乐”,从其他目标中我们看不出这是范仲淹《岳阳楼记》一课的教学日标设计,教学目标不具备课时特征,指向不明确。

(5) 情感态度与价值观目标一般没有具体结果,比较适合选用体验性动词,“领悟”一类的内化的体验性目标完成的前提应该是经过一段时间的学习之后。

另外,体验性目标的写法不能是口号式的目标,例如目标中所表述的“激发学生走出自我,胸怀天下,以利民为己任,以强我中华为宗旨,积极进取,大胆开拓,做一个精彩的人,做一个大写的人”就属于口号式的目标。

案例 4–10

某教师设计的“细胞的增殖”教学目标如下。

(一) 知识方面

1. 简述细胞的生长和增殖的周期性。

2. 概述细胞有丝分裂的过程。

3. 描述细胞的无丝分裂。

(二) 情感态度与价值观

认同细胞生长和增殖的周期性。

(三) 能力方面

1. 模拟探究细胞表面积与体积的关系,探讨细胞不能无限长大的原因。

2. 使用高倍显微镜观察根尖分生组织细胞的有丝分裂。

【点评 4-10】 该教学目标设计做得较好的有几个方面:

(1) 行为主体是学生。

(2) 教学目标能反映当时所使用的《普通高中生物课程标准(实验)》课程目标类型。

(3) 行为的表现程度比较具体、可测,体验性目标能使用体验性动词。

存在的问题主要有:

(1) 在目标的呈现顺序上,情感态度与价值观目标和能力目标应该调整顺序。

(2) 知识目标使用的动词简述、概述、描述区别不大,而且不是很具体。

(3) 能力目标其实是以模拟法、观察法为代表的过程与方法目标,而过程与方法并不等于能力。

(4) 体验性目标主要是以情感态度与价值观为代表的心理体验,细胞生长和增殖的周期性是知识层面,不宜使用"认同"这样的体验性动词。

案例 4-11

某教师设计的"欧姆定律"教学目标如下。

(一) 知识与技能

1. 通过实验探究电流、电压和电阻的关系;理解欧姆定律,并能进行简单计算。

2. 使学生会同时使用电压表和电流表测量一段导体两端的电压和流过导体的电流。

3. 会用滑动变阻器改变部分电路两端的电压。

(二) 过程与方法

使学生感悟用"控制变量法"来研究物理问题的科学方法。

(三) 情感态度与价值观

重视学生对物理规律的客观性、普遍性和科学性的认识,注意学生科学世界观的形成。

【点评4-11】 该教学目标设计存在的主要问题有：

(1) 行为主体既有学生，又有教师，例如：理解欧姆定律，并能进行简单计算；会用滑动变阻器改变部分电路两端的电压——主体是学生。其他几个目标诸如“使学生……”“重视学生……”的行为主体则是教师。

(2) 过程与方法目标中关于“控制变量法”的要求不宜使用体验性动词“感悟”。

案例4-12

某教师设计的“氧化还原反应”教学目标如下。

(一) 知识与技能

1. 理解与氧化还原反应有关的概念。

2. 理解氧化还原反应的特征及氧化还原反应的本质。

(二) 过程与方法

通过提出问题、讨论交流、分组合作，揭示氧化还原反应的本质和特征，培养学生从微观角度准确理解概念的能力。

(三) 情感态度与价值观

1. 通过交流、讨论，加强学生之间的合作学习。

2. 了解氧化还原反应在工农业生产、日常生活中的应用，认识并理解化学这门学科在提高人类生活质量、促进社会发展的重要作用。

3. 通过认识氧化还原反应概念的演变，培养学生用发展的观点、科学的态度、探索的精神学习化学。通过创设问题情境，引导学生积极思考，激发学生学习化学的兴趣和求知欲望。

【点评4-12】 该教学目标设计主要存在的问题有：

(1) 陈述目标用了双主体，例如“理解与氧化还原反应有关的概念”“理解氧化还原反应的特征及氧化还原反应的本质”两个目标的行为主体是学生，而“培养学生”这样的表述行为主体却是教师。

(2) 过程和方法与能力相混淆。

(3) 情感态度与价值观目标中有些并不属于这一类目标，例如“通过交流、讨论，加强学生之间的合作学习”。

案例 4-13

某教师设计的“一元二次方程”教学目标如下。

(一) 知识与技能

1. 感悟一元二次方程的根的判别式的产生过程。

2. 能运用根的判别式,判别方程根的情况和进行有关的推理论证。

3. 会运用根的判别式求一元二次方程中字母系数的取值范围。

(二) 过程与方法

1. 培养学生的探索、创新精神。

2. 培养学生的逻辑思维能力以及推理论证能力。

(三) 情感态度与价值观

1. 向学生渗透分类的数学思想和数学的简洁美。

2. 加深师生之间的交流,增进师生情感。

3. 培养学生的协作精神。

【点评 4-13】 该教学目标设计存在的问题主要有:

(1) 数学的目标设置未体现出数学课程标准课程目标的要求。

(2) 行为主体混乱,既有学生主体,也有教师主体。

(3) 过程与方法目标的表述不符合要求,应该使用过程性和体验性的行为动词,而且能力不等于方法。

(4) 知识与技能目标的呈现应该使用行为动词,不应该使用体验性动词“感悟”。

案例 4-14

某教师设计的“二元一次方程”教学目标如下。

(一) 知识与技能

1. 通过与一元一次方程的比较,能说出二元一次方程的概念,并会辨别一个方程是不是二元一次方程。

2. 通过探索交流,会辨别一个解是不是二元一次方程的解,能写出给定的二元一次方程的解,了解方程解的不唯一性。

3. 会将一个二元一次方程变形成用关于一个未知数的代数式表示另一个未知数的形式。

(二) 过程与方法

经历观察、比较、猜想、验证等数学学习活动,培养分析问题的能力和数学说理能力。

(三) 情感与态度

1. 通过与一元一次方程的类比,探究二元一次方程及其解的概念,进一步培养运用类比转化的思想解决问题的能力。

2. 通过对实际问题的分析,培养关注生活的意识,进一步体会方程是刻画现实世界的有效数学模型,培养良好的数学应用意识。

【点评 4-14】 该教学目标设计值得肯定的方面包括:

(1) 行为主体都是学生。

(2) 动词的使用也比较恰当,认知性目标能使用指向具体结果的行为动词,例如"说出、辨别、变形",过程性目标能使用过程性动词,例如"经历",体验性目标能使用过程性与体验性动词,例如"探究、体会"。

(3) 行为结果的表达也较为贴切,例如情感态度与价值观目标突出意识的养成。

但是,该教学目标的表述存在若干问题:

(1) 教学目标未体现出数学课程标准课程目标的要求。

(2) 过程与方法目标中将方法与能力混淆。

(3) 情感态度与价值观中的第一个目标,是类比的方法,不属于情感态度与价值观范畴。

案例 4-15

某教师设计的"密度"教学目标如下。

(一) 知识与技能

1. 通过探究实验,进一步熟悉天平的构造、正确的使用方法和注意事项。

2. 学会用刻度尺、量筒和天平测定液体及固体的体积与质量。

3. 通过探究实验,归纳出物体的质量、体积和密度三个物理量之间的数学关系,理解物质的属性之一——密度。

(二) 过程与方法

1. 通过实验探究,进一步理解科学探究的基本过程。

2. 通过实验探究,初步理解物理中研究问题常用的求比值的基本方法。

(三) 情感态度与价值观

1. 通过实验探究,培养严谨细致、实事求是的科学态度和团结合作的精神。

2. 学生能留心观察身边的物理。

【点评 4-15】 该教学目标设计的可取之处主要有:

(1) 从教学目标的维度来看,符合现行《义务教育初中物理课程标准(2011

年版)》的目标要求。

(2) 行为主体都是学生。

(3) 行为动词的选择较为恰当。

(4) 行为结果的呈现较为恰当。

案例 4–16

某教师设计的“细菌”教学目标如下。

1. 知识目标

描述细菌的形态结构、生命活动特点和在自然界中的作用及与人类的密切关系,认识细菌在生物圈中起着非常重要的作用。

2. 过程与方法

学生通过观察、分析讨论和归纳与总结的过程,获得自主、合作与探究性学习的方法,各种能力得到了提高。

3. 情感态度与价值观

了解细菌对人类有害的一面,学生懂得了讲究卫生的道理;了解细菌对人类的两面性,学生树立了能一分为二看待事物的辩证唯物主义世界观;细菌没有真正的细胞核,从植物界里划分出来,属于微生物的范畴,总结出了生物具有多样性;有些细菌有夹膜、产生芽孢以抵抗不良的环境,这说明生物是能适应环境的。

【点评 4–16】 该教学目标设计存在的主要问题有:

(1) 过程与方法目标与能力目标混淆。

(2) 教学目标应该是预期性的,而不应该是结果性的,它是预期达到的结果,而不是已经达到的结果,所以该案例中所用的“得到了”“懂得了”“树立了”“总结出了”等完成性的结果性的表述是错误的。

案例 4–17

某教师设计的《四时田园杂兴》一文的教学目标如下。

1. 学习本课 11 个生字。

2. 背诵两首古诗,默写《四时田园杂兴》。

3. 能用自己的话说说诗句的意思,想象诗句所描写的景象,激发学习古诗的兴趣。

4. 感受乡村生活,陶冶爱美的情趣,养成积累的习惯。

【点评 4–17】 该教学目标设计较为恰当,主要表现在:

(1) 行为主体都是学生。

(2) 认知类目标所使用的行为动词都能够指向具体的行为结果,例如背诵、默写、能说。而体验类目标的行为动词使用的都是过程型和体验性的行为动词,例如感受、陶冶、养成等。

(3) 目标维度比较完整。

三、学科核心素养与思维型教学目标设计

当前,课程改革正在走向深入,尤其是随着普通高中各学科课程标准(2017年版)的颁布,以及课程标准和课程方案所突出强调的学科核心素养的建构,各学科的教学目标都应该指向学科核心素养。学科核心素养是反映本学科本质的正确价值观念、必备品格和关键能力,是核心素养在具体学科中的具体表现,是落实立德树人根本任务在具体学科中的归宿,是对三维目标的整合概括和具体表征。尽管目前只在普通高中学段颁布了修订后的学科核心素养版的课程标准,但是学科核心素养并非单一指向普通高中学段,而是指向各个学段的具体学科。因此,义务教育阶段各学科的教学目标设计,在遵循前文所述教学目标设计的一般原则与方法的基础上,也要立足发展学生的学科核心素养,而基于三维目标与学科核心素养之间的继承和发展的关系,这与基于三维目标的设计也并不矛盾。

(一) 思维型教学目标设计

思维型教学理论要求,教学目标设计要突出以下几个方面。教学目标设计要突出学科核心素养,因为学科核心素养是各学科课程目标的集中体现。教学目标设计要符合学生水平,不同的教学对象应该达到适合自己的发展水平,教师在设计教学目标时要充分考虑到学生的实际水平和可能达到的水平。教学目标规划完整恰当,体现目标的不同维度,实现学生完整、全面、整体的发展,而不是有所侧重、有所偏离。教学目标要及时调整,是源于教学目标设计的预设性和课堂教学本身的动态性、真实性和生成性特征。教学目标是预设的,但不是一成不变的,教师要根据教学实施的具体情况和学生的实际,及时调整教学目标,体现教学设计本身的动态性特征。教学目标落实良好是从教学目标的完成情况和评价来看的,教学目标的设计不能游离于教学实施之外。教学实施不能脱离教学目标的实现,教学实施是为教学目标的实现服务的,教学实施的价值追求就是目标的落实,教学情境的创设、教学方法与策略的选择、教学活动与任务的设计都是为教学目标的落实服务的,一节高质量的课应该能良好地落实教学目标。

（二）普通高中课程标准(2017年版)中的教学目标设计要求

关于教学目标的设计，普通高中各学科课程标准(2017年版)都提出了明确的课程目标、学科核心素养及其内涵和水平设计，并都提出了实施建议。普通高中各学科课程标准(2017年版)对于教学目标的设计提出了怎样的要求呢？我们选择几个学科的表述进行概览。

《普通高中物理课程标准(2017年版)》在“教学建议”中指出“基于物理学科核心素养确定教学的目标和内容”，认为“物理教学若仅以知识为线索展开，则会导致教学设计聚焦于知识，仅仅专注于学生获得知识，而忽视物理课程对学生物理学科核心素养的培养。为此，必须把培养物理学科核心素养作为物理教学的重要目标，将‘物理观念’‘科学思维’‘科学探究’‘科学态度与责任’等物理学科核心素养的培养落实于教学活动中”。

《普通高中数学课程标准(2017年版)》在“教学建议”中也指出“制定教学目标要突出数学学科核心素养”，认为“数学学科核心素养是数学课程目标的集中体现，是在数学学习的过程中逐渐形成的。教师在制订教学目标时要充分关注数学学科核心素养的形成；要深入理解数学学科核心素养的内涵、价值、表现、水平及其相互联系；要结合特定的教学任务，思考相应的数学学科核心素养在教学中的孕育点、生长点；要注意数学学科核心素养与具体教学内容的关联；要关注数学学科核心素养目标在教学中的可实现性，研究其融入教学内容和教学过程的具体方式及载体，在此基础上确定教学目标”。同时该课程标准指出了学科核心素养的达成是一个逐渐形成的过程，认为“学生数学学科核心素养水平的达成不是一蹴而就的，具有阶段性、连续性、整合性等特点。教师应理解不同数学学科核心素养水平的具体要求，不仅关注每一节课的教学目标，更要关注主题、单元的教学目标，明晰这些目标对实现数学学科核心素养发展的贡献。在确定教学目标时，要把握好学生数学学科核心素养发展的各阶段目标之间的关系，合理设计各类课程的教学目标”。该课程标准还指出了数学学科核心素养与“四基”(知识与技能、数学思考、问题解决、情感态度)之间的关系，认为“数学学科核心素养是‘四基’的继承和发展。‘四基’是培养学生数学学科核心素养的沃土，是发展学生数学学科核心素养的有效载体。在教学过程中要引导学生理解基础知识，掌握基本技能，感悟数学基本思想，积累数学基本活动经验，促进学生数学学科核心素养的不断提升”。

《普通高中化学课程标准(2017年版)》在教学与评价建议中指出“深刻领会化学学科核心素养的内涵，科学制订化学教学目标”，其中“深刻领会化学学科核心素养的内涵”包含对化学学科核心素养和三维目标之间关系的理解以及对化学学科核心素养各构成要素之间关系的理解。对于化学学科核心素养和三维目标之间的关系,课程标准指出,“宏观辨识与微观探析”“变化观念与平衡思想”“证据推理与模型认知”“科学探究与创新意识”“科学态度与社会责任”五个方面,是从正确价值观念、必备品格和关键能力层面对化学学科核心素养内涵的揭示,是学生科学素养在“知识与技能”“过程与方法”和“情感态度与价值观”三个方面得到全面发展的综合表现。而对于化学学科核心素养各构成要素之间关系的理解,课程标准指出,化学学科核心素养构成要素之间具有内在的本质联系。“宏观辨识与微观探析”“变化观念与平衡思想”“证据推理与模型认知”分别是从学科观念和思维方式视角对化学科学思维的描述;“科学探究与创新意识”是对化学科学实践的表征;“科学态度与社会责任”是对化学科学价值取向的刻画,是化学学科整体育人功能和价值的具体表现。而“科学制订化学教学目标”则要求教师应统筹规划化学教学目标。学生化学学科核心素养的发展是一个持续进步的过程,因此,教师应根据化学学科核心素养的内涵及其发展水平、高中化学课程目标、高中化学课程内容及学业质量要求(包括学业要求和学业质量水平),结合学生的已有经验,对学段、模块或主题、单元和课时教学目标进行整体规划和设计。课程标准还指出“应避免教学目标的制订流于形式。教师应根据具体教学内容的特点和学生的实际来确定化学教学目标,切忌生硬照搬化学学科核心素养的五个方面,防止教学目标制订的表面化和形式化。

(三)学科核心素养视域下的教学目标设计

我们通过对《普通高中物理课程标准(2017年版)》《普通高中数学课程标准(2017年版)》《普通高中化学课程标准(2017年版)》有关教学建议部分的分析,可以归纳出教学目标设计的一般要点。

1. 学科核心素养与三维目标的关系

学科核心素养和三维目标之间到底是什么关系,相信很多一线教师都很困惑。有的教师可能会说,刚学会从三维目标的角度来设计教学目标,就又要从学科核心素养的角度来设计教学目标。那么,学科核心素养与三维目标之间的关系是什么?是否定吗?通过对物理、数学、化学三个科目的分析,我们可以得知,学科核心素养并非是对三维目标的否定,二者是继承与发展的关系。三维目标是发展学科核心素养的载体,学科核心素养是对三维目标的综合表现。而事实上,对于不同的学科,我们都可以在三维目标和学科核心素养的不同维度之间建立起联系。

图4–1以高中化学学科为例来阐释学科核心素养与三维目标之间的关系。

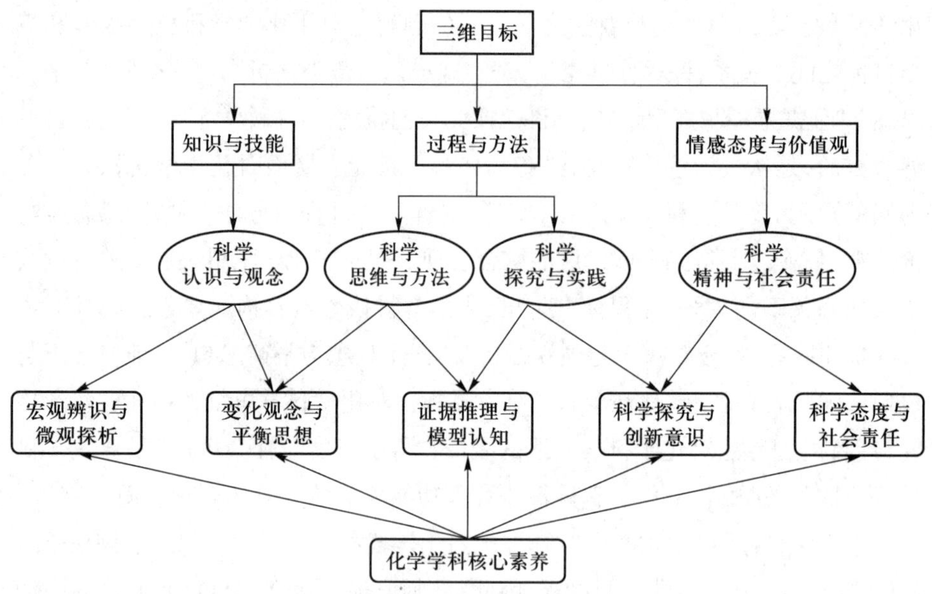

图 4–1 解析学科核心素养与三维目标之间的关系

2. 学科核心素养各构成要素的功能

学科核心素养体现了学科的本质特征。各学科构建了数量不等的学科核心素养来反映学科的正确价值观念、必备品格和关键能力，这些学科核心素养相互之间既有区别又有联系，既相互关联，又相互独立。如《普通高中物理课程标准(2017 年版)》指出四个学科核心素养各自的功能定位是：物理观念的形成和发展需要学生通过物理概念、物理规律等内容的学习及运用才能逐步形成。学习概念和规律是学生形成物理观念的有机组成部分。在教学中，对物理概念和规律的逐步学习、系统反思和迁移应用，可促进学生的物质观念、运动与相互作用观念和能量观念不断发展，使其学会用这些观念解释自然现象，解决生产生活中的实际问题。发展学生的科学思维能力是重要的教学目标之一。建构模型是一种重要的科学思维方式，质点、点电荷、匀强电场等物理概念和匀变速直线运动等物理过程都是物理模型。教师在教学中要让学生体会建构这些物理模型的思维方法，理解物理模型的适用条件，能通过建构物理模型来研究实际问题。教师引导学生经历物理概念的建构过程和物理规律的形成过程，是发展科学思维的重要途径。教师要引导学生体会“等效”的物理思想，让学生在观察、实验的基础上通过科学推理和科学论证等得出结论，由此培养学生的科学思维。科学探究能力的培养，应渗透在物理教学的整个过程。无论是物理知识的教学，还是物理问题的解决，都要引导学生发现和提出问题，根据解决问题的需要，收集和选择有用信息，基于证据和逻辑对问题做出合理解释，培养学生具有准确表述问题解决过程与结果的意愿和能力。物理教学要十分重视对学生的科学态度与责任感的培养,通过物理学习帮助学生认识科学的本质,认识科学、技术、社会、环境之间的联系,增强学生环境保护和可持续发展的意识,提升其社会责任感。教师应通过增加联系生活和现代科技的教学内容,创设生动活泼的课堂氛围,激发学生的学习热情,通过适当的难度要求让学生获得成功的愉悦,从而使其保持旺盛的求知欲;尽可能为学生交流创造机会,发展学生的表达能力,让学生体验和享受合作的成果;引导学生在物理实验中如实记录、客观对待所获取的实验数据,遵循基本的学术道德规范。

3. 目标达成的整体性与阶段性

教学目标的设计应该具有整体性,要帮助学生实现基于学科核心素养的全面发展。《普通高中数学课程标准(2017 年版)》指出,教师应理解不同数学学科核心素养水平的具体要求,不仅关注每一节课的教学目标,更要关注主题、单元的教学目标……在确定教学目标时,要把握好学生数学学科核心素养发展的各阶段目标之间的关系,合理设计各类课程的教学目标。

案例 4–18

参见《普通高中数学课程标准(2017 年版)》案例 36“函数单调性主题教学设计”。

因为是主题教学设计,教学内容将涉及若干节甚至若干章,因此教学实施过程可以划分为几个不同的阶段。

例如,如果内容选取以函数单调性知识的前后逻辑为线索,其教学实施过程可以分为以下几个阶段。

第一阶段,从图形语言到符号语言的过渡,让学生感悟从直观想象到数学表达的抽象的过程,感悟常用逻辑用语中的量词与数学严谨性的关系。

第二阶段,结合对几种初等函数单调性的研究,理解用代数方法证明函数单调性的基本思路与论证方式,增强逻辑推理和数学运算能力。

第三阶段,利用导函数一般性地研究函数的单调性,感悟倒数是研究函数性质强有力的工具,理解函数单调性的本质。

第四阶段,通过利用函数单调性刻画现实问题的若干实例分析,理解为什么函数可以成为构建数学模型的有效的数学语言,从而理解研究函数的单调性不仅仅是为了数学本身的需要,也是为了更好地表达现实世界的需要。

【点评 4–18】 教学目标设计要有阶段性。每个学科所建构的每一个学科核心素养都划分为若干级水平。在不同的阶段,学生要在每一个学科核心素养上都达到不同的水平，教师要根据各阶段学生学习的特点，确定学生应达到的学科核心素养的水平层级，合理地设计教学目标。

其他学科也是如此，每一个学科核心素养的培养都不是一蹴而就的。比如前文引用的《普通高中化学课程标准(2017年版)》所列举的关于位、构、性三者之间关系理解的层级水平进阶。我们在进行基于学科核心素养的教学目标设计时，要充分考虑学段的特点来设计基于不同层级水平表现的教学目标，体现出学习进阶的思想。

4. 要根据具体的教学内容来进行目标设计

一线教师可能存在一个困惑，是不是每一节课的教学目标都要从不同的学科核心素养维度来进行设计呢？事实上，正如《普通高中化学课程标准(2017年版)》所指出的，应该避免教学目标的制订流于形式。教师应该根据具体教学内容的特点和学生的实际来确定教学目标，切忌生硬照搬核心素养，防止教学目标制订的表面化和形式化。教学目标的维度要尽可能全面，要体现出整体性和完整性，但这并不意味着每一节课的教学目标都要包含所有的学科核心素养内容。同样，正如从三维目标的角度来书写教学目标要避免"放之四海而皆准"一样，每一节课或每一单元、主题的教学目标都要基于具体的教学内容来确定，不能空洞无物、流于形式和虚假。普通高中各学科课程标准(2017年版)都给出了教学设计案例，其中所包含的教学目标设计可以作为一个参考。

案例 4-19

"素养为本"的教学设计案例 1——"氧化还原反应(必修)第 1 课时教学设计"的教学目标如下。

(1) 通过实验探究日常生活中存在的氧化还原现象。

(2) 通过氧化还原反应本质的认识过程，初步建立氧化还原反应的认识模型。

(3) 通过设计汽车尾气综合治理方案的活动，感受氧化还原反应的价值，初步形成绿色应用的意识，增强社会责任感。

【点评 4-19】 虽然课程标准给出的参考案例未必完全科学，但是给我们一个启示和示范，那就是未必每节课都要从不同的学科素养维度去设计教学目标，目标可以不完整，关键是要分析教学内容能够承载哪些学科核心素养以及其能达到的水平层次。

总体说来，教学目标的设计要在分析课程目标、学科核心素养的表现及水平、内容要求、学业要求与学业质量水平、学情等方面的基础之上进行。

视频 4-2
教学目标的整体性与阶段性

视频 4-3
教学目标的设计不能形式化

◎ 思考题

1. 普通高中各学科课程标准(2017 年版)对教学目标设计的要求各是什么?
2. 思维型教学理论对教学目标设计的要求是什么?
3. 在学科核心素养背景下如何设计教学目标?
4. 教学目标设计常见的问题有哪些?

■ 专题五

教学方法设计

◎ 学习目标

能正确理解不同教学方法的适用条件和范围，能正确理解探究式教学法和翻转课堂教学法这两种新型教学方法，能在思维型教学理论指导下正确选择教学方法。

◎ 知识导图

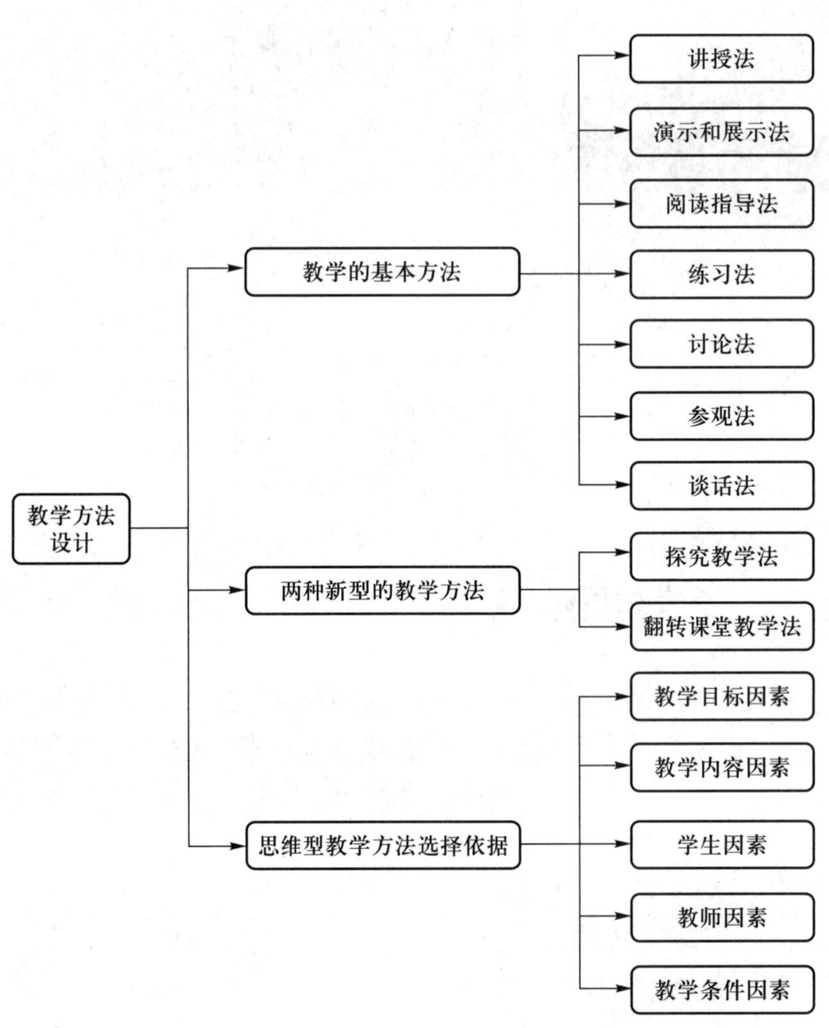

教学方法设计
教学的基本方法
讲授法
演示和展示法
阅读指导法
练习法
讨论法
参观法
谈话法
两种新型的教学方法
探究教学法
翻转课堂教学法
思维型教学方法选择依据
教学目标因素
教学内容因素
学生因素
教师因素
教学条件因素

什么是方法？墨子在《墨子·天志》中就有对"方法"的阐述：今夫轮人操其规，将以量度天下之圆与不圆也，曰："中吾规者，谓之圆；不中吾规者，谓之不圆"。是以圆与不圆，皆可得而知也。此其故何？则圆法明也。匠人亦操其矩，将以量度天下之方与不方也，曰："中吾矩者，谓之方，不中吾矩者，谓之不方"。是以方与不方，皆可得而知也。此其故何？则方法明也。现在，"方法"一词是指关于解决思想、说话、行动等问题的门路、程序等。

朱熹在《孟子集注》中写道：事必有法，然后可成，师舍是则无以教，弟子舍是则无以学。那么什么是教学方法呢？不同的研究者给出的定义不甚相同。比较典型的定义有下面几种。

王策三先生认为：教学方法是指为了达到教学目的，实现教学内容，运用教学手段而进行的，由教学原则指导的、一整套方式组成的、师生相互作用的活动。

《中国大百科全书》给出的定义是：教学方法是为了完成一定的教学任务，师生在共同的活动中采用的手段，既包括教师教的方法，也包括学生学的方法。

李秉德先生给出的定义则是：教学方法是在教学过程中，教师和学生为了实现教学目的、完成教学任务而采取的教与学相互作用的活动方式的总称。

尽管这些定义并不完全相同，但是我们可以发现它们普遍强调：教学方法是为达到教学目的、完成教学任务服务的；教学方法是师与生、教与学之间相互作用的活动方式的总称。归纳起来，我们可以认为，教学方法是在教学过程中，教师和学生为了实现教学目标、完成教学任务而采取的教与学相互作用的活动方式的总称。

一、教学的基本方法

（一）讲授法

1. 讲授法的产生与发展

讲授法是以教学内容的某个主题为中心，教师通过教学语言，有组织、有系统、有计划地向学生传授知识、发展学生智能、陶冶学生思想的教学方法，是教师使用最早的、应用最广的教学方法，而其他教学方法的运用几乎都需要与讲授法结合进行。

讲授法有着悠久的历史，原始社会的口耳相授就是讲授法的雏形。我国古代的思想家、教育家孔子提出的"不愤不启，不悱不发"和孟子提出的"引而不发，中道而立"思想是早期启发式讲授法的表现。在 17 世纪捷克教育家夸美纽斯首创班级授课制之后，讲授法因其在传授知识方面具有高效率的特点而得到发展。19世纪德国教育家赫尔巴特提出了著名的“形式阶段理论”,后被其学生戚勒等人发展成为“五段教学法”,讲授法的地位因此更加稳固。进入20世纪之后,苏联教育家凯洛夫在“五段教学法”的基础上,提出了一整套教学组织体系,课堂讲授被划分为组织教学、检查复习、讲授新课、巩固新知识、布置作业五个步骤。随后随着凯洛夫的教育学思想引入我国,讲授法对我国的课堂教学产生了深远的影响。

2. 讲授法的合理与合法性

在发现式学习理论提出之后,人们对讲授法的争议就一直持续,褒贬不一。新课程的基本理念是突出学生作为学习者的主体地位,有学者或许是为了迫切改变传统课堂以教师为主体、课堂教学以讲授为主的现状,提出了教师讲授时间不能多于多少分钟的观点,某些地方行政部门也以红头文件的形式做出了类似规定①,讲授法这个古老的教学方法一时间似乎一无是处,成了口诛笔伐的对象。在实践教学中,教师似乎也是谈“讲”色变,尤其是在上公开课或者优质课的时候,对讲授法更是避之唯恐不及。也有研究者从合理与合法的角度为讲授法进行辩护②,有的一线教师直接提出质疑:讲授法真的不合时宜了吗?③还有研究者直指现在人们对讲授法存在误解与误用。④学术界有争论是合理的,而基础教育领域的主体教师对讲授法是否依然可以使用存在困惑。从对教学方法的关注度来看,研究者给予发现法、探究法等教学方法的研究热情远高于讲授法。当然,随着对新课程改革中存在问题的反思,人们不仅对讲授法的关注度重新开始提高,而且对待新课程改革提倡的教学方法也越来越理性⑤。在基础教育领域,教师对讲授法还能不能使用存在集体困惑,但“每一次改革的尘埃落定后,人们总是会发现,虽然改革可能在某个方面成就斐然,但是讲授法却涛声依旧,而且比那些人们试图用来取而代之的方法更有生命力”⑥。

美国著名的心理学家奥苏贝尔及其有意义学习理论认为,有意义学习过程的实质是指符号所代表的新知识与学习者认知结构中已有的适当观念建立实质性和非任意的联系的过程。所谓实质性联系,非字面性联系,指新的符号或符号代表的观念与学习者认知结构中已有的表象或已经有意义的符号、概念或命题建立的有效联系。所谓非任意的联系,即新知识与认知结构中有关观念存在

---

① 苏令. 教师讲授时间岂能硬性限定[N]. 中国教育报,2006-03-07(7).

② 从立新. 讲授法的合理与合法[J]. 教育研究,2008(7):64-72.

③ 刘娟. 讲授法真的不合时宜了吗[J]. 成长之路,2012(22):76.

④ 武丽婷. 论讲授法的误解与误用[J]. 太原大学教育学院学报,2010(28):78-79.

⑤ 李孝诚,刘兆丽. 我国“讲授法”的研究现状及趋势分析[J]. 天津师范大学学报(基础教育版),2015,16(4):6-11.

⑥ 从立新. 讲授法的合理与合法[J]. 教育研究,2008(7):64-72.

的某种合理的或逻辑基础上的联系。“学习是有意义的还是机械的，并不取决于教学或学习的方式，而取决于是否满足有意义学习的心理过程和条件。”“讲授法从来就是任何教学法体系的核心，看来以后也有可能是这样，因为它是传授大量知识唯一可行和有效的方法。”在奥苏贝尔看来，无论接受还是发现，“这两种过程都可能或者是机械的，或者是有意义的。学校的许多接受学习之所以没有获得好的名声，乃是由于通常不理解有意义的接受学习以及对这种学习没有适当准备”，“一个独立搜集和解释材料而没有动机的学生，其所运用的智力活动并不大于接受讲解式教学而没有动机的学生”。①

加涅的信息加工理论同样认为讲授法是合理与合法的。从教学的传播学理论基础来看，教学可以视为信息的传播。加涅认为在信息输入学生的大脑之后，大脑要对信息进行加工，并从短时记忆系统转移到长时记忆系统。而能否顺利完成从短时记忆系统到长时记忆系统的转化，关键在于编码，编码就是赋予意义的过程。加涅认为，教学活动是一种旨在影响学习者内部心理过程的外部刺激，因此教学程序应该与学习活动中学习者的内部心理过程相吻合。根据这个观点，加涅将教学程序分解为九个步骤：引起注意，告知学习目标，刺激回忆，呈现刺激材料，根据学习者特征提供学习指导，诱导反应，提供反馈，评定学生成绩，促进知识保持与迁移。

布鲁纳的知识观认为知识总是有结构的，并通过一定的结构而存在，强调知识的客观性、简约型、概括性、结构性，认为只有掌握了学科的基本结构即基本原理，才能深刻地理解这门学科；只有把具体的事物放到知识结构中，才容易记忆和便于应用；只有掌握了基本结构，才能举一反三，理解其他类似的事物；学习学科知识的最终目的是学习处于知识结构最上层的概念、规则。尽管布鲁纳认为学生需要自己通过实验、观察、思考、问答、讨论等去探索和解决所提出的问题，得出应有的结论，成为知识的探索者和发现者，但是布鲁纳也认同学习的实质是一个人把同类事物联系起来，并把它们组织起来赋予意义的结构的过程。在意义的建构过程中，学生建构的心理意义往往可能有别于知识本身的逻辑意义，需要教师进行讲授，而且事实上知识是整个人类在过去成百上千年的智慧结晶。我们不可能让学生在一节课就走完整个人类走过的路，对全部的知识进行发现是有困难的，接受学习是有必要的。例如，行星运动定律的发现单单开普勒和第谷的工作就是十几年的持续观察和推论，我们不可能让学生独立去观察和发现行星运动定律。

而且讲授法也有讲得好、讲不好的区别，启发式讲授法和注入式讲授法也有

---

① 奥苏贝尔，等．教育心理学：认知观点[M]．佘星南，宋钧，译．北京：人民教育出版社，1994.

区别。现在有些教师在选择教学方法时，尤其是参加教学比赛或者上公开课的时候往往谈“讲”色变，不敢使用讲授法。其实讲授法本无罪过，只是戴上了不该戴的“帽子”——填鸭式、满堂灌。讲授法依然是最基本和最重要的教学方法，讲授法既可能是有意义的，也可能是机械的，关键是如何正确地使用它。同样是讲授法，胡适和沈从文的课堂一个是济济一堂，另一个是寥若晨星，鲁迅的课堂则是“沁人心脾”“如坐春风”。同样是讲授法，听真正的大师的课可以是“沉醉不知归路”，而听某些教师的课则是“如坐针毡”“兴味索然”“昏昏欲睡”。如果将讲授法等同于“满堂灌”、等同于“填鸭式”，那么持有这种观点的教师恰恰是把学生当成了“等待填满的容器”“等待填充的烤鸭”。事实上，真正有效的讲授教学是一种高级的认知活动，教师通过语言创设促进学生积极思考的环境，学生在静听的外表之下，进行着自觉的、有意识的努力，在大脑深层进行着能动、紧张、丰富的建构过程。

同样是讲授法，还有会不会讲的问题。有些教师在教学时，貌似已经讲了，但并没有基于学生的理解，这就是无效的。比如，有的教师在讲概念时只是复述概念的定义，或者是板书，或者让学生读一读、画一画、写一写。在这样的教学中，学生的学习并没有真正发生。

案例 5-1 “化学键”概念教学片段

我在进行化学键概念教学的时候，按照名称、内涵、外延、正反例的概念要素进行教学设计。

首先，引导学生认识“键”，认识键的本意，使学生认识键的本意有两个：一个是连接车轮的车轴，另一个是门闩。使学生初步从概念的名称上就可以认识到化学键是类似连接两个物质的一种作用。

其次，引导学生认识化学键的定义：相邻的两个或多个原子之间强烈的相互作用。这个定义包含化学键的内涵和外延。内涵是事物的本质属性，外延是其适用范围。在这个概念中有如下关键词需要教师进行讲析。

(1) 如何理解“相邻”？

(2) 如何理解“原子”？

(3) 如何理解“强烈的”？

(4) 如何理解“相互作用”？

学生如果只是记住概念的定义就达不到理解的层面。我在进行教学时就帮助学生理解“相邻”意味着化学键是存在于分子内的，分子间的作用力就不是化学键。“原子”既可以是中性原子，也可以是带电原子或者是原子团，不一定是中性原子。“强烈的”是指破坏或者生成化学键需要较高的能量，一般认为是大于 120 kJ/mol 的。而“相互作用”意味着化学键是力的作用，而且这个力的作用是相互的。以离子键为例，这种力的相互作用就是静电作用，而静电作用包含静电引力和静电斥力，静电斥力还包含带相反电荷的离子之间原子核和原子核之间的斥力、核外电子和核外电子之间的斥力。

3. 讲授法的分类与应用

讲授法一般又可以分为讲述法、讲解法、讲读法和讲演法等。[①] 讲述法是指教师充分运用生动形象的口头语言，叙述所讲的对象或描绘事实，主要用于史实、事实、性质、现象、用途、作用等与陈述、叙述相关的知识的教学。讲解法是指教师通过比较、分析、综合、解释和论证，以揭示事物的本质，启发、引导学生做出理论概括，主要用于概念、理论、归纳、推理等知识或思维的教学。讲读法是指教师将讲述与朗读相结合，主要用于与文科类相关的知识的教学。讲演法是指教师将讲述和讲解相结合，讲授逻辑性强，持续时间长，主要用于高年级课程内容的教学。

讲授法的优点是教师能充分发挥主导作用，使学生在较短的时间内获得较多系统连贯的知识，启发学生思维，引导学生积极思考，指出解决问题的途径，充分调动学生学习的自觉性和主动性，发展学生的抽象思维。其不足主要是学生的自主性不能很好地发挥，不利于发挥学生的主体作用，教师占用时间较多，如果运用不当，就容易形成满堂灌。

运用讲授法的注意事项有：

(1) 讲授的内容要有科学性，即学科知识的科学性和口语表达符合普通话的规范。

(2) 讲授要条理清楚、层次分明、重点突出、富于启发、符合学生的认知规律。

(3) 讲授的语言要精练准确、生动形象，要做到通俗易懂、快慢适中。

(4) 注意运用体态语言、书面语言和直观教具辅助表达。

(二) 演示和展示法

演示和展示法也是比较常用的教学方法。上课时，教师配合讲授法给学生演示实验或展示实物、模型等直观教具以及采用现代教育技术手段，用以说明或验证所学的知识。演示和展示法的特点是可以使学生获得丰富的感性材料，加

---

① 王本陆. 中国教育改革三十年：课程与教学卷[M]. 北京：北京师范大学出版社，2009.

深所学知识的印象，把理论、书本知识和实际事物联系起来，以形成正确的概念。此外，演示和展示法还能激起学生的兴趣，集中学生的注意力，使学生获得的知识更加巩固。在使用该教学方法的过程中，教师的主导作用体现在引导、启发、讲解上，体现在促进学生把通过感官获得的感性材料转化为积极的思维活动上，从而形成正确的概念上。

1. 要使全体学生都能观察到现象，并能充分运用多种感官来感知学习对象

案例 5-2　“乙酸乙酯的制备”演示实验改进

我在讲“乙酸乙酯”的制备时，发现教材中的实验存在现象不明显的问题。在储存产物的试管中装有 Na_2CO_3 的水溶液，乙酸乙酯生成后浮在水溶液上面形成酯层，形成分层。但是无论是酯层还是水层都是无色的，不便于学生观察实验现象。因此，我利用 Na_2CO_3 的水溶液呈碱性，加入无色酚酞变红这个原理，向 Na_2CO_3 的水溶液中滴加酚酞，水溶液变为红色，而酯层是无色，分层现象就非常明显，从而使全体学生都能观察到现象。

案例 5-3　“冰山红莲”：高中化学吸热反应演示实验的再改进①

本实验是在已有改进实验上的再改进。

（一）实验器材及药品

(1) 实验器材：锥形瓶 1 支、带孔橡胶塞 1 个、细玻璃管 1 支、小气球 1 个、环形搅拌棒 1 根、细铁丝 1 根、剪刀 1 把、泡沫板 1 块、滤纸若干。

(2) 实验药品：$Ba(OH)_2·8H_2O$ 晶体(分析纯)、NH_4Cl 固体(分析纯)、酚酞试液、蒸馏水、蓝墨水。

（二）实验装置及准备

实验装置：“冰山红莲”吸热反应实验装置，如图 5-1 所示。

实验装置的准备工作如下。

(1) 在泡沫板中心挖一个凹槽，以刚好可以装下锥形瓶为宜。

(2) 将较长的细铁丝下端弯曲为螺旋环形，作为搅拌棒，上端穿过橡胶塞。

(3) 将较短的细铁丝下端弯一个小钩，并把滤纸折成莲花状，用酚酞试液蘸湿，再把滤纸花挂在细铁丝的钩子上，铁丝上端穿过橡胶塞。

(4) 将玻璃管插入橡胶塞的小孔中，上端套上一个小气球。

---

① 罗佳美，严文法．“冰山红莲”：高中化学吸热反应演示实验的再改进[J]. 中学化学教学参考，2018(10)：39-40.

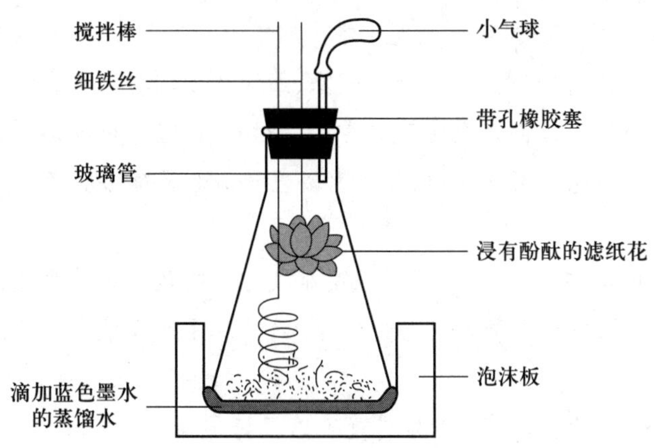

图 5-1　“冰山红莲”吸热反应实验装置

（三）实验步骤及现象

1. 实验步骤

(1) 向泡沫板凹槽中加入约 3 mL 蒸馏水，滴入 1~2 滴蓝墨水，形成薄薄的蓝色水层。

(2) 称取 20 g $Ba(OH)_2 \cdot 8H_2O$ 和 10 g NH_4Cl 固体，分别研细后，用纸槽送入锥形瓶底部，将锥形瓶竖直，用滴管滴加数滴蒸馏水于固体混合物中，再迅速将胶塞塞紧。

(3) 将锥形瓶放入泡沫板凹槽中，使底部刚好接触水层，空隙部分用泡沫塑料碎片填满。旋转搅拌棒，使固体混合物充分反应直至变成糊状。在反应过程中引导学生观察纸花颜色变化，反应结束后将锥形瓶从泡沫板中取出，观察瓶底变化。

(4) 实验结束后，先用手捏住小气球尾部从玻璃管上取下，当置于水槽液面以下时再缓慢松手，使气球中的氨气完全被吸收，同时从玻璃管上端注入蒸馏水，充分振荡锥形瓶，用于吸收装置内剩余的氨气。

2. 实验现象

(1) 浸有酚酞的滤纸花变红，宛如一朵盛开的“红莲”，这说明产生了氨气。

(2) 反应结束后取出锥形瓶，可以看到底部结上了一层薄薄的蓝色冰碴，宛如一座“蓝色冰山”，这说明反应吸热。

(3) 在整个实验过程中未闻到明显的刺激性气味，这说明装置的气密性良好。

【点评 5-3】 改进后的“冰山红莲”实验方案具有以下优点。

(1) 现象明显，颜色鲜艳。滤纸花变红，锥形瓶底部结上了蓝色冰碴，整体效果仿佛一朵红色的红莲盛开在蓝色冰山上，与装置名称“冰山红莲”相得益彰。这些现象在满足实验科学性的同时，更增加了观赏性和趣味性，视觉体验比较震撼，给学生留下了深刻的印象，激发了学生的学习兴趣。

(2) 装置简洁，操作简便。试管、胶塞、细铁丝等均为实验室常见器材，泡沫板也非常容易获得，在包装盒内就很常见，手动制作泡沫板隔热层，既经济又实用，不仅达到了隔绝室温的作用，而且可以直接做容器盛装蓝色墨水溶液，省去一个烧杯。

(3) 绿色化学，减少污染。装置采用小气球来收集多余的氨气，可以进行尾气的收集及处理，保证了演示实验的安全性，减少了对环境的污染，体现了绿色化学的原则。

综上所述，"冰山红莲"实验装置可以很好地满足高中化学吸热反应演示实验的教学需要，设计合理、方法科学，装置简洁、操作简便，成功率高、趣味性强，是一个颇具创造性和艺术感的实验改进案例。

案例 5-4 再探铜与浓硫酸反应实验的改进[①]

针对已有改进实验存在的不足，在已有改进的基础上，我们对该实验进行了再次改进。

(一) 实验用品

实验药品：浓硫酸、铜丝、铜片、品红溶液、浸有碱液的棉花。

实验仪器：铁架台（带试管夹）、具支试管（带双孔塞）、大试管（带单孔塞）、玻璃导管、橡胶导管、酒精灯、洗耳球、气球、止水夹。

(二) 实验装置

实验装置如图 5-2 所示。

(三) 实验操作

1. 实验预处理

(1) 取一段铜丝，下端挂一个铜片，上端从短的玻璃导管（一端绑有小气球）中间穿过，使铜丝的上端刚好置于气球内部，将铜丝沿玻璃导管上端弯折（保证铜丝铜片不会滑落，同时又不与浓硫酸接触）。

(2) 在装有品红溶液的试管口放一团浸有碱液的棉花，对尾气进行再次吸收。

(3) 按图 5-2 所示连接好装置，并检查其气密性。

2. 实验步骤

(1) 向具支试管中加入 5 mL 浓硫酸，推动铜丝，使铜片浸入浓硫酸中，加热

① 马圆，严文法．再探铜与浓硫酸反应实验的改进[J]．中学化学教学参考，2018(9)：50-51.

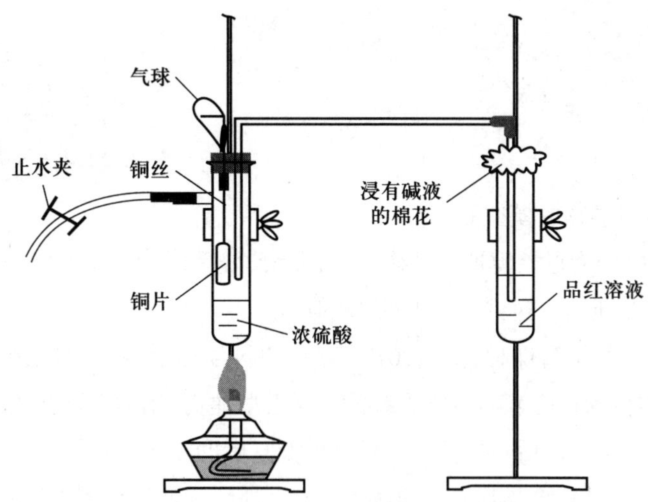

图 5-2　改进后铜与浓硫酸反应的实验装置

浓硫酸至沸腾。

(2) 当反应产生大量气泡且品红溶液开始褪色时，拉动铜丝，使铜片脱离浓硫酸。当品红溶液发生倒吸(玻璃导管中的水柱上升)时打开止水夹，再迅速夹上。若仍然有倒吸发生，则重复该操作。

(3) 当品红溶液完全褪色后，用洗耳球从橡胶管向具支试管内吹入空气，将残留在其中的 SO_2 气体全部吹入品红溶液中溶解或与棉花中的碱液反应。

(4) 用酒精灯加热品红溶液，溶液又恢复到原来的颜色。

【点评 5-4】 实验改进后的优点：使用铜片增大了反应物的接触面积，加快了反应速率；使用铜丝推拉铜片能够控制反应的进程；气球弹性大、厚薄均匀，当铜丝通过玻璃导管进入气球内部时，不仅可以自由拉动铜丝来控制反应进程，还可以保证气体不会泄漏，使实验装置具有良好的气密性；通过止水夹的打开与关闭，避免了倒吸现象引发的危险，实验安全性更强；双重吸收尾气，实验更环保，在该实验中产生的 SO_2 气体的量不是很多，且 SO_2 气体的溶解度较大，因此通过橡胶导管向装置中吹入空气，将残留的 SO_2 气体全部吹入品红溶液中，吸收尾气；在试管口放置浸有碱液的棉花，可以再次吸收尾气；实验操作简单，有利于提高学生对实验操作的兴趣。

冰山红莲：高中化学吸热反应演示实验的再改进

再探铜与浓硫酸反应实验的改进

2. 模型是事物的模拟品

模型可以分为形象模拟和结构示意，在教学过程中要发挥学生的想象力，使他们从模拟的“形似”达到理解上的“神似”。

普通高中各学科课程标准（2017 年版）的科学类学科，普遍强调模型建构。例如，物理学科的核心素养科学思维就包含模型建构，化学学科的核心素养之一是模型认知。模型包括实物模型和思维模型。借助实物模型最终要达到思维模型的水平，建立对事物及其原理的认识框架。所以在使用模型的时候，我们不仅要对物质的实物模型有正确的认识，还要从思维水平上来建构模型。

比如学习最简单的有机物甲烷，甲烷是学生学习有机化学的开始，因此对甲烷的结构的正确认识是后续学习有机化学的基础。在教学时，教师需要帮助学生建立良好的甲烷模型。这个模型既包括球棍模型、比例模型等实物模型，还包括碳四价理论、C—H 键等思维模型。教师一方面要引导学生通过搭建球棍模型来认识甲烷分子的正四面体空间立体构型，另一方面要引导学生建立起碳四价理论模型和 C—H 键模型，还要帮助学生借助一系列的实验和证据来进一步地建立起甲烷的模型认知。

案例 5-5　乙醇分子认知模型的建构

乙醇的分子式为 C_2H_6O，教师为了帮助学生建立乙醇的结构式模型，建立羟基官能团的概念，设计了如下教学活动。

首先，教师要求学生根据提供的球棍，按照乙醇的分子式去拼插可能的结构模型。学生根据化学键的理论，可能拼插出两种结构，一种是 $CH_3—O—CH_3$，另一种是 $CH_3—CH_2—O—H$。然后，教师演示乙醇和钠的反应实验，通过基于元素种类守恒、原子个数守恒的推论以及对气体产物的性质检验，证明是氢气，类比钠与水的反应推理其断键位置，从而建构正确的乙醇结构模型。

【点评 5-5】 在学习乙醇之前学生已经学习了烃，但是尚未学习烃的衍生物，尚无官能团的概念，对羟基尚无认知，因此帮助学生正确建立羟基官能团和乙醇的结构式模型，对学生进一步学习有机化学有着重要的作用。教师首先引导学生使用球棍搭建乙醇的分子结构模型，通过搭建出不同的分子结构模型，引发学生的认知冲突。在产生了认知冲突之后，学生就有了探索乙醇分子结构的兴趣和动机，然后教师通过演示钠和乙醇的反应，收集证据并基于证据检验和推论产物是氢气，类比钠和水的反应并结合钠保存在煤油（主要成分是混合烃）中这个事实，从而排除乙醇的结构式是 CH_3—O—CH_3 的可能，最后确认结构式为 CH_3—CH_2—O—H，并建立对乙醇结构和—OH 的模型认知。

3. 中心突出、现象明显、操作规范、不弄虚作假

以演示实验为例，尽管可以将失败的演示实验作为生成性的素材，但是我们的教学设计是有目标的，要实现教学目标，就需要有明显的实验现象，从而帮助学生建立正确的认知。

比如，在讲“离子键”的时候，教师往往会借助钠在氯气中燃烧生成氯化钠，并通过分析氯化钠的形成过程来建立离子键的概念。这个实验的关键点在于需要在钠熔化为光亮的小球之后再将装有氯气的集气瓶倒扣在上面，从而使钠与氯气剧烈反应生成白烟。如果时机把握得不好，就可能导致实验失败。如果实验失败，也就失去了其正常的教育价值。

4. 演示与讲授相结合，做到教师边做边讲，学生边观察边思考

教师在演示的时候不要孤立地去操作，而要做到讲、演结合，引导学生观察现象，突出强调操作的要点和注意事项，提出问题以引导学生边观察现象边思考现象背后的实质，同时逐渐培养学生学会观察的方法。

5. 完成后及时总结

教师要通过总结让学生把知识与现象联系起来，以挖掘现象背后的本质，形成正确的概念。

教师在引导学生观察演示实验的现象时，往往只停留在引导学生观察表面现象，尽管实验现象调动了学生的各种感官，但是如果不能挖掘现象背后的本质，学生就无法建立认识、形成概念。因为概念是人脑对一类事物本质属性的抽象和概括，是需要思维加工的。

以化学演示实验为例，化学学科核心素养之一是“宏观辨识与微观探析”，其实不仅仅是宏观辨识和微观探析，还包含符号表达，共同构成“宏—微—符”三重表征系统。演示实验的现象只是宏观表征，是不能仅止步于此的，还要进行微观本质的探析和符号表达。

案例 5-6　“钠和水的反应”演示实验教学

教师在演示钠和水的反应的时候，引导学生观察实验现象“钠浮在水面上，熔化成光亮的小球，四处游动，发出嘶嘶声，最后消失。向反应后的溶液中滴加

酚酞,溶液变为红色。用手去触摸反应后的烧杯壁,感觉温热”。接下来,教师引导学生对宏观现象进行微观探析(见表 5-1)。

表 5-1　对宏观现象进行微观探析

<table>
<tr><th>宏观现象</th><th>微观本质</th><th>符号表达</th></tr>
<tr><td>钠浮在水面上</td><td>钠的密度小于水</td><td rowspan="6">在经过原子种类和个数守恒的推论以及对产物的性质进行检验之后,可以推断并证实碱性物质是 NaOH,气体是 H_2。在宏观辨识、微观探析的基础上书写化学反应方程式,进行符号表达:
$2Na+2H_2O = 2NaOH+H_2\uparrow$</td></tr>
<tr><td rowspan="2">钠熔化成光亮的小球</td><td>钠与水反应是放热反应</td></tr>
<tr><td>钠的熔点低</td></tr>
<tr><td>四处游动,发出嘶嘶声</td><td>钠与水反应生成了气体</td></tr>
<tr><td>加酚酞,溶液变红</td><td>说明有碱性物质生成</td></tr>
<tr><td>烧杯壁温热</td><td>反应放热</td></tr>
</table>

【点评 5-6】 在上述案例中,教师根据来自视觉的、听觉的、触觉的不同现象,引导学生探析现象背后的微观本质,并使用化学反应方程式进行符号表达,帮助学生建立宏观—微观—符号三重表征,使学生形成了完整而又稳定的知识结构,并掌握了化学学科的思维方式。

(三) 阅读指导法

阅读指导法又称为读书指导法,是教师指导学生阅读教材和参考书,使学生理解和掌握知识,以扩大学生的知识领域,发展学生智能的一种教学方法,这也是培养学生自主学习的一种好方法。

教师在运用阅读指导法时,要做到以下几点。

(1) 帮助学生选择合适的书目或者阅读的具体内容。

(2) 要教给学生正确的读书方法,要教给学生读什么、怎么读、达到什么样的阅读结果。

(3) 能运用多种形式,比如讨论会、交流心得等汇报阅读结果。

案例 5-7　陈亢问伯鱼

陈亢问于伯鱼曰:“子亦有异闻乎? ”对曰:“未也。尝独立,鲤趋而过庭。曰:‘学诗乎? ’对曰:‘未也。’‘不学诗,无以言。’鲤退而学诗。他日又独立,鲤趋而过庭,曰:‘学礼乎? ’对曰:‘未也。’‘不学礼,无以立。’鲤退而学礼。闻斯二者。”

【点评 5-7】 上面这则案例涉及三个人物:伯鱼、陈亢、孔子。伯鱼是孔子的儿子,也就是文中的鲤;陈亢是孔子的学生。陈亢问孔鲤:你有没有听过一些不一样的说法？孔鲤说：没有，不过有一次，我的父亲（孔子）在院子里一个人站着，我从他跟前走过去，他把我叫住了，问我“你学《诗经》了吗？”我说“没有”，我的父亲说“不学《诗经》，你就不善于表达”，我接下来就开始学习《诗经》。又有一天，我父亲又在院子里站着，我从他跟前走过去，他又把我叫住了，问我“你学《礼记》了吗？”我说“没有”，他又说“不学《礼记》，你就不会为人处世”。我就接着学习《礼记》。在这里，孔子其实使用的就是阅读指导法，明确了学习《诗经》和《礼记》的作用，从而引导学生学习。

（四）练习法

练习法是指学生根据教师的布置和指导，通过课堂及课后作业，将所学知识运用于实际，借以巩固知识、形成技能与技巧的方法。练习包括口头练习、书面练习和操作练习三种形式。通过练习学生在神经系统中形成一定的动力定型，以便顺利地、成功地完成某种活动。

在古代汉语中单音词较多，复音词较少，“学”和“习”是分开的。《礼记·月令》说“习，鸟频起也”。《说文解字》讲到“习，数飞也”，意思都是鸟反复地练习飞。孔子的“学而时习之，不亦说乎？”就是把“学”与“习”看成是获取知识、技能的两种不同方式，“学”是知识、技能的获得，“习”是对已学的知识、技能的练习与巩固，强调“学习”是一个反复实践并获得真知的过程。

图 5-3 为练习曲线。从图中我们可以直观地看到，开始阶段（A—B）曲线上升慢；中间阶段（B—C）曲线上升快；结束阶段（C—D）曲线上升速度逐渐减慢，直至出现停滞状态，或称为高原状态。这个图直观地告诉我们，学习需要练习。如果练习的量不够，效果就不好。而如果单纯增加练习的时间或者练习的次数，练习的效果也会出现高原状态。因此练习需要适度。

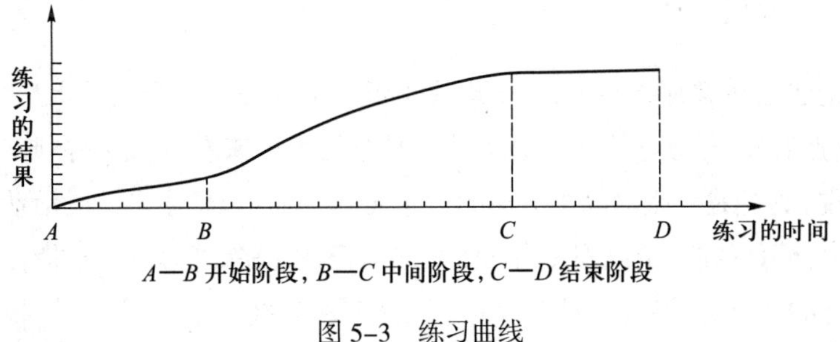

图 5-3　练习曲线

真正有效的练习，一定是基于思维的练习，而不是单纯的重复和时间的累加。如果只是花费大量的时间用于单调机械的重复练习，效果就不会好，因为没有思维的参与，没有大脑的加工，学习不会真正发生。学生学得很苦、很累，却未必有效果。比如学生参加测验，如果学生没有知识的增加和能力的提升，而只是用现有的水平去重复做题的话，就如同只有 50 mL 的水，在不同体积的杯子里反复倒来倒去，杯子如果容积较小（题目简单一点），装得就满一点（得的分数就多一点）；杯子如果容积较大（题目难一点），装得就浅一点（得的分数就少一点），而自身的水量并没有改变（知识并没有增加，能力并没有提升）。就像牛吃草要反刍一样，学生需要对信息进行加工的时间，而信息加工需要思维的参与。有思维参与的学习，学习才会真正发生，学生所发生的才是深刻的学习。

将 3.20 g 的 Cu 跟 30.0 mL 浓度为 10.0 mol/L 的硝酸反应，Cu 全部溶解，产物只有 NO 和 NO_2。若反应后溶液中有 a mol H^+，则此时溶液中含有 NO_3^- 的物质的量为（　　）。

A. $a/2$ mol　　B. $2a$ mol

C. $0.1a$ mol　　D. $(a+0.1)$ mol

【点评 5-8】 如果学生没有掌握恰当的方法，首先想到的可能就是写化学方程式，然后进行假设并进行计算，过程非常烦琐，还不一定能正确地解决问题。而如果学生掌握了守恒法，就可以根据电荷守恒，快速地判断出溶液中的阳离子有 H^+ 和 Cu^{2+}，而阴离子只有 NO_3^-，这样 NO_3^- 的物质的量就等于 H^+ 的物质的量与 2 倍的 Cu^{2+} 的物质的量，答案很明显选 D，NO_3^- 的物质的量为 $(a+0.1)$ mol。而在其他化学计算的练习中，还有差量法、十字交叉法、极值法、归一法、关系式法等方法。对于不同的学科而言，如果学生在学习时真正积极地去思考，合理练习，掌握方法，就会收到事半功倍的效果。

（五）讨论法

讨论法是在教师指导下，由全班或小组成员围绕某一个主题相互交流个人看法，相互启发、相互学习的一种方法。从学习方式来看，这是一种典型的合作学习方式。讨论是学生之间多方面的信息交流。讨论以学生自己的活动为中心，每个学生都可以在一定范围内自由地发表自己的见解，通过获得反馈信息，逐步调整自己的观点，最终获得对知识的全面理解和掌握。

在运用讨论法的时候，教师需要做到以下几点。

(1) 讨论前，教师应该布置讨论的题目并指导学生学习有关知识，查阅相关的资料并做好发言提纲。

(2) 讨论的课题要深浅、难度适当，紧扣教材。

(3) 讨论要注意适时激发和引导学生大胆发表观点。

(4) 讨论结束时要做好总结,提出需要进一步思考的问题。

在讨论法的具体操作形式上,教师可以组织学生一起进行基于头脑风暴法或者是反头脑风暴法的讨论。

(六) 参观法

参观法是教师根据教学任务要求,组织学生到校外考察实际事物的现象和过程,以获取实际知识的教学方法。在运用参观法时,教师需要注意以下几方面。

(1) 做好外出前的准备工作。

(2) 做好参观、调查过程的组织指导工作。

(3) 要充分利用社区学习资源。

(4) 做好参观、调查后的总结。

(5) 对于参观、调查法的教学评价宜用学习档案评价和活动表现评价。

(七) 谈话法

谈话法又称为问答法,是教师根据教学目的、要求和学生已有的知识经验,通过师生之间的交谈而使学生获得知识、发展智力的教学方法。

谈话法的主要特点:师生之间平等地进行双向信息交流。其中,教师可以提问,激发学生思考,学生可以回答问题,让教师获得反馈信息。同时,教师对学生的回答做出总结评价,让学生也获得一定的反馈信息。这样根据信息的相互传递,师生共同改变、调整教学活动。

运用谈话法教学的基本要求有:根据教学内容和学生的具体情况做好准备工作;问题要难易适度;讲究提问的方式和技巧,促使学生积极思考、层层深入;问题要面向全班;善于小结,让每个学生都得到反馈信息。

案例 5-9 “数字的用处”教学片段实录[①]

在教学身份证编排规律时,教师先投影出自己的身份证,并板书自己的身份证号码,然后安排学生采用小组合作的方式,由小组自己想办法研究身份证号码的编排规律。第一组、第二组学生采用上网查资料的方法进行研究,第三组、第五组的学生采用小组讨论的方式进行研究,第四组、第六组的学生采用离开座位向旁边听课教师请教的方法进行研究。

---

① 案例来源:《该“接受”还是“发现”》,作者:胡江。

当第四组的几位同学向特邀的某数学特级教师请教时，这位特级教师回答说："对不起，尽管我知道，但是作为老师的我，不能告诉你们，请你们自己去研究。"几位学生带着失望和无奈回到各自的座位上。一位学生手托下巴冥思苦想，另两位学生羡慕地看着上网的同学，还有两位学生无所事事，手里使劲地捏着铅笔，很不高兴的样子。

当第六组的同学向特邀的另一位数学特级教师请教时，这位教师启发他们思考："身份证是做什么用的？""是表明人的身份用的。""如果你们是管理户籍的民警，要想把你们的老师和其他的人区别开来，你们怎么办？""看她穿什么衣服，多大，长什么样儿的，是哪儿的，男的女的……""非常好，你们刚才所说的区别，在黑板上的老师的身份证号码里面就有。这几个数字代表的是地区，这几个数字代表的是出生年月，这是性别……"这位教师详细地向学生讲起来，学生们兴奋而满足地倾听着。回到座位上他们情不自禁地讨论起如何用数字表示不同的事物或现象来。

【点评 5-9】 在这个案例中，授课教师综合采用了求诸网络、小组合作、向他人求教等多种教学方式。我们要讨论的是两位听课的特级教师处理学生提问的方法及其背后所隐含的对教学方法的理解。第一位教师主张学生自己去研究，但由于缺乏教师的引领，学生的探究也就失去了依据，小组成员的表现也表明探究并未发生，不过这并非此处讨论的重点。我们来重点看一下第二位教师的处理方法，教师结合学生的经验，提出了几个能启发学生观察和思考的问题，平等地与学生进行双向信息交流，并做出积极地评价。学生在这个过程中积极思考、参与，从对学生的描述来看，学生的学习兴趣和动机被激发起来了，他们也学到了知识并将知识尝试进行了迁移应用。这就是一个典型的恰当应用谈话法的案例。

二、两种新型的教学方法

前文所谈及的教学方法是比较基本的教学方法，对于我国而言，随着新一轮基础教育课程改革的持续推进，以及以学生为中心的课程理念的持续发展，有两种新型教学方法受到更多的关注，一种是以问题为中心的探究教学法，另一种是以高阶思维为中心的翻转课堂教学法。下面对这两种新型教学方法进行深入分析。

（一）探究教学法

1. 课程标准中的探究教学

自新一轮基础教育课程改革以来，各学段、各学科课程标准普遍强调转变教与学的方式，提倡多样化的教学方式，重视探究教学。经过十几年课程改革的不断实践，探究教学的基本理念和理论已经深入人心。新颁布的普通高中各学科课程标准对探究教学有什么表述呢？我们选择几个学科来解读一下有关探究教学的表述。

案例 5-10

《普通高中语文课程标准（2017 年版）》在“教学与评价建议”部分指出：要根据学生身心发展和语文学习的特点，保护学生的好奇心、求知欲，鼓励学生自主阅读、自由表达，激发问题意识，引导他们体验发现问题、解决问题的过程。积极倡导基于学习任务群的专题学习，围绕语言和文化、经典作家作品、科学论著等，组织学生开展合作探究、研讨交流活动，鼓励学生以各种形式相互协作，展示与交流学习成果。合理利用信息技术，优化整合课堂教学，促进知识的迁移与运用。教师要注意引导学生在自主学习的基础上，学会倾听和分享、沟通和协作，掌握探究学习的方法，提高实践和创新能力。

案例 5-11

《普通高中数学课程标准（2017 年版）》教学建议部分指出：既要重视教，更要重视学，促进学生学会学习。教师要把教学活动的重心放在促进学生学会学习上，积极探索有利于促进学生学习的多样化教学方式，不仅限于讲授与练习，也包括引导学生阅读自学、独立思考、动手实践、自主探索、合作交流等。教师要善于根据不同的内容和学习任务采用不同的教学方式，优化教学，抓住关键的教学与学习环节，增强实效。教师要加强学习方法指导，帮助学生养成良好的数学学习习惯，敢于质疑、善于思考，理解概念、把握本质，数形结合、明晰算理，厘清知识的来龙去脉，建立知识之间的关联。教师还可以根据自身教学经验和学生学习的个性特点，引导学生总结出一些具有针对性的学习方式，因材施教。

案例 5-12

《普通高中物理课程标准（2017 年版）》课程目标 3 提出，要使学生具有科学探究意识，能在观察和实验中发现问题、提出合理猜想与假设；具有设计探究方案和获取证据的能力，能正确实施探究方案，使用不同方法和手段分析、处理信息，描述并解释探究结果和变化趋势；具有交流的意愿与能力，能准确表述、评估和反思探究过程与结果。教学与评价建议部分指出，科学探究能力的培养，应渗透在物理教学的整个过程。无论是物理知识的教学，还是物理问题的解决，都要引导学生发现和提出问题，根据解决问题的需要，收集和选择有用信息，基于证据和逻辑对问题做出合理解释，培养学生具有准确表述问题解决过程与结果的意愿和能力。

在高中物理课程中，应注重科学探究，尤其应注重物理实验，这在培养学生的探究能力和科学态度等方面就有重要地位。在物理实验中，应发掘实验在培养学生发现和提出问题能力方面的潜在价值。教师可在一些物理实验中创设情境，让学生在观察和体验后有所发现、有所联想，萌发出科学问题，还可在实验中创设一些任务，让学生在完成任务中运用科学思维，自己提炼出应探究的科学问题。应通过实验提高学生制订计划的能力。让学生学会把探究课题分解为几个相对独立的小问题，思考解决每个问题的不同方法，根据现实条件选择适当方法构思探究计划；学会从原理、器材、信息收集技术、信息处理方法等各方面形成探究计划；学会通过查询相关资料完善探究计划。教学中应尽量为学生提供制订探究计划的机会。

要避免让学生按教师或教材的既定步骤进行虚假“探究”，不应只把注意力集中在与探究假设相符的物理事实上，还需要观察和收集那些与预期结果相矛盾的信息。在处理信息时，应让学生依照物理事实运用逻辑推理确立物理量之间的关系，发展依据证据、运用逻辑和现有知识进行科学论证和解释的能力。

关于科学探究的交流和表达，应引导学生从以下两个方面提高表达能力：一是交流内容的组织，包括问题的提出、探究方案的设计、数据收集和整理、结论的得出及解释、存在问题的反思等；二是陈述的形式，包括文字、表格、图像、公式、插图等，根据内容选择恰当的形式进行交流。教学中要为学生提供交流的机会，让学生准备有条理的讲稿，进行准确和富有逻辑的发言。

应通过科学探究让学生体会科学研究中相互合作的必要性，除了在本实验小组范围内进行分工合作之外，还可以让不同的实验小组设计不同的实验方案，完成同样的探究任务，实现各小组之间的实验数据共享，感受合作在获取数据中的作用，增强学生的合作意识。

实验能培养学生的科学态度和科学精神，教师应培养学生严肃认真对待实验的态度。尊重实验结果与事实，杜绝编造和修改实验数据，并把实事求是的作风带到平时的学习和生活中去。

案例 5-13

《普通高中化学课程标准(2017 年版)》在素养 4 “科学探究与创新意识”的

阐释中提道：认识科学探究是进行科学解释和发现、创造和应用的科学实践活动；能发现和提出有探究价值的问题；能从问题和假设出发，依据探究目的，设计探究方案，运用化学实验、调查等方法进行实验探究；勤于实践，善于合作，敢于质疑，勇于创新。

而课程目标 4 则要求学生能发现和提出有探究价值的化学问题，能依据探究目的设计并优化实验方案，完成实验操作，能对观察记录的实验信息进行加工并获得结论；能和同学交流实验探究的成果，提出进一步探究或改进的设想；能尊重事实和证据，破除迷信，反对伪科学；养成独立思考、敢于质疑和勇于创新的精神。

从具体的内容要求来看，在必修课程主题 1"化学科学与实验探究"部分，要求——1.2 科学探究过程：认识科学探究是进行科学解释和发现、创造和应用的科学实践活动。了解科学探究过程包括提出问题和假设、设计方案、实施实验(方案)、获取证据、分析解释或建构模型、形成结论及交流评价等核心要素。理解从问题和假设出发确定研究目的、依据研究目的设计方案、基于证据进行分析和推理等对于科学探究的重要性。

而在教学与评价建议 3 中建议：充分认识化学实验的独特价值，精心设计实验探究活动。

(1) 充分认识化学实验的独特价值

以实验为基础是化学学科的重要特征之一，化学实验对于全面发展学生的化学学科核心素养有着极为重要的作用。化学实验有助于激发学生学习化学的兴趣，创设生动活泼的教学情境，帮助学生理解和掌握化学知识和技能，启迪学生的科学思维，训练学生的科学方法，培养学生的科学态度和价值观。

(2) 精心设计实验探究活动

实验探究是一种重要的科学实践活动，是化学学科核心素养的构成要素之一。教师应依据"科学探究与创新意识"素养发展水平和学业质量标准，结合学生的认知发展特点，精心设计实验探究活动，有效地组织和实施实验探究教学，增进学生对科学探究的理解，发展科学探究能力。

实验探究活动应紧密结合具体的化学知识的教学来进行。例如，"实验探究卤族元素的性质递变规律""实验探究维生素 C 的还原性"等，使化学知识的学习、科学探究能力的形成与化学学科核心素养的发展有机结合起来。

实验探究教学要讲究实效，不能为了探究而探究，应避免探究活动泛化、探究过程程式化和表面化；应把握好探究的水平，避免浅尝辄止或随意提升知识难度的做法；应避免实验探究过程中教师包办代替或对学生放任自流的现象。

通过对高中语文、数学、物理、化学课程标准有关探究教学部分的呈现，我们可以发现，各学科普遍重视探究教学，并结合学科特点提出了比较具体的内容要求、学业要求和评价标准。当前我国基础教育课程改革倡导教学方式的多样化，重视探究教学，而教师在实践探究教学的过程中遇到了一些问题和困难，在此背景下，回溯国际上以科学探究为代表的探究教学的百年发展史，了解国际上在实践探究的教学过程中所遇到的困难并吸取教训，借鉴其成功的经验，有助于进一步推动课程改革的顺利实施。

2. 国际科学探究教学发展的主要阶段[①]

美国科学探究教学的历史回顾与启示

(1) 科学探究教学的发端

1909 年，杜威首先提出在 K—12 科学课程中进行科学探究教学。在此之前，大多数教育学者将科学知识视为事实，认为学生应该通过教师的直接教学来学习科学知识。1910 年，杜威在给美国科学促进会的信中指出当时的科学教学过于强调知识而欠缺方法和态度的教育，认为学生学习科学不应该只是学习知识，还应该学习过程和方法。杜威鼓励 K—12 的科学教师将科学探究作为一种教学策略，认为探究在本质上是一种反省思维，其过程包含感知问题情境、将问题进行分类、形成尝试性假设、检验假设、修订假设、按照方案进行研究六个步骤，后来他又将以上六个步骤修改为陈述问题、形成假设、在实验过程中收集数据、形成结论四个步骤。

1918 年，全美教育协会发表了深受杜威理论影响的《中等教育基本原则》，引发了 20 世纪二三十年代美国中学课程改革。在这个时期，科学探究教学开始走进美国科学课堂。但这次课程改革不重视基础知识的学习，学生无法学习和掌握系统的知识，致使中小学的教育质量日益低下，因此遭到了美国不同派别教育家和科学家的批评，这种情况一直到 20 世纪 50 年代末才有所改变。

(2) 科学探究教学的发展

1957 年苏联人造地球卫星的发射，引发了美国各界对科学教师以及学校科学课程质量的质疑，由此引发了美国的科学教育改革。1959 年年底，在美国国家科学院召开的全美科学教育研讨会上，会议主席布鲁纳提出了发现式教学的理论与方法。在布鲁纳发现式教学理论的指导下以及美国自然科学基金会的资

---

① 严文法，李彦花 . 美国科学探究教学的历史回顾与启示[J]. 课程·教材·教法，2010，30(8)：107-112.

金支持下，美国成功开发了一系列强调科学探究的科学课程。这些课程普遍强调学生“要像科学家一样进行思考”，同时，这些课程也强调将科学方法（例如观察、分类、推论、控制变量等）作为学生的个体技能在教学中加以重视和培养。同一时期的施瓦布和加涅也是探究教学的支持者。施瓦布认为当时的学校科学教学只是将科学研究的成果转移至教材及学生身上，而忽略了逻辑、分析和探究自然。他对当时科学教育中流行的试图授以定型的“科学方法”倡导单纯化的科学实验、刻意追求正确性和技术效率、要求所有学生都像科学家搞研究那样学习科学，以及离开科学内容教授科学方法这两种错误倾向提出强烈批评。他认为第一种错误倾向违背了探究的多样性，而第二个错误倾向只有以科学知识为基础，在探究过程中掌握科学知识，把科学知识与探究过程相结合，才是探究教学的正确做法。他鼓励学生多问、多观察、记录并解释数据、得出暂时性的结论，提倡一种开放式的实验研究上课方式，主张学生应该使用或阅读科学家所获得的研究问题、数据、技术、数据的阐释以及结论。加涅则主张低年级学生应该学习，并掌握诸如测量、推理、预测等基本科学过程技能，而中、高年级学生应该学习形成假设、控制变量、解释数据等整合的科学过程技能。

总体来看，受布鲁纳、施瓦布、加涅等人探究教学思想的影响，20 世纪 60 年代的美国课程改革在科学内容上强调基础科学研究，注重各学科的知识结构，在科学过程中重新强调探究的重要性，在科学技能上强调实验的过程技能，在教学活动设计上则强调发现、探究和解决问题的能力。在这个历史时期，科学探究教学获得了一定程度的发展。

(3) 科学探究教学的沉寂

美国 20 世纪 60 年代的课程设置、教材编写和教学方法等改革都着重开发学生的智力、培养学生的创造力和探究能力，但是成效并不显著。课程的部分内容过于理论化，致使培养出来的学生无法适应劳动市场的需要。到了 20 世纪 70 年代，开始有人主张回归基础教育。回归基础教育要求加强读、写、算等基础知识和技能教育，各州制定最低学业标准和最低能力测验，以提升学生读、写、算、推理等各种能力，并强调传统的教学方法，强调讲授、练习、背诵、日常家庭作业及经常性的测验等。到 20 世纪 60 年代末期，探究教学基本从美国学校中销声匿迹了。1981 年，美国自然科学基金会委托哈姆斯和雅戈等人对当时的科学教育情况进行了包含探究教学的实施情况在内的综合研究。在该项研究中，研究者从学生的学习内容以及教师帮助学生学习科学的策略两个维度对科学探究进行了研究，把探究分成科学方法技能、科学探究的本质、一般探究的过程三类。研究发现，科学教师并不愿意采用科学探究教学，而导致科学教师不愿意采用科学探究教学的原因包括时间不足、缺少有效材料、缺乏支持、教育当局只强调科学内容、难以组织教学等。

(4) 科学探究教学的再度兴起

自1909年杜威提出在科学教育中采用科学探究的方法之后的70余年中，科学探究的理论与实践研究主要集中在美国。随着20世纪80年代以来第三次科学课程改革浪潮的兴起，科学探究也走出20世纪70年代回归基础教育运动时期的低谷，并突破美国国界而成为全球都广为熟知和实践的一个理念。

美国科学促进会于1985年启动了“2061计划”，确定了美国学生在12年级毕业之后应该知道和应该能做的标准，并于1989年颁布了《面向全体美国人的科学》，对科学素养进行了宽泛定义。1993年，美国科学促进会又颁布了《科学素养的基准》，将科学素养主题细化到K—2、3—4、5—8以及9—12年级的具体要求中去。“2061计划”强调科学探究教学的目标，并建议科学探究应该从对自然的问题开始探究，使学生积极参加活动；强调收集和使用证据、提出观点、清晰地表达、使用团队合作的方法、不将知识与发现相隔离，不再强调术语的机械记忆。美国国家研究理事会于1996年颁布了《国家科学教育标准》，把科学探究作为科学素养的终极目标。在《国家科学教育标准》中，探究包括作为学习内容的探究、作为学习方式的探究、作为教学指导思想的探究三个方面的含义。一般而言，美国《国家科学教育标准》也没有给出科学探究的操作性定义，只是给出了学生应该学习什么样的科学、教师应该如何教授科学以及教师如何评价学生的指导性内容。因此，为了澄清K—12科学教师对科学探究的理解，美国国家研究理事会在2000年出版了《科学探究与国家科学教育标准：学与教的指南》，确定了不管什么年级水平的科学探究都应该具备的五个本质特征。

① 探究的问题能调动学生参与的积极性，并具有科学导向性。

② 在探究过程中学生收集的数据能成为解释问题的证据。

③ 学生能基于收集的证据形成对科学导向问题的解释。

④ 教师对学生形成的解释进行评价。

⑤ 教师引导学生对形成的解释进行交流和辩论。

美国国家研究理事会认为如果科学教师能够把握科学探究的这些本质特征，就可以帮助学生发展对科学概念和方法更为清楚和深刻的理解。《国家科学教育标准》为加强学生的科学探究而做出了改变（见表5-2）。

表5-2 美国《国家科学教育标准》关于科学探究做出的改变

不强调	更强调
演示和证明科学内容的活动	调查和分析科学问题的活动
限制在一定的课堂时间内的调查研究	延续一定时长的调查研究

续表

不强调	更强调
过程技能与情境游离	与情境相关的过程技能
强调诸如观察和推论等的个别过程技能	理解多种过程技能，例如操作、认知、程序性等技能
得到答案	运用证据和策略来发展和修改解释
作为探索和实验的科学	作为争论和解释的科学
在没有对结论进行辩护的情况下由个人或小组对数据进行分析和综合	通常对结论进行辩护之后，由小组对数据进行分析和综合
为了讲授大量的内容，只进行少量科学探究	为了培养学生的理解能力，让学生体会科学探究的价值并对科学知识进行大量探究
以获得实验结果作为探究的最后一步	把实验的结果应用于科学论证和解释
材料和设备的管理	观点和信息的管理
学生仅将观点和结论与教师交流	将观点和结论与同学进行公开交流

表 5–2 中的对照性陈述可以帮助科学教师判断自己关于探究的理解是否与科学 K–12 的改革要求相一致。同时，美国国家研究理事会强调并非所有科学概念都能或需要使用科学探究教学，这也对教师如何判断和遴选进行科学探究教学的知识点提出了挑战。

由于科学探究教学本身理论与实践存在的不足，美国在 1996 年颁布的《国家科学教育标准》和 2013 年颁布的《新一代科学教育标准》(Next generation of science standards，简称 NGSS) 中将 scientific inquiry 替换成了 scientific practise。当然，一词之变并不意味着否定了科学探究，而是更突出了科学探究的实践性特征。

3. 几种科学探究模型

(1) 一种嵌入计算机模拟的科学探究模型

丁州宇(Choo–Yee Ting)和钟彦昆(Yen–Kuan Chong)[①] 在 2003 年的第三届 IEEE[②] 国际先进学习技术会议上提出了一种嵌入计算机模拟的科学探究模型(见图 5–4)。

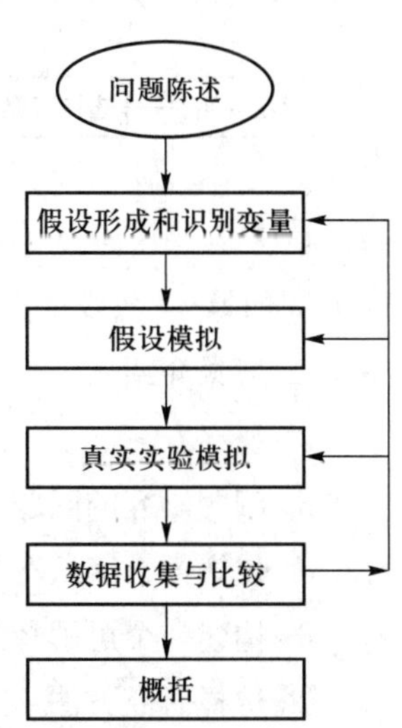

图 5–4　一种嵌入计算机模拟的科学探究模型

① 注：中文名为音译。

② IEEE，即美国电气和电子工程师协会，是一个国际性的电子技术与信息科学工程师的协会，也是世界上成员人数最多的专业技术组织之一。

该科学探究模型要求学习者能够识别出科学探究主题中的变量,然后形成假设,以便预测不同变量之间恰当的关系,最后通过假设模拟、真实实验模拟、数据收集与比较等可以循环进行的科学探究活动验证他们的假设。研究表明,学习者通过科学探究模型,经过一定的训练,最终能够形成假设、验证假设、正确恰当地鉴别出变量并随之产生一个特定的概念。他们通过将科学探究模型与动态教育工具相结合,把计算机模拟嵌入科学探究模型中,认为当具备以下条件时可以促进学习者发生概念转变。

① 学习者对自身先前知识不满而产生认知冲突,并能正视相异概念;

② 最大限度地去理解新的概念;

③ 新确立的概念被证明是富有成效的。

(2) RIP 科学探究模型

RIP(research investigation process)是由美国神经科学家、科学教育家罗伯特·兰兹曼(Robert Landsman)提出的。RIP 通过提供给学生发现自己不明白的问题的答案的技巧和机会来提高学生学习的兴趣。在科学探究过程中,学生像科学家一样去观察、提出问题并给出他们认为对其提出的问题最好的答案。这种尝试性解答的正确性通过学生的科学探究活动来得以检验。RIP 科学探究模型如图 5-5 所示。

图 5-5　RIP 科学探究模型

罗伯特·兰兹曼认为 RIP 科学探究模型的每一步都包含若干个步骤。

① 背景介绍

a. 观察。

b. 阐明研究的问题。

c. 收集背景信息。

d. 构建一个可解释的假设。

② 选择研究方法

a. 生成一个研究方案。

b. 鉴别研究主题、数量及资源。

c. 获取设备及其他必需品。

d. 确定实验步骤。

③ 收集数据并分析结果

a. 收集定性及定量数据。

b. 组织并总结数据。

c. 分析数据。

④ 讨论并总结

a. 复述主要发现。

b. 复述假设。

c. 讨论结果是否支持假设。

d. 讨论这些结果与先前研究的发现相比如何。

e. 给出结论。

⑤ 陈述

a. 准备口头陈述。

b. 准备书面陈述。

(3) 4-H 科学探究模型

4-H 科学探究模型是美国俄勒冈州立大学学校增益计划的一个组成部分，目前该计划已经在美国多个州展开实验，并取得了较好的实验效果。4-H 科学探究模型（见图 5-6）可以帮助学生及教师走出书本环境而走向以学习者为中心的体验程序。

该模型的核心包含三个环节（操作、反思、应用）和五个阶段（体验、分享、加工、归纳、应用）。

第一个阶段：体验。

这个部分对应的是模型中的“操作”。在体验阶段，探究小组提出一个问题或形成一个可以通过科学探究来解决的假设，并根据该假设设计科学探究的方案并实施，最后小组收集数据并完成数据表。在该阶段，教师应该起到辅助引导的作用，引导学生提出有价值的问题或假设，倾听学生的构想与观点，留出足够的时间来引导学生对探究活动进行反思。

第二个阶段：分享。

教师通过提问小组或者个体的方式，让学生反思自己所做的科学探究活动，并将之与其他人进行分享。提出的问题可以包含以下内容：做了什么；看到了或者听到了什么；在探究过程中哪些是比较难的，哪些是比较容易的；等等。

第三个阶段：加工。

在进行分享的基础上，教师应该引导学生将讨论的重心转移到对活动的加工上，引导学生思考活动是如何开展的，在进行探究活动的时候有哪些步骤，在探究过程中出现了哪些问题，自己是如何处理这些问题的，得到了什么结论等。分享和加工两个阶段对应的是模型中的反思。

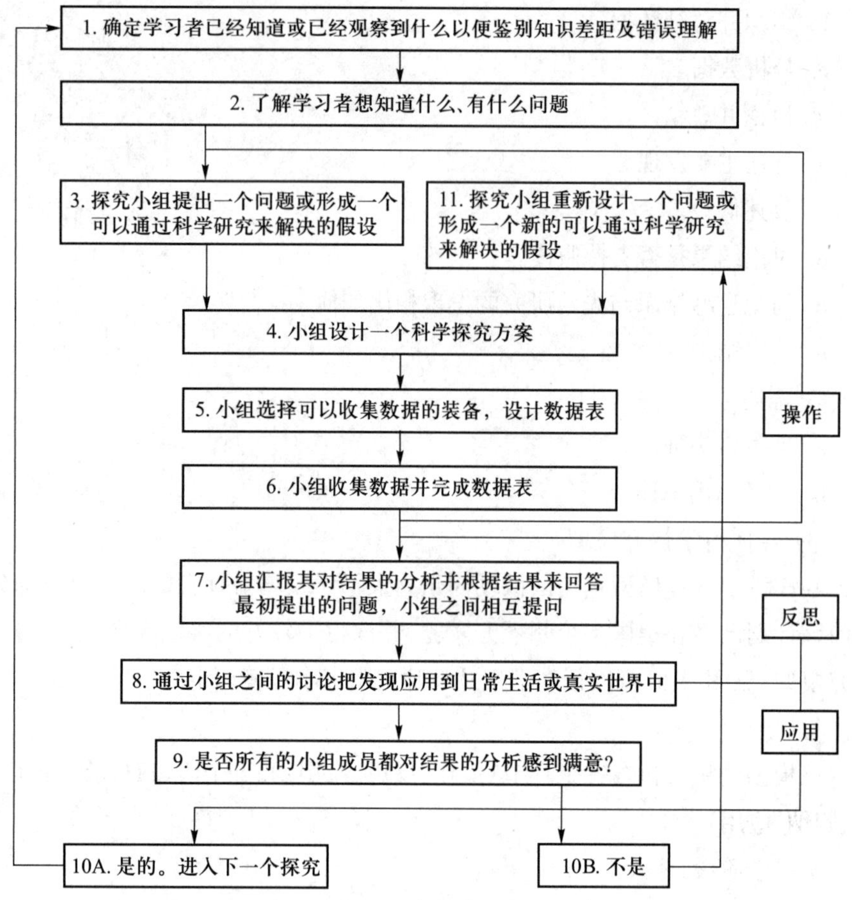

图 5-6　俄勒冈州立大学的 4-H 科学探究模型

第四个阶段:归纳。

在归纳阶段,讨论的个性化更强,教师引导学生讨论从探究活动中学习到了什么知识和方法。

第五个阶段:应用。

在应用阶段,教师引导学生讨论如何把在该探究活动中学习到的知识和方法迁移到其他事物的学习中去。4-H 科学探究的核心环节模型如图 5-7 所示。

(4) 探究轮模型

赖夫(Reiff)和哈伍德(Harwood)在分析当前西方主要科学教材中的科学方法呈现的基础上,结合最近几年科学教育界对科学探究的研究成果,开发出名为 Inquiry wheel 的科学探究模型,即探究轮模型,其模型结构如图 5-8 所示。

从模型中我们可以直观地看出,探究轮模型是以问题为中心的,环绕问题中心有一系列步骤,在问题与各步骤之间用双箭头来连接,表示这些步骤提供反馈给问题,同时又产生了新的问题。这些问题和答案不断地推动科学探究活动的进

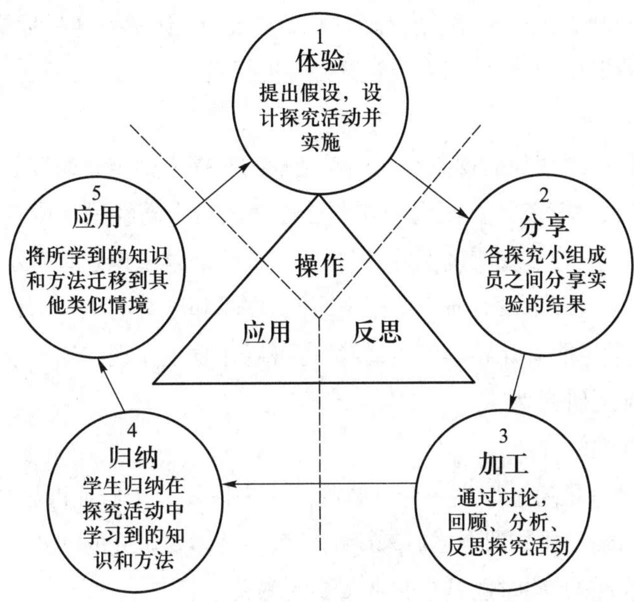

图 5-7 4-H 科学探究的核心环节模型

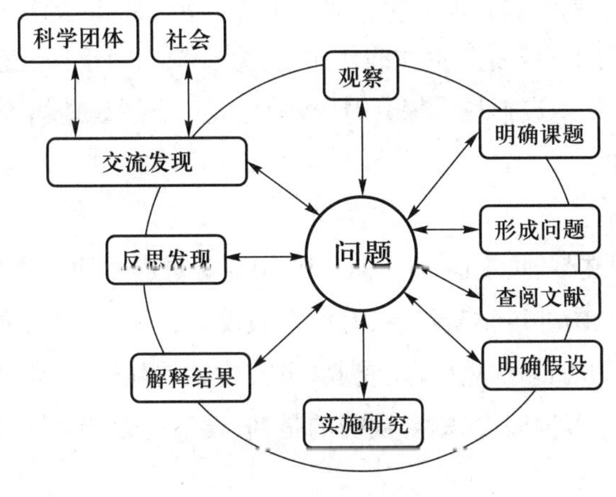

图 5-8 探究轮模型

行。需要指出的是，虽然探究轮模型是轮形，但探究轮并不是一个探究循环，它所描述的是可以从多个方向和多个途径来进行探究的模型。使用探究轮模型，探究者可以从该轮的任何一个位置开始探究，即使是在交流研究成果阶段，交流产生的问题也可以促进另外一个探究活动的产生，而且探究者可以根据需要，在任何时候回过头去进行上一个阶段的探究。下面对模型中的各个步骤进行简要说明。

① 观察

观察贯穿整个模型，观察是仔细记录、保持注意的关键，并且是问题得以发展的跳板。教师应该引导学生仔细观察、详细记录，让学生详尽地描述看到、听到和感觉到的现象，鼓励他们由观察开始探究活动。

② 明确课题

科学家根据观察到的现象和他们对文献的掌握来确定要研究的课题。而在课堂上进行科学探究时，要研究的课题往往在教材中已经呈现或者是由教师指定的，不需要学生独立去明确课题，但教师应该帮助学生识别和确定什么课题是值得研究的，什么课题没有研究的意义，什么课题和已有的科学知识相联系。当然，为了培养学生明确课题的能力，教师也可以让学生在现有知识或查阅资料的基础上主动确定研究课题。

③ 形成问题

有些情况下是通过产生一个具体的问题来诱发一个研究课题的，但更普遍的情况是在明确了研究课题之后来产生一系列具体要研究的问题。产生好的问题是很有挑战性的，同时也具有非常重要的意义。

④ 查阅文献

对于科学家的研究而言，科学家不能确定别人是否已经对于研究的问题有了解答，所以科学家需要查阅大量文献。而且相近问题的研究对于科学家进行研究可以起到基础性或者启示性的作用，这个步骤相当于探究模型中前期的交流发现过程。在学生进行科学探究时，教师也应该有意识地培养学生查阅文献、收集信息的能力。

⑤ 明确假设

在进行查阅文献、收集信息的基础上，探究者对形成的问题有了自己初步的答案，即假设。在国外科学教材中，有的把假设定义为“有依据的猜想”，而有的则定义为“问题的可能解决方案”或者“可被检验的陈述”。学生在进行科学探究时，可能会提出多种假设，需要明确的是，假设不是无端的臆想，而是“有依据的”和“可被检验的”。

⑥ 实施研究

在查阅文献以及明确假设的基础上，探究者开始设计研究，也就是说，寻找要研究问题的有证据的答案。探究者会使用多种方法或途径来研究这些问题。为了收集证据，探究者往往使用的是实验的方法，在进行实验时，往往会控制变量，每次改变一个变量进行研究，而具体使用的实验方法和实验器材则由具体的研究课题来决定。

⑦ 解释结果

在实施研究产生数据之后，探究者会检验这些数据。根据收集数据所采用的方法，数据的呈现形式可以是测量、现场记录、观察、统计分析、调查等。不管是什么形式的数据，探究者都会寻找这些数据的类型以及数据之间的联系。如果数据出现了内在不一致或者明显的错误，那么探究者就应该重复前面的步骤，这可能会导致探究者修正方法、重新定义问题或者收集更多的信息以及做更多的观察比较。

⑧ 反思发现

与解释结果阶段不同，在反思发现阶段，对数据的分析不能仅停留在解释层面，而要反思这些结果意味着什么。为了发现数据的意义，探究者应该花一些时间来寻找数据的类型，并建立这些数据与已知信息之间的联系。

⑨ 交流发现

探究小组之间的交流发现是十分重要的，通过交流探究者经常会产生新思想和新的探究问题，同时会对在探究过程中取得的经验进行分享，对存在的问题进行探讨。

(5) 探究圆模型

哈里·戴维（Harry David）在旧金山“科学教学研究国际协会 1995 年度会议”上所作的报告中提出了 Inquiry circle 科学探究模型，即探究圆模型。探究圆模型由四个相互作用的部分组成：疑惑、收集数据、研究数据和建立联系。需要说明的是，上述四个部分只是科学探究的基本组成，哈里·戴维在研究文献的基础上，认为在 Inquiry circle 科学探究模型中的四个组成中每个部分都包含若干技能，这些技能包括问题解决、批判思维、做出决策等方面，如图 5-9 所示为包含具体技能的探究圆模型。

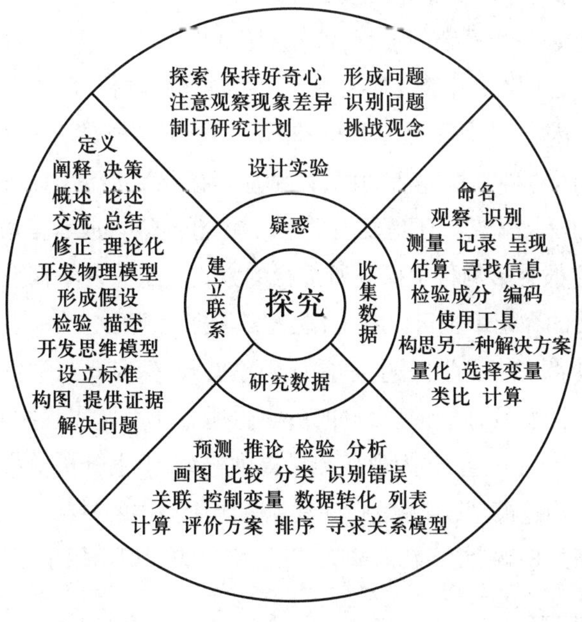

图 5-9 探究圆模型

模型的这四部分散布在一个圆形中是为了说明科学探究的动态本质，同时也是为了避免产生探究是一个线性过程的嫌疑。探究圆模型说明“做科学”是一个包含疑惑、收集数据、研究数据、建立联系四个步骤连续反复进行的过程，但是这四个部分并不一定按照固定的顺序展开，例如收集数据可能会引发疑惑，研究数据又可能导致收集新的数据。

以上介绍的是在当前科学探究活动中应用得比较广泛的几种科学探究模型。它们虽然形式各异，但是都包含几个相同的步骤，即问题表征、给出假设、设计实验、收集数据、分析数据、得出结论。

国外科学探究模型及其在概念转变教学中的应用

美国 RIP 和 4–H 科学探究模型评析及启示

4. 科学探究模型对我国的启示[①]

(1) 科学探究没有固定的模式但包含共同要素

长期困扰我国科学教师的一个问题是：科学探究究竟有没有一个固定的模式？通过前面对国外科学探究模型的介绍我们可以看出，科学探究没有固定的模式，科学探究是一个复杂的过程，涉及理论和实践领域多个方面的问题，不能将其简单化和程式化。科学教师在指导学生进行科学探究时，可以根据特定的学习者、探究的内容、具体的教学目标和不同的学习环境灵活选择科学探究的方式。在一个具体的科学探究活动中，教师应考虑探究活动的目标，是希望学生掌握某个特定的科学概念，还是发展学生对探究的理解，或者是培养学生某个特定的能力，这些都会影响科学探究所进行的方式。虽然科学探究没有固定的模式，但是从上文的介绍中也可以看出，这些科学探究模型包含一些共同的构成要素，即探究活动都围绕科学问题、事件或现象展开，探究要与学生已有的知识相联系，教师要设法引发他们的思维冲突；学生通过动手做实验探究问题，形成假设并验证假设，解决问题，并为观察结果提供解释；学生分析、解释数据，并将其观点进行综合，构建模型，利用教师和其他来源所提供的科学知识阐述概念及解释；学生拓展新的理解、发展新的能力，并把所学的知识运用于新的情境；学生和

---

① 严文法．美国 RIP 和 4–H 科学探究模型评析及启示[J]．化学教学，2008(11)：49–52.

教师共同回顾并评价所学内容和学习方法。某个科学探究活动不一定包含探究的所有基本特征，但至少应该体现某些特征。

(2) 科学探究不是按照要素进行的线性过程

在进行科学探究教学过程中，教师可能还存在一个误区，认为科学探究是按照课程标准所提出的要素进行的线性过程。实际上，科学探究是人类在长期认识自然的过程中逐步形成的通过实验来认识自然的方法，有的可以归结为七个要素，有的归结为五个要素，有的可以归结为八个要素。通过 RIP 和 4-H 模型我们可以看出，不同的模型包含不同数量的要素，同时，科学探究不是按照要素进行的线性过程。所以，科学教师在指导学生进行科学探究的时候，应该改变科学探究是线性过程的错误认识，避免把科学探究作为一种程序化的进程而将科学探究形式化。

(3) 科学探究能力是一种具有复杂结构的高层次能力

通过对国外科学探究模型的分析介绍我们可以发现，科学探究能力是一种具有复杂结构的高层次能力，它包含诸如观察、测量、记录、假设、编码、图式化、模型化等具体技能，更包含控制变量、元认知、问题解决、批判思维、做出决策等方面的综合能力。我国的传统教学重视基础知识和基础技能，这些构成了科学探究能力发展的基础。但是具备这些知识和技能并不一定能探索新知识、解决实际问题，要想具备探索新知识、解决实际问题的能力，还必须具备更高层次的复杂的综合能力，而这正是科学探究能力所蕴含的。所以，新课程强调科学探究能力的培养与基础知识和基本技能的学习并不冲突，而是要在“双基”的基础上发展学生更高层次的能力。

(二) 翻转课堂教学法

近年来，“翻转”(flipped)一词在国际教育领域广为流行，并派生出了一系列的相关词语，比如翻转课堂(flipped classroom)、翻转教学(flipped instruction)、翻转学习(flipped learning)、翻转课程(flipped curriculum)等。这些词汇的产生及相关的大量研究与实践反映了以翻转课堂为代表的“翻转”教育理念正在国际范围内应用起来，同时也反映了教育技术支持教学与学习的新趋势。技术革新以及智能移动技术的快速发展给教学模式的改革带来了新的生命力，翻转课堂教学模式就是这种变革的产物。从本质上来说，翻转课堂教学模式适合信息技术广泛普及、数字鸿沟日渐缩小的今日教育。翻转课堂教学模式通过移动技术在正式和非正式学习空间中提供持续的、无缝的学习来促进教学。对于翻转课堂教学模式来说，一个内在的方法是将课堂时间用来进行交互式的活动，比如学生应用知识来进行问题任务的解决或者是建构基于家庭作业中获取的知识的数字化知识库。对于教师而言,通过讨论、简短的测验以及其他形成性评价方式定期检测学生对所教内容的理解是必要的。而通过增强学生对其学习的自我责任感而不是依赖教师的教学,学生能够更好地发展批判性思维能力。尽管对于一些学生来说这是相当具有挑战性的,但是在课堂上各种教学资源都是可以利用的,如果他们有需要,教师就可以给这些学生提供个性化的帮助。

1. 翻转课堂概念辨析

翻转课堂(flipped classroom),也称为颠倒课堂(inverted classroom),现在两个概念基本通用,但是却有着不同的起源。翻转课堂的想法来自贝克(Baker)①,最早在K—12学段提出,并于2007年由美国科罗拉多州林地公园高中的两位化学教师贝格曼和萨姆斯(Bergmann & Sams)在化学课上首次使用。②颠倒课堂这个词汇是由拉格(Lage)等人在2000年第一次在高等教育背景之下使用的③,在这之后该词汇在其他高等教育研究中被广泛采纳和使用④。

正如国内学者杨晓宏、党建宁指出的,“作为一个新生事物,翻转课堂目前仍无一个教育学意义上的严格定义,国内外诸多学者大多采用描述性定义来阐释翻转课堂”。⑤例如拉格等人将“颠倒课堂”定义为:颠倒课堂意味着通常发生在课堂内的事件现在发生在课堂之外,反之亦然。⑥其他一些研究者对翻转课堂也做了类似定义,认为在传统教学中教师一般在课堂教学中进行教学内容的讲授并布置家庭作业,以加强学生对课堂内所学内容的理解。而在翻转课堂教学模式中,课堂教学与家庭作业相互颠倒,教师事先录制讲解教学内容的视频并上传到网站上,学生在家观看视频,为接下来课堂教学中的活动做准备。然而,尽管这种解释把握住了使用inverted或者flipped这两个术语的合理性的一面,但是仍不能完全呈现出研究者所称谓的翻转课堂的实践性特征。这个定义将意味着翻转课堂仅仅代表了课堂教学和家庭作业活动顺序的重新调整,在实践领域

---

① BAKER J W. The “Classroom Flip”: using web course management tools to become the guide by the side [C]. In: Proceedings of the 11th International Conference on College Teaching and Learning, 2000: 9–17.

② BERGMANN J, SAMS A. Remixing chemistry class [J]. Learning and Leading with Technology, 2008, 36(4): 24–27.

③ LAGE M J, PLATT G J, TREGLIA M. Inverting the classroom: a gateway to creating an inclusive learning environment [J]. Journal of Economic Education, 2000, 31(1): 30–43.

④ STRAYER J. How learning in an inverted classroom influences cooperation, innovation and task orientation [J]. Learning Environments Research, 2012, 15(2): 171–193.

⑤ 杨晓宏,党建宁. 翻转课堂教学模式本土化策略研究:基于中美教育文化差异比较的视角[J]. 中国电化教育,2014(11):101–110.

⑥ LAGE M J, Platt G J, Treglia M. Inverting the classroom: a gateway to creating an inclusive learning environment [J]. Journal of Economic Education, 2000, 31(1): 30–43.

却并非如此简单,并由此导致了一些错误的解释。[①] 那么,究竟如何理解翻转课堂呢? 我们认为可以结合美国一个常用的生活用语来理解:flipped house(翻新房子)。如果做一个类比的话,我们可以将 flipped classroom 理解为“翻新课堂”,即对传统课堂的一系列革新,区别于传统教学中教师在课堂内进行教学而学生回到家里做家庭作业的教学模式,都可以理解为 flipped classroom,而不局限于对早期有关翻转课堂的定义的理解或者仅仅是对“翻转”一词望文生义,以为“翻转课堂”只是教学时间和空间的简单翻转或者颠倒。

目前,研究领域普遍认同翻转课堂是一种混合式教学模式,比如斯特雷耶(Strayer)认为翻转课堂教学模式是一种将课堂教学与在线学习相整合的混合式教学模式。[②] 大型咨询公司汉诺威(Hanover)在其研究中提出,翻转课堂一词可以用来指称一个比较宽泛的混合式教学方法,学生远程获取准备好的教学材料,然后在课堂内进行结构化的活动。尽管并不存在单一的翻转课堂教学模式,但是一个基本的操作程序是学生课前在家中观看数字学习材料,而在课堂内进行问题解决、增进概念性理解并进行同伴互助的学习活动。罗伦泽蒂(Lorenzetti)认为,与使用课堂时间来传达你想让学生记住的基本信息或者是要求学生单独进行较为复杂的有些难度的学习任务不同,翻转课堂要求学生在进入课堂学习之前就具备基本的课堂知识,然后在课堂内与同伴从事具有挑战性的分析、评价和创造性的任务。

2. 翻转课堂的理论基础

尽管学术领域对于翻转课堂的定义并不完全一致,但是基本认同翻转课堂大致包含两个部分:在课堂内进行的基于小组的交互式学习活动,以及在课外进行的基于计算机的个性化学习。

翻转课堂要求学生在课外进行主动的个性化学习,因此,我们可以认为翻转课堂教学模式的理论基础之一是主动学习理论。[③] 而主动学习理论是建构在强调“做中学”以及以学习者为中心的建构主义基础之上的。[④] 它基于以下基本原则。

第一,主动的学习者,学生能对他们的学习积极负责。

---

① FOERTSCH J G, MOSES J S, LITZKOW M. Reversing the lecture/homework paradigm using Eteach® web-based streaming video software[J]. Journal of Engineering Education, 2002, 91(3): 267–274.

② STRAYER J. How learning in an inverted classroom influences cooperation, innovation and task orientation[J]. Learning Environments Research, 2012, 15(2): 171–193.

③ PRINCE M. Does active learning work? A review of the research[J]. Journal of Engineering Education, 2004, 93(3): 223–231.

④ GUNEY A, AL S. Effective learning environments in relation to different learning theories[J]. Procedia – Social and Behavioral Sciences, 2012, 46: 2334–2338.

第二,互动式教学,学习是一个学生能通过与同伴和教师进行有效的社会性互动来进行合作的过程。

第三,抛锚式教学,需要将知识应用到复杂的、情境化的、真实的问题或者场景中去。

翻转课堂教学模式的第二个理论基础是布卢姆的目标分类理论[①]。学生在课堂外从事低水平的认知工作(比如认识与理解),而在课堂内则在同伴和教师的互动与帮助下集中精力关注高水平的认知工作(比如应用、分析、综合和评价)。然而,基于所学概念的复杂性,教师可能需要进一步搭建学习所需的脚手架来支持相关主题的教学视频,尤其是对于程度较差的学生。翻转课堂要求在课堂内进行基于小组的交互式学习,因此,我们可以认为,翻转课堂教学模式还以同伴互助学习理论、合作学习理论等为理论基础。同时,由于在课堂内进行的活动普遍是诸如应用、分析、综合、评价等高水平的认知活动,而这些高水平的认知活动往往是以良构问题或劣构问题的解决为基础的,所以我们也可以认为,翻转课堂教学模式也以基于问题的学习理论为理论基础。

综上所述,我们认为翻转课堂教学模式以主动学习、同伴互助学习、合作学习、基于问题的学习等理论(这些理论之间其实有一些交叉和互通之处)为基础,并结合了混合式学习设计和课程播客等的理念。翻转课堂的价值在于将课堂变成了一个学生可以探究教学内容、测试其应用知识的能力、与他人交互进行动手活动的工作坊。在课堂上,教师的作用是作为指导者或者是顾问,鼓励学生进行探究或者是合作学习。

3. 翻转课堂的实践操作

(1) 翻转课堂教学模式

技术进步和开放源代码运动在很大的程度上为教学从传统课堂转变为翻转课堂提供了可能。在翻转课堂的实施上,翻转学习网络发表了四柱模型翻转方法,国内学者杨晓宏等人在其研究成果《翻转课堂教学模式本土化策略研究——基于中美教育文化差异比较的视角》一文中对该模型有介绍[②]。Chen等人从该模型在教育中的全面应用的角度对该模型进行了评价,他们认为该模型存在以下不足。

第一,四柱模型更注重教学内容的设计而不是教学内容如何实现。

第二,它更侧重教育者的角度,而从学生的角度则阐释不足。

---

① ANDERSON L W, KRATHWOHL D R. A taxonomy for learning, teaching, and assessing: a revision of Bloom's taxonomy of educational objectives [M]. New York: Longman, 2001.

② 杨晓宏,党建宁. 翻转课堂教学模式本土化策略研究:基于中美教育文化差异比较的视角[J]. 中国电化教育,2014(11):101-110.

第三,它缺少对个体学习空间的指导。

为了弥补这些不足,他们提出了三个附加的柱子,构建了七柱模型,全部七根柱子及其含义如下[①]。

① 灵活的环境。翻转课堂教学需要灵活的环境,以便满足学生随时随地的学习需求,同时教师可以根据学生的学习预期来安排教学进度并选择对学生进行考核的方式。

② 学习型的文化。翻转课堂教学需要将学生消极被动学习的教师中心教学模式转变为学生积极主动、成为学习的主人的学生中心教学模式。这个转化的目的是促进学生的深度学习以及针对最近发展区的合作学习,这意味着教师应该帮助学生并挑战学生的能力极限,但是并不超越其极限,因为如果超越了学生的能力极限,他们就会失去学习的动力。

③ 精心策划的学习内容。翻转课堂要求教师准备适合个人学习空间和群体学习空间的教学内容与活动,明确哪些内容需要在课堂内通过活动来学习,哪些需要在课外通过观看教学视频等材料来完成。教师通过精心的教学设计、恰当的教学内容选择,以及多样化的教学方法的运用,使课堂教学实践可以更加有效。

④ 专业化的教师。人们往往认为,在翻转课堂教学模式中教师的付出要少一些,其实翻转课堂教学对教师的要求要比传统教学更多。教师必须精心设计恰当的教学视频及其他材料,不断地反思如何组织好课堂内的探究、问题解决等活动,将与学生互动的时间最大化,并评价学生对学习内容吸收和理解的情况。

⑤ 渐进的网络学习活动。这个特征强调主动学习的社会性成分,例如强调"通过网络学习"的必要性,以协作和团队合作为中心的活动来实现教学目标,并通过"做中学"活动进行补充完善。这个特征也表明翻转课堂应该采用渐进的策略,逐步让学生适应由低风险到高风险的活动。低风险活动往往具有持续时间短、易于设计、具有良好的结构、没有争议并且对于教师和学生来说都能得心应手等特点,而随着翻转课堂教学的逐步深入,活动的难度逐渐提升。

⑥ 引人入胜并且有效的学习体验。这个特征拓展了"专业化的教师"的作用并提出了通过监控"交互影响距离"来提高学习效果的要求。"交互影响距离"是心理或者是交流的距离,它在翻转课堂环境中波动起伏,处于不断变化的状态。因此,为了减小"交互影响距离",拉近教师和学生以及学生之间的心理距

① CHEN Y,WANG Y,CHEN N S. Is FLIP enough? Or should we use the FLIPPED model instead? [J]. Computer Education,2014,79:16–27.

离或者是交流距离，教师在翻转课堂教学环境中应该成为一个管理者。Chen 等人提出了达到这个目的的方式：增加对话机会（师生对话、生生对话），减少课堂的预设结构。例如，学生的自主活动（比如观看视频教学）增加了这种距离，而我们应该通过加强学生与教师的交流以及允许教师监控学习（比如测验或通过电子邮件或者学习平台的个性化反馈）来消除这种距离。[①]

⑦ 多元化和无缝学习平台。这个特征拓展了“灵活的环境”，并且将对数字化平台的需求视为满足个性化、差异化、可靠性和一致性的必要条件。

从某种角度来讲翻转课堂教学模式其实并非一个全新的事物，事实上它利用了一些现有的教学模式，比如主动学习、基于问题的学习以及同伴互助学习等，翻转课堂的一个新元素是“翻转”课堂内的内容教学（将面对面的讲座替代为视频讲座），并且尽可能将课堂时间用来“做中学”和“通过网络学习”活动，尽可能多地增加互动的时间和进行个性化的辅导。基于翻转课堂这些已有的教学模式及其新增的要素，其区别于传统课堂教学模式的特点可以通过图 5-10 来进行展示。

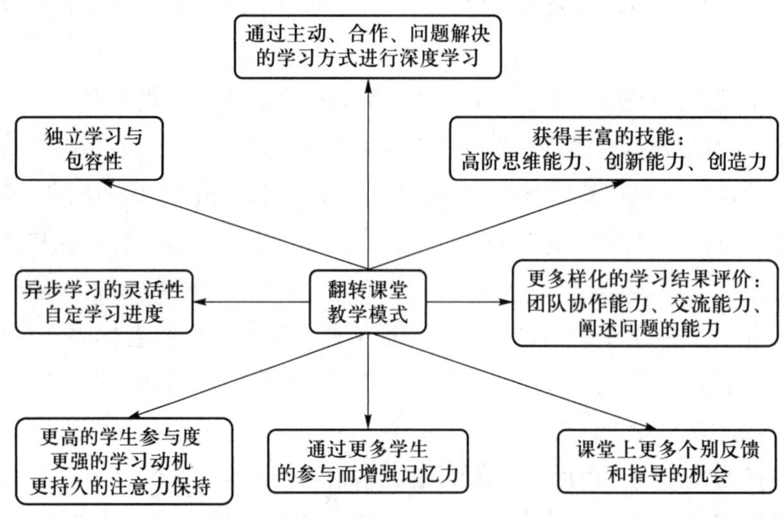

图 5-10 与传统课堂教学模式相比翻转课堂教学模式的潜在优势

正如上文所述，翻转课堂教学模式依据大量以学生为中心的学习理论和相应的教学模式，没有这些理论，翻转课堂可能根本就不存在。但正如我们所讨论的，翻转课堂由两个部分组成：一个部分是需要人的互动（课堂内的活动），另一个部分是通过使用诸如教学视频等以计算机技术为载体的自动化学习（课外活

① CHEN Y, WANG Y, CHEN N S. Is FLIP enough? Or should we use the FLIPPED model instead? [J]. Computer Education, 2014 (79): 16-27.

动)。很显然,课堂教学本身也是至关重要的,而学生中心的学习理论只是呈现出提供这些活动设计的哲学依据。在视频教学和课堂教学中,教师通过以下几个方面起到促进者或监督者的作用:指导学生使用教学视频进行学习;定期评估学生以确定他们已经知道了什么、需要知道什么,从而进行适当的学习活动设计;在课堂上给需要帮助的学生提供进一步的解释和提供额外的资源等帮助。翻转课堂可以使学生在教师恰当的帮助和同伴的合作下获得更多的体验学习的机会。

(2) 翻转课堂教学模式的学习框架特征

图 5-11 呈现的是翻转课堂教学模式的学习框架特征。该框架显示,当学生的学习超越了正式 - 非正式学习环境的边界的时候,学习文化必须转变,而这种转变使学习以结构化和脚手架方式成为“无缝”的学习。在使用数字技术集成的活跃学习空间中,该框架表明教学视频点播并不是人们通常认为的在家中学习的唯一形式。根据在家中学习的目标,除了点播观看教学视频,学生在家庭这种活跃的学习空间中还可以通过聆听播客、参与在线讨论、进行在线形成性评价

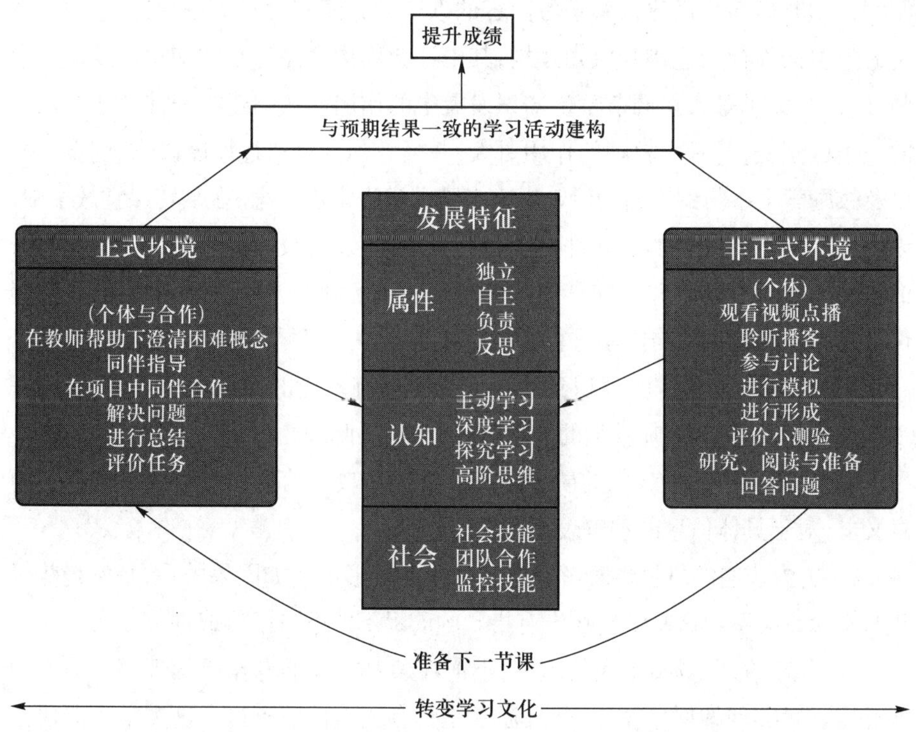

图 5-11　翻转课堂教学模式的学习框架 [①]

① WAN N G. New digital technology in education [M]. London: Springer, 2015: 149-170.

小测验、参加模拟或者游戏、在线研究教师布置的学习主题、阅读基于网络的信息并尝试回答问题等方式进行学习。教师能够通过测验反馈以及课前讨论来评价学生所处的学习阶段。在课堂内进行的正式学习中,学生通过小组内的同伴互动以及与教师进行的一对一互动进一步发展最近发展区并澄清学习中的疑难领域。

在翻转课堂中,学生可以通过元认知策略反思自己的思维、对自己的理解进行自我评价并对下一步的学习采取行动等举措掌控自己的学习进程,从而发展自主学习和独立学习的能力。在课堂活动中问题解决的性质可以促进学生的批判思维能力和高阶思维能力的发展。精心设计的问题提供给学生解释和分析信息的准确性及可靠性,诊断与问题相关的信息并发现相关假设的缺点以及与同学交流思想的机会。而在探究或者是基于项目的学习任务中,学生还可以通过与其他人进行合作,发展社会交往能力和团队合作技能。而这些都是21世纪的工作所需要的技能。

对于翻转课堂中的教师而言,他们需要精心设计学生活动,以使那些正式的或者是非正式的学习活动的建构与学习单元或课程的目标相符,而学生在家中浏览视频时需要积极建构对学习内容的理解并弄清其含义。在翻转课堂中,学生的学习面临社会建构和认知建构,其中社会建构关注外在的知识以及诸如教师、同伴和父母等人在调节学生知识发展中的作用。认知建构和社会建构之间的一个区别是,后者中教师的作用更大,并且教师需要通过深度讨论、创设支架以及鼓励学生参与到恰当的活动中去来帮助学生掌握概念。在翻转课堂教学中,许多正式学习空间中的活动都是具有社会建构性的,教师需要帮助学生在自身的基础上反思其理解并且在需要的时候进一步解释概念。另外,学生需要在同伴指导和合作项目中与同学进行互动。

在教学中,教师需要意识到学生的能力是有差异的。在常规教学中,门罗(Munro)认为学生对教师教学的理解可以分成三种类型。

① 对教学信息主观化的质朴理解。学生对教学信息的理解仅停留在字面意义上,对于具体信息的理解表面化。

② 更为普遍的自发性理解。这些学生能够形成诸如因果关系、必然趋势等新的概念或关系。这些学生在没有指导的前提下能够自己形成理解。

③ 自发的、广域图景式的理解,类似在某些方面的专家级的理解。他们的理解比一般类型的要更宽广,并且通常是具有创造性的解释。这类学生能建立知识或者观点之间新颖的、功能性的、往往是出人意料的联系,他们的理解使知识或者观点的远端迁移成为可能,这个群体通常都是一些具有天赋的学生。学生对于教师的教学有不同层次和水平的理解,这个事实对我们的启示是,教师在

进行教学时需要设计不同的知识和活动,以适应学生不同的能力水平。采用的教学材料对于水平比较高的学生应该具有充分的挑战性,而同时对于水平较低的学生能够提供更多层次的脚手架,以帮助他们理解。在翻转课堂中,教师需要设计恰当的问题,以帮助学生在已知的内容和在教学视频中学习的新内容之间建立联系,发展学生的元认知能力。学生在与视频进行互动时则需要诊断自己的最近发展区,对需要进一步关注的内容保持注意力,并在正式课堂教学环境中寻求帮助。

(3) 有效视频播客的制作

翻转课堂的一个关键工具是视频播客。视频播客是一个包含明确教学内容的视频资源,由教师上传到网站上供学生在家中下载并观看,从而为下一节课的学习进行准备。在制作视频播客时,教师可以充分利用截屏软件捕捉并录制诸如图片、幻灯片、文档中的文本或者诸如方程式等的画线文本段落以及教师的旁白等信息。视频播客对学生的学习态度、行为和成绩的积极影响已经被先前的研究充分证明[①②③]。

视频播客的优点主要有以下几个方面:学生和教师之间可以离线互动,学生能够随时通过其移动设备或者是台式机按照自己的需求来获取视频,为了能够掌握比较困难的概念还可以随时倒回到视频的适当位置重复观看。视频点播可以快速传播教学信息并能迎合不同学习偏好的学生。

为了有效地创建和管理教育视频播客,教师在创建视频播客时需要注意以下几点[④]。

① 为了维持学生的注意力,视频往往应该比较短,为 7~15 分钟。如果教学的主题不能在一个短视频中完全呈现,就录制一个短视频系列。把教学内容分解为简单且易于管理的部分(即分块),能够帮助学生更好地吸收信息,而不至于在学习的过程中承载太多的工作记忆,而分块的教学视频内容也比较便于编辑和更新。

② 一个录制的视频应该只包含一个核心概念。如果一个概念比较复杂,那么可以在恰当的知识节点将一个知识点录制为几个视频。

---

① BOLLIGER D U,SUPANAKORN S,BOGGS C. Impact of podcasting on student motivation in the online learning environment[J]. Computers & Education,2010,55(2):714–722.

② CHESTER A,BUNTINE A,HAMMOND K,et al. Podcasting in education:student attitudes, behavior and self-efficacy[J]. Journal of Educational Technology & Society,2011,14(2):236–247.

③ TRAPHAGAN T,KUCSERA J V,KISHI K. Impact of class lecture webcasting on attendance and learning[J]. Educational Technology Research and Development,2010,58(1):19–37.

④ SMITH C M,MCDONALD K. The flipped classroom for professional development:Part Ⅱ. Making podcasts and videos[J]. Journal of Continuing Education in Nursing,2013,44(11):486–487.

③ 选择可以重复使用的材料或者是案例并使之服务于多重目的。

④ 尽管对于一个自然录制的视频而言脚本不能是逐字逐句的，但是在录制视频之前设计好教学视频的脚本是非常有用的。

⑤ 最好是能够提供视频播客的结构。比如在导论的时候应该清楚地介绍视频播客的目的和价值，在结束视频录制的时候能回顾教学目标和知识要点。

⑥ 避免分散注意力的背景（包括音乐）、服装和过度的身体姿态。通过使用高质量的设备（例如麦克风、数码相机）和定位相机捕捉所需的视域，并确保视频的视听质量。

⑦ 说话的声音要清晰、沉稳，避免赘词（例如口头语）。通过下定义和重复表述等手法来对新的关键词进行强调。

⑧ 可以考虑增加一些与教学材料相关的形成性评价和终结性评价。例如，在视频结束时增加一个小测验的链接，这样做的目的是监控学生是否在家观看了视频并评价他们对内容的理解程度。有必要在视频一开始就让学生知道评价的存在，并提供有关如何完成测验的清晰的说明，以确保他们能够完整地看完播客（视频）。

⑨ 在管理播客（视频）的时候，通过明确使用播客作为学习资源的目的和教学价值让学生做好学习的准备。如果学生能够意识到视频（播客）的价值，就会在学习的时候更有动机，因此就有可能潜在地提升课程的学习成绩。

4. 翻转课堂教学模式利弊的实证研究探析

近年来，已经有大量关于翻转课堂的实证研究，比如化学、计算机、数学、物理、生物等。这些研究从学生的兴趣、学业成绩、认知以及教师的认识等角度进行，这些研究有些结论趋同，而有些结论则有差异。

(1) 趋于积极的实证研究结论

赫雷德和席勒（Herreid & Schiller）调查了超过 15 000 名教师，以研究他们是否在科学、技术、工程与数学课程（STEM）中采用过翻转课堂教学法。研究结果显示，有 200 名教师在他们的教学中曾经采用过翻转课堂教学方法。研究结果还显示，翻转课堂教学方法对学生学习 STEM 课程具有积极的影响。研究发现，应用翻转课堂教学模式的一门化学课程的学生成绩要优于其采用传统教学方法的同伴成绩。另外，学生对化学学习的兴趣也提高了，害怕学习化学的学生减少了。[①] 富尔顿（Fulton）的研究表明，采用翻转课堂教学法，学生的数学成绩要比传统教学方法的高，而接近 75% 的学生通过了州数学测验，与三年前相比

① HERREID C F, SCHILLER N A. Case studies and the flipped classroom [J]. Journal of College Science Teaching, 2013, 42(5): 62-66.

通过率多了两倍。[①] 在布鲁内尔和霍利斯(Brunsell & Horejsi)的研究中,教师准备了 16 个有关磁场的视频,并在教学过程中采用翻转课堂教学法。调查和研究数据显示,学生对新的学习形式的反应是积极的,学生喜欢观看视频并能够回顾视频,并有 2/3 的学生认为翻转课堂中来自同伴的交互作用具有重要价值。尽管还存在一些学生在课前并不观看视频的问题,但是从成绩上来看,学生在这个单元的成绩与往年学生的成绩持平或者是超出。[②] 弗吕登贝格(Frydenberg)在其信息技术课程中使用了翻转课堂教学模式,该研究主要侧重翻转策略是如何促进学生的 Excel 概念学习的。学生的反馈意见表明,翻转课堂教学能够吸引学生的兴趣,挑战其思维并对其学习成绩有贡献。[③] 一般来说,大多有关 K—12 和高等教育的研究都提到,翻转课堂教学方法改善了学生的学习态度,并显著提高了学生的学习成绩。另外,研究还显示,翻转课堂教学能使学生的技能得到提升,比如高阶思维以及在问题解决中的创新能力、合作能力、独立性和创造力[④]。

从学生的感知角度来说,经历过翻转课堂教学的学生经常提到的一个强烈的感受是,学生可以自我控制学习的步调,并能根据自己的需要进行课外异步学习[⑤],可以按照自己的计划在家学习或者随时利用移动终端进行学习,并且能够重复观看视频讲座。与传统教学相比,经历翻转课堂教学的学生也表现出了动机和参与度的提升。[⑥] 例如,学生认为课堂内的学习活动有趣而且易于保持注意力,学生还感觉到在结构化程度较低,并且在具有更多合作活动的翻转课堂中更易于提出问题和参与到活动中。[⑦]

(2) 趋于消极的实证研究结论

尽管学生主体倾向于对翻转课堂教学持积极的态度,但是在每个研究中总有 15%~25% 的学生持消极的观点。例如,巴特(Butt)的研究报告了 25% 的学

---

① FULTON K. Upside down and inside out:Flip your classroom to improve student learning[J]. Learning & Leading with Technology,2012,39(8):12–17.

② BRUNSELL E,HOREJSI M. Science 2.0:A flipped classroom in action [J]. Science Teacher, 2013,80(2):8.

③ FRYDENBERG M. Flipping excel[J]. Information Systems Education Journal,2013,11(1):63–73.

④ STRAYER J. How learning in an inverted classroom influences cooperation,innovation and task orientation[J]. Learning Environments Research,2012,15(2):171–193.

⑤ LOVE B,HODGE A,GRANDGENETT N,et al. Student learning and perceptions in a flipped linear algebra course[J]. International Journal of Mathematical Education in Science and Technology,2014,45(3): 317–324.

⑥ YELAMARTHI K,DRAKE E.A flipped first-year digital circuits course for engineering and technology students[J]. IEEE Transactions Education,2014,58(3):99.

⑦ MASON G,SHUMAN T,COOK K. Comparing the effectiveness of an inverted classroom to a traditional classroom in an upper-division engineering course[J]. IEEE Transactions Education,2013,56(4): 430–435.

生看不到翻转课堂教学的任何价值[①];贝茨(Bates)和加洛韦(Galloway)的研究结果显示,有8%的学生轻微或强烈地支持传统教学,而有10%的学生持中立观点。[②]吉姆(Kim)等人的研究得到了相似的结论,有15%的学生对翻转课堂教学不喜欢或持有中立态度。[③]

从教师的角度来讲,研究者普遍指出,进行翻转课堂教学的教师在由传统教学模式转变为翻转课堂教学模式时,会付出大量的时间和精力,特别是在准备教学视频时付出的时间和精力尤其多。例如,制作并剪辑45个5~10分钟的视频讲座需要100小时,录制48个30~60分钟的教学视频就需要35小时。尽管许多研究者都推荐短视频教学(30分钟以内),在这种情况下,学生可以每周观看一个或多个视频,但是这种策略也遭遇了挑战。从教师的角度来看,教师需要面对选择并组织非常小的知识块的材料的挑战。从学生的角度来看,由于学习材料是相对孤立的,因此学生将面临缺乏清晰的知识模块结构以及认知结构的挑战。[④]当然,为了避免教师自身制作的教学视频质量低,并能减少教师用于准备教学视频的时间和精力,可以采用现成的视频讲座。目前在网络上存在大量可以利用的教育类视频(例如可汗学院、MIT开放课程、TED等),但是教师仍然面临如何选择高质量的已有视频的问题,同时还需要考虑已有的教学视频与教学内容和学生水平的契合问题。同时,维吉尼亚(Virginia)等人指出,影响翻转课堂教学顺利实施的因素是多方面的,包括学生自主学习的意愿、学生的学习风格与文化、课堂内师生之间交互影响的距离、学生的课前准备、高质量的教学视频的制作或遴选、知识组块的内容组织以及对学生学习情况的管理等方面(见图5-12)。

翻转课堂需要精心设计并需要大量的时间用来创建视频点播,而且还需要大量的精力用来监控学生的学习进程,但是智能数字技术的使用可以在某种程度上减轻这种压力。正如前文所指出的,翻转课堂具有许多优势。另外,相对有限的关于翻转课堂的研究已经显示出其结果大多数都是积极的。但是需要指出的是,为了确保研究的有效性和可靠性,相关的研究应该采取更为严格的数据收

---

① BUTT A. Students views on the use of a flipped classroom approach:evidence from Australia [J]. Business Education & Accreditation,2014,6(1):33-43.

② BATES S,GALLOWAY R. The inverted classroom in a large enrolment introductory physics course: a case study [C]. In:Proceedings of the HEA STEM Learning and Teaching Conference. The Higher Education Academy 2012.

③ KIM G,PATRICK E,SRIVASTAVA R,et al. Perspective on flipping circuits [J]. IEEE Transactions,Education,2014,57(3):188-192.

④ MASON G,SHUMAN T,COOK K. Comparing the effectiveness of an inverted classroom to a traditional classroom in an upper-division engineering course [J]. IEEE Transactions Education,2013,56(4): 430-435.

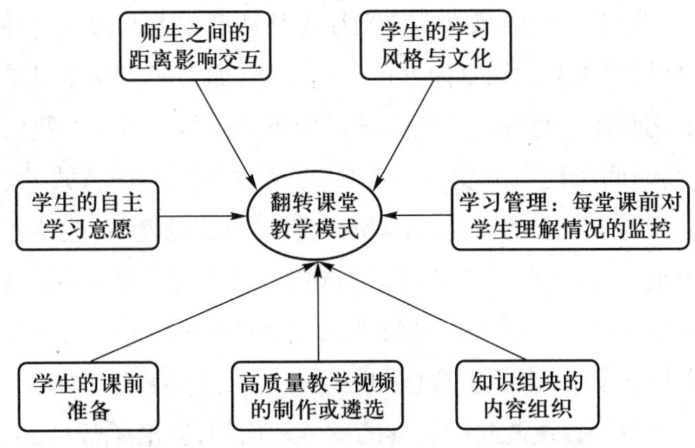

图 5-12 影响翻转课堂教学质量的潜在因素

集方法(已有研究往往缺少严格的实验控制)。而且,要想真正成功地实施翻转课堂教学,还需要解决基础设施的问题、装置的软件兼容性的问题、教师的数字素养以及处理技术故障的能力提升问题,还有学生能够公平地具备获取数字技术的条件和能力的问题。①

5. 翻转课堂教学中的常见问题与解读②

误区 1:"翻转课堂"翻转的只是教师讲课的时间和地点,并没有翻转接受性学习的本质。

持有这种认识误区的研究者和教师认为,翻转课堂所提倡的"先学"已经不是新课程改革意义上的"先自学",而是"先听课"。学生在家里或课外不是自学课本,而是观看教师的讲课视频。学生不用自己探究,教师把重点和难点都进行了分解,甚至对课文的分析或对例题的解题步骤都讲得很具体,学生只用做练习题就可以了。与传统的接受性学习不同的是:过去是在课堂上听教师讲课,现在是在家里听教师讲课,只是换了个时间和地方,翻转的是时间和地点,并没有翻转接受性学习的实质。新课程改革所提倡的探究性学习也被翻转回了接受性学习。也有人认为,翻转课堂仅仅是偷换概念,简单地转换了时间,基础都是相同的说教、讲授的教学法,正所谓"旧壶装新酒",根本就是"换汤不换药",只是陈旧教学方法(讲授)的一个高科技版本,它还没有消除数字鸿沟,翻转作业仍然是家庭作业,而且需要更多的时间,它导致了更坏的教育。

解读:之所以持有这种观点,我们认为恰恰是由对翻转课堂形式化的定义和

① 严文法,包雷,李彦花.国外"翻转课堂"教学模式的理论与实践探析[J].电化教育研究,2016(11):120-128.

② 包雷,李彦花,严文法."翻转课堂"的理论辨析与实践解读[J].课程·教材·教法,2017,37(6):25-31.

认识导致的。早期有关翻转课堂的定义往往是从形式上的课堂内外活动的翻转来界定，如果只是形式上的课堂内外活动的互换，那么确实存在只是教师讲课时间和地点的变化而并没有翻转接受性学习本质的问题。但正如我们在概念辨析部分所指出的，时间和地点的变化只是形式，而实质是学习方式的变化，翻转课堂更注重的是教和学方式的变化，强调的是教学方式的变革，改变教师和学生在课堂教学中的地位，改变传统教学中教师讲授、学生接受的局面，强调在课外学生通过观看教学视频等方式学习认知要求较低的材料，而将认知要求较高的活动转移到课堂教学中来，以小组合作和科学探究为主要教学方式进行教和学，强调探究，强调合作互助，强调高阶思维的发展。比如，罗伦泽蒂（Lorenzetti）认为，与使用课堂时间来传达你想让学生记住的基本信息或者要求学生单独进行较为复杂的有些难度的学习任务不同，翻转课堂要求学生在进入课堂学习之前就具备基本的课堂知识，然后在课堂内与同伴从事具有挑战性的分析、评价和创造性的任务。因此，从这个角度来说，片面、武断地认为翻转课堂仅仅是形式的翻转，认为新课程改革所提倡的探究性学习也被翻转回了接受性学习，它只是陈旧教学方法（讲授）的一个高科技版本，这是不科学的。

误区 2：翻转课堂会加重学生的课外负担。

有研究者和教师提出了翻转课堂是否会加重学生的课外负担的问题。现在各级教育行政部门都强调要减轻学生的学业负担，有的地方强调小学低年级课后零作业，中学的课后作业每天不超过一小时或一个半小时。虽然各地的具体规定不同，但是减轻学生课后作业是大势所趋。这里的课后作业不仅指复习作业，也包括预习作业。如果每节课课前都让学生在家自学 15 分钟，中小学一天 6~7 节课，至少要有 5 节新课，就需要观看 75 分钟的微课。这还不包括学生看后理解消化和做练习的时间，更不包括中学生必要的课后复习作业。这是否会加重学生的课后负担呢？有人认为，某些翻转课堂还不如说是应试教育课堂搬家，是应试教育的精致化和普及化。

解读：从某种意义上来说，翻转课堂通过要求学生在课外学习相关的视频等材料，确实需要学生在课外付出一定的时间用于学习，但是否加重学生的课外负担则需要审视。

首先，减负不等于无负，不等于在课外不去学习。

其次，翻转课堂教学普遍采用微视频，每个视频的时间并不长。

最后，翻转课堂作为一种教学模式或者教学方法仅仅是众多教学模式或方法中的一种而不是唯一的。具体到某个学段、某个学科、某一节课是否需要使用翻转课堂教学模式或方法是由教学内容和教学目标以及学生和教师等因素共同决定的，并非所有的学科的所有课堂教学都使用翻转课堂教学模式或方法。这样看来,翻转课堂并不会加重学生的课外负担。

误区 3:把“微课”用于课堂教学,并不能提高课堂教学效率,甚至会造成课堂教学低效。

有的教师质疑,在播放微视频的时候,教师站在一边,与学生共同看着屏幕上的课件,听着自己讲解的声音,俨然成了旁观者。在课后的反思和研讨会上,听课教师提出了许多问题:既然教师就在现场和学生面对面,为什么不直接给学生讲解,而让学生看自己课前录制好的视频呢?难道课前录制的声音比现场讲解更生动吗?整堂课教师像一个视频播放员,师生之间的现场互动减少了,教师在微视频中的讲解也是课前预设的而不是根据学生的自学情况现场生成的。当教师一脸麻木地站在一边听自己的录音时,整个课堂显得单调乏味。有一位听课教师毫不客气地指出,这实际上是穿上现代化外衣的接受性学习。也有研究者和教师指出,翻转课堂对学生的自主认知和自控能力提出了较高的要求,它要求学生要具有一定的逻辑思维能力和较强的自我控制能力,能够监控并调节自己学习的时间、参与的方式、学习的强度和持续性等。这对于年龄较小、学习能力较弱、意志力不强的中小学生来说是不适合的。

解读:这个观点的第一部分与误区 1 如出一辙,不同之处在于,误区 1 是认识和理念上的问题,这个观点反映的则是由认识和理念上的问题而导致的实践操作上的问题。正如我们在前文中指出的,翻转课堂教学模式一般要求学生在课下主动、自觉地学习教师提供的教学视频等材料,而在课堂上则通过合作探究、同伴互助、师生互动等形式进行高阶思维活动,绝非教师在课堂内一脸麻木地跟学生一起观看自己录制的教学视频。因此,如果有的教师采用与学生一起观看自己录制的视频,而教师自身成为视频播放员,并冠之以“翻转课堂”的名号,我们只能认为这是教师认识和操作存在问题,而并非翻转课堂教学模式本身的问题。

这个观点的第二部分认为,翻转课堂对学生自主认知和自控能力提出了较高的要求,对于年龄过小的孩子并不太适合。我们认为这个观点是部分合理的。因为翻转课堂教学模式最重要的理论基础就是“主动学习”理论,翻转课堂教学模式确实需要学生具有比以往更高、更强的自主学习的意识和能力,具有更强的自控力和自我约束力。对于小学低年级的学生而言,因为其自身心理发展规律的原因,他们的自控力还比较差,主动学习的意识和能力不强,因此在低年级开展翻转课堂教学确实存在现实问题。而对于小学中、高年级学生和中学生而言,随着学生心理的不断发展,学生的自控力逐渐增强,他们普遍有自主学习的意识,这使翻转课堂的有效实施存在可能。当然对于一些自控力比较差的学生而言,教师应该通过一些教学策略逐步增强其自主学习的意识和能力,提高学生的学习意识和能力本身也是我们教育的一个组成部分。

误区 4:翻转课堂有可能丧失教育的本质。

有研究者指出,教育过程一定是人际互动、智慧碰撞,没有思维碰撞,教育就无法完成。在翻转课堂中所使用的微视频是固化了的教学过程,无法实现课堂教学中的实时互动,无法实时实现思维的碰撞,无法根据学生的课堂表现调整教学过程。学生面对的是冷冰冰的机器和屏幕,而不是鲜活的具有情感的人。教师录制的微视频也因为缺乏学生的实时参与而变得呆板,缺乏生机与活力。

解读:教育的过程需要人际互动,需要思维的碰撞这是毫无疑问的,但是把无法实现思维碰撞的“帽子”戴在翻转课堂教学的“头”上则是不恰当的。在视频教学中,学生确实面对的是机器和屏幕,而不是鲜活的具有情感的人,在微视频中学生也确实不能实时参与到课堂教学中来。但是,首先,录制教学视频的教师可以通过在视频教学中注入情感、设置“留白”,提高教学视频的观赏性和学生思维的参与度。其次,教学视频只是一种学习资源,相比静态的文本有其独到的优势。最后,所谓的毫无生机的教学视频主要是在课外完成的,而在课堂教学过程中,教师并非游离于教学之外,而恰恰是更深层次地置身于其中;并非没有思维的碰撞,而恰恰是因为在课堂教学过程中引入的是高阶思维活动,能够更好地激发学生的思维,发展学生的思维能力;并非无法实现实时互动,而恰恰是提高了互动的强度,拉近了教师与学生的心理距离。

误区 5:翻转课堂极易导致两极分化,加大教育落差。

有研究者认为,慕课、翻转课堂、微课等对学习者的信息素养提出了较高的要求,要求学习者具有随时对信息进行识别、检索、重构和评价等的能力,这对于中东部发达地区伴随着数字信息时代一起成长起来的中小学生而言,使用上的难度较小,而对于西部欠发达地区缺乏基本信息技术能力、需要适应新技术的中小学生而言,通过各种技术终端来学习,尤其是对线上协作互动等操作,他们多感到举步维艰。即使是在同一个地区,个体自我效能感的高低,也会影响中小学生学习的热情和成效。

释疑:正如我们在翻转课堂概念辨析部分指出的,教学视频和网络技术只是作为一种手段和资源来使用的,并非翻转课堂教学模式的本质特征。翻转课堂翻转的不是时空顺序,不是教学资源和条件,而是教育理念、在教育教学过程中教师和学生的地位与作用,强调的是学生主动、积极、探究、合作的学习,强调的是思维和能力的提升,其目标是提高教和学的效率,没有视频和网络,课堂同样可以翻转。当然,随着教育技术的进步,视频、网络等新兴教育技术的引入使翻转课堂教学增强了可操作性。数字鸿沟确实还存在,但是这条鸿沟正在快速缩小，比数字鸿沟的缩小更为紧迫的是教师教育理念和思想意识上的鸿沟的缩小。教师应该结合教学条件、资源、教学内容与教学目标、学生的实际情况与自身特点，灵活地选择教学方式，创造性地开展翻转课堂教学。

翻转课堂的理论辨析与实践解读

国外翻转课堂教学模式的理论与实践探析

三、思维型教学方法选择依据

教学方法是在教学过程中，教师和学生为了实现教学目标、完成教学任务而采取的教与学相互作用的活动方式的总称。所以，教学方法是为教学目标服务的。没有放之四海而皆准的普适性的教学模式，也没有放之四海而皆准的普适性的教学方法。任何一种教学方法都有其适用范围，都有其长处，也都有其不足，没有必然的优劣、好坏之分。但是，思维型教学理论认为，任何一种教学方法的选择都要以调动学生的积极思维为核心，以促进学生核心素养和学科核心素养的形成为宗旨和目标。探究教学法要以问题为核心来组织教学；讲授法也要通过教师的语言来创设富有认知冲突的问题情境，提出能激发学生积极思维的问题，引导和启发学生的学习。除了前文所给出的教学方法之外，还有问题教学法、案例教学法、同伴教学法等众多不一而足的教学方法。"教学有法，教无定法，贵在得法"，那么得法的依据是什么呢？教师在进行教学的时候需要考虑哪些因素呢？

（一）教学目标因素

正如我们在前文中所讨论的，教学方法要为教学目标服务，不同的教学目标需要用不同的教学方法来完成。教学目标如果定位在掌握知识上，则适合选择讲授法、阅读指导法等。而如果定位在形成技能上，则适合选择实验法等。教师要根据教学目标的性质来选择恰当的教学方法。

（二）教学内容因素

在选择教学方法时，教学内容也是需要被考虑的重要因素。例如，化学教学内容一般分为物质知识、基本概念与原理、化学实验、化学计算、化学用语等五个类型，不同的教学内容需要不同的教学方法。一般而言，理论性较强的基本概念与原理的内容，宜采用讲授的方法，并将类比、归纳、演绎等逻辑方法穿插其中；事实性知识，可以借助讲授、演示或展示等方法；实验类的教学内容，则可以将讲授法、探究法、演示法、实验法、讨论法等综合运用；有争论的历史或哲学类的问题，可以使用讲授法、讨论法等方法；涉及计算类的题目，则可以使用讲授法中的讲解法、讲析法等教学方法。

比如，在高中物理的"静电屏蔽"教学中，一位教师使用了演示实验法。教师将一只活泼的小仓鼠置于一个金属笼子内，然后使用起电器与金属笼子接触，而结果小仓鼠依旧活泼，丝毫没有受到电击，这位教师就非常成功地通过实验教学激发了学生的认知冲突，从而引导学生一起来探究静电屏蔽的奥秘。

有一位初中语文教师在讲《背影》一课时，将当时有人提出建议在语文教材中删除《背影》的社会话题抛给学生，理由是朱自清的父亲形象不美，而且违反交通规则，不利于学生审美情趣的养成和交通规则意识的形成，从而引导学生积极讨论，发表观点，交流思想，使用的主要是讨论法，课堂效果非常好。

（三）学生因素

教学方法的选择，还要考虑到学生的年龄、个性、知识基础与认知水平，要把学生的可接受性建立在现代心理学和教育学对学生智力发展的研究成果之上。教师在选择教学方法时，要考虑到学生所处的年龄、学段，要考虑到学生普遍具有的知识基础与认知水平。比如小学生的认知水平还处于形象思维阶段，在初识数字的时候，因为数字是抽象的，所以在进行教学时，教师往往会将数字与具体的事物形象建立联系。比如，1 像铅笔能写字，2 像小鸭水中游，3 像耳朵听音乐，等等。小学生初学拼音的声母与韵母也具有类似的特点，教师需要结合讲授法和演示法进行教学。当学生的抽象思维发展到一定的水平之后，教师在进行教学时可能就不太需要借助实物或者模型进行演示了，而可能借助抽象的概念就可以进行教学了。当学生的逻辑思维与辩证思维达到一定的水平之后，教师则可能采用讨论、辩论等教学方法。

此外，教师还需要考虑学生的非智力因素特征，考虑学生的学习注意力、态度、动机等因素。

（四）教师因素

教师在进行教学方法的选择时要考虑自身因素，要考虑自身的表达能力、教学技能、教学风格、课堂教学组织能力和控制能力、现代教学技术的使用能力等。如果教师的教学语言富有启发性、逻辑清晰、有条理，自己善于设计和提出问题，善于引导学生积极思维，循循善诱，就可以结合教学目标与教学内容等因素确定是否选择使用讲授法。如果教师组织能力、管理能力、引导能力等比较强，就可以结合其他需要考虑的因素确定是否可以使用探究法。任何一种教学方法是否有效除了考虑教学目标、教学内容等因素之外，关键还要看教学方法如何被运用。当教师能够准确运用教学方法时，教学方法才能变得灵活而有生机。并不是每一个教师都有能力使用任何教学方法。有的方法好，但教师缺乏必要的素养条件，驾驭不了，就不能在教学实践中产生良好的效果。教师的某些特长、某些不足和运用某种方法的实际可能性，都是选择教学方法的重要依据。

（五）教学条件因素

除了以上这些因素之外，教师还要考虑学校所具备的教学条件，是否具备教学方法所需要的硬件设施、物理条件以支撑现代教学技术手段的仪器、设备等。教师在选择教学方法之前，一定要考虑学校所能提供的物质条件，如果超越了实际的物质条件，就很难完成教学任务。有时教师还需要创造性地去开发一些教学条件，以满足相应教学方法的需要。

视频 5–1
教学方法选择的依据

思维型教学要求教师在课堂教学中恰当地列举生活中的典型事例，唤起学生已有的感性认识；运用观察和实验来展示有关事物发生、发展和变化的现象及过程；联系学生已有的生活经验和已有的知识进行教学；要重视概念、规律、理论等的形成过程；让学生掌握建立概念、规律、形成知识、分析问题、解决问题的方法；提出高认知问题，重视探究教学；使学生掌握知识之间的联系及关系，在大脑中形成“富有弹性”的知识网络，建构合理的学科结构，为学生创造力的发展打下良好的基础。就社会建构来讲，教师在教学过程中要重视课堂互动。课堂互动是课堂教学中最基本、最主要的人际交往，也是一种常用的教学方式。在课堂教学中，教师和学生之间、学生和学生之间发生具有促进性或抑制性的相互作用、相互影响，进而促进师生心理或行为的改变。思维型教学要求教师引导学生基于问题自主探究和合作交流,强调在学生独立探究的基础上,开展合作交流,或者在学生独立思考的基础上开展合作探究。

因此,根据教学方法的不同特点,思维型教学强调围绕学生思维能力的发展,针对不同的教学目标、教学内容、教学环节等可以选择讲授、探究、合作、翻转课堂等多种教学方法。教师在运用教学方法时,要紧密围绕思维来组织教学。讲授应该是基于问题情境创设和认知冲突激发的启发式教学;探究应该以问题为核心发展学生问题解决的综合能力;合作应该基于社会性建构和思维互动;翻转教学应该以发展高阶思维为目的。

◎ 思考题

1. 如何正确看待讲授法?
2. 如何正确理解探究教学法?
3. 如何正确理解翻转课堂教学法?
4. 如何在思维型教学理论指导下选择恰当的教学方法?

■ 专题六

教学情境设计

◎ 学习目标

认识到情境创设在发展学生核心素养中的价值，能说出思维型教学情境创设的基本要求，能理解课程标准中有关情境创设与教学的要求，能基于思维型教学理论正确创设教学情境。

◎ 知识导图

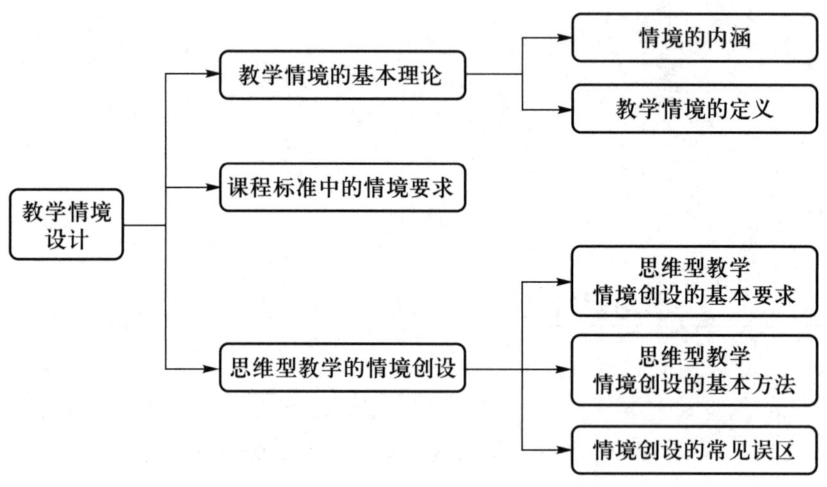

教学情境设计
教学情境的基本理论
情境的内涵
教学情境的定义
课程标准中的情境要求
思维型教学的情境创设
思维型教学情境创设的基本要求
思维型教学情境创设的基本方法
情境创设的常见误区

为什么要创设教学情境？德国一位学者打过一个比方：将15克食盐放在你的面前，无论如何你都难以下咽，但将15克盐放入一碗美味可口的汤中，你就会在享用美味可口的汤的同时，不知不觉地将15克盐全部吸收了。如果我们把知识比作食盐的话，那么情境就是那碗美味可口的汤。经济合作与发展组织在“素养界定与遴选”项目中指出，核心素养着力提高学生面对复杂情境下的问题解决能力，使学生能够适应飞速发展的信息时代和复杂多变的未来社会。传统的教学以知识点的掌握为核心，忽视知识学习过程中真实情境的创设和知识应用于真实情境的问题解决能力的培养，不能有效培养学生的核心素养①。在深化课程改革，落实立德树人根本任务，发展学生核心素养的时代背景下，应该如何正确认识教学情境？如何在思维型教学理论的指导下创设良好的教学情境呢？

视频6–1
教学情境创设的重要性

一、教学情境的基本理论

（一）情境的内涵

情境从构词角度考虑，包含两个意义维度：一个维度是“情”，另一个维度是“境”。从“情”的维度予以解释，它既有“感情”“情趣”“意志”等主观指向，又有“情况，实情”等客观指向。情境之“境”，则既有“疆界，边界”等物理意义的定义域，又有“地方，区域”等物理意义的时空域，且尤指“情况”“境界”等表达的由客观至主观的认识之意。

心理学认为，情境是对人有直接刺激作用、有一定的生物学意义和社会学意义的具体环境。情境是具体的自然环境或具体的社会环境。它与意境不同，情境是客观的具体环境，意境则是主观的精神境界。情境在激发人的某种情感方面有特定的作用。

情境与情景不同，“景”主要是指物理环境，而“境”的含义更为广泛，既有自然之景，也有人之心境。由此可见，“情境”包含了“情”与“景”，是“情”与“景”的统一。它与意境不同，情境既可以是可见的，也可以是不可见的，但却是具体的、客观的。意境则是主观的精神境界，它是在情境的激发下产生的。由此可见，

① 姜宇，辛涛，刘霞，等．基于核心素养的教育改革实践途径与策略[J]．中国教育学刊，2016(6)：29–32.

情境之所以被称为“情境”，其前提是对人有意义，只有人才会有“情”，离开人就不能称其为“情境”了，只能是环境。“情境”之中的“情”字就体现了这个前提，它是对人而言的。情境的独特性就体现在这个“情”字上。如果仅仅将情境中的“情”理解为情感，那么就只能把情境理解为使人产生一定的情感的物理环境，我们就无法突出情境的本质特点，因为任何一个物理环境都会使人产生或多或少的感情。总体来看，情境就是人与其所处环境相互作用而形成的一种对人身心产生作用的特殊环境，包含具体可见的物质环境和不可见的非物质环境。

（二）教学情境的定义

随着信息时代和学习社会的到来，教学的内涵日渐丰富，教学的形式也更加多样，教学活动亦变得更加复杂，这就要求我们必须站在时代发展的前沿重新认识教学活动及其各个要素。情境是人类认知和思维的基础，是人类建构知识的土壤，教学作为人类获取认识和信息的实践活动之一，其实施过程必离不开情境的参与。因此，加强对教学情境的理解在一定的程度上有助于优化教学效果。而传统教学认为学习是“去情境”的，持这个观念的人认为，知识一旦从具体情境中抽象出来，成为概括性的知识，其本身就反映了具体情境的“本质”，对这些概括性知识的学习可以独立于现场情境而进行，而学习的结果却可以自然地迁移到各种真实情境中。实践证明，对抽象概念、规则的学习往往无法灵活适应具体情境的变化，学生常常难以用课堂上学习的知识来解决现实世界中的真实问题。传统的“去情境”学习，忽视了学生的学习过程，也忽视了学生的情感体验。知识只有蕴含于一定的情境中，才有了其所依存的背景和环境，才不会使学生有距离感和陌生感，才有利于学生更好地理解知识的产生与发展。新课程提倡设计真实、复杂、具有挑战性和开放性的教学情境与问题情境，诱发、驱动并支持学习者的探索、思考与问题解决活动，创设“回归生活”“贴近生活”的教学情境，实现教学情境的信息化和生活化。

教学情境是什么？不同的人会根据自己的理解进行不同的界定。有学者认为，教学情境就是以直观方式再现书本知识所表征的实际事物或者是实际事物的相关背景。教学情境解决的是学生认识过程中的形象与抽象、实际与理论、感性与理性、旧知与新知、背景与知识以及问题与思维的关系和矛盾。李吉林老师将情境教学理解为一种“发展性的教学”，认为情境教学的特点是“形真”“情深”“意远”“理寓其中”，这是统一的，不可分割的。关于情境教学法的概念也非常多，例如“遵循反映论的原理，充分利用形象，创设具体生动的场景，激起学生的学习情绪，从而引导学生从整体上理解和运用语言的一种教学法”①。也有

① 李吉林．情境教育的诗篇[M]．北京：高等教育出版社，2004:46.

人认为“情境教学是从教学的需要出发，教师依据教材创设，以形象为主体，以富有感情色彩的具体场景或氛围为形式，激发和吸引学生主动学习，达到最佳教学效果的一种教学方法”[①]。

二、课程标准中的情境要求

义务教育阶段各学科课程标准普遍关注情境的创设，比如《义务教育语文课程标准（2011年版）》在“教学建议”中指出，要运用多种识字教学方法和形象直观的教学手段，创设丰富多彩的教学情境，提高识字教学效率，强调在多样化的情境中引导学生识字。再如《义务教育数学课程标准（2011年版）》在各学段课程目标中均强调情境的重要性，比如在第三学段知识技能目标部分指出，体验从具体情境中抽象出数学符号的过程，理解有理数、实数、代数式、方程、不等式、函数……在问题解决目标部分指出，初步学会在具体的情境中从数学的角度发现问题和提出问题……而在内容标准部分，“情境”一词更是高频度出现，比如“在具体情境中，认识万以上的数，了解十进制计数法，会用万、亿为单位表示大数”；“结合现实情境感受大数的意义，并能进行估计”；“结合具体情境，理解小数和分数的意义……”；“在具体情境中，了解常见的数量关系”等。2017年颁布的《义务教育小学科学课程标准》也强调情境的创设，比如“教师要为学生提供多样化的学习机会……综合运用知识解决真实情境问题的机会”；“在发挥现代教学媒体优势的同时，不应忽视真实情境、直接经验对小学生的重要作用”。

而在普通高中各学科课程标准（2017年版）中，对情境的创设更加关注。

案例 6-1　《普通高中化学课程标准（2017年版）》中的情境

《普通高中化学课程标准（2017年版）》在各个主题中，均在教学提示部分包含一个“情境建议内容”，比如必修课程主题1“化学科学与实验探究”的教学提示部分如下。

3. 情境素材建议

◆ 有关化学发现的故事：电离理论的建立、元素周期律的发展、原电池的发现、氯气的发现、人工合成尿素、工业合成氨、青蒿素的提取等。

◆ 有关理论、模型不断发展的史实：苯分子结构、原子结构模型、氧化还原

① 韦志成．语文教学情境论［M］．南宁：广西教育出版社，1996：25.

理论等。

◆ 化学研究技术及应用:波谱、色谱、X射线衍射、飞秒化学、原子示踪技术等;汽车尾气中氮氧化物等污染物的测定、食物中亚硝酸盐等含量的测定等。

◆ 改革开放以来我国化学科学研究的重要成果,化学科学与技术在建设创新型国家方面做出贡献的事例。

除了有专门的“情境素材建议”部分,《普通高中化学课程标准(2017年版)》在教学与评价建议部分也有相关的内容。

4. 创设真实问题情境,促进学习方式转变,并具体要求:(1)创设真实且富有价值的问题情境。真实、具体的问题情境是学生化学学科核心素养形成和发展的重要平台,为学生化学学科核心素养提供了真实的表现机会。因此,教师在教学中应重视创设真实且富有价值的问题情境,促进学生化学学科核心素养的形成和发展。真实的STSE问题和化学史实等,都是有价值的情境素材。例如,“氧化还原反应”的教学,教师可以提供有关“汽车尾气及其危害”的素材,使学生产生运用化学方法解决这一问题的欲望,提出“如何根据氧化还原原理对汽车尾气进行绿色化处理?”的问题。

《普通高中化学课程标准(2017年版)》在命题建议中也非常鲜明地提出了情境的重要地位,指出:根据学业水平考试的目的,化学学业水平考试命题必须坚持以化学学科核心素养为导向,准确把握“素养”“情境”“问题”“知识”四个要素在命题中的定位与相互联系,构建以化学学科核心素养为导向的命题框架。

以化学学科核心素养为导向的命题框架如图6-1所示。

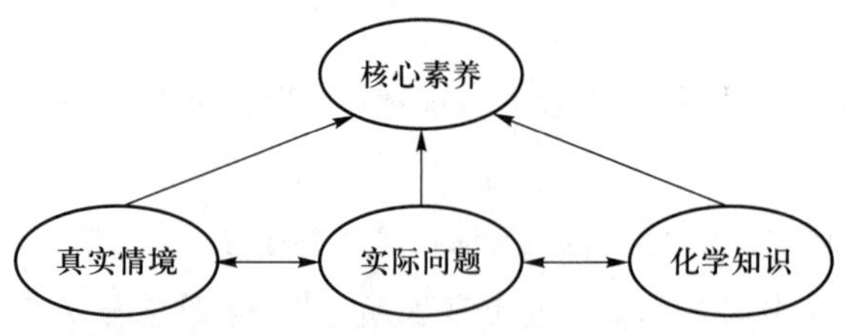

图6-1 以化学学科核心素养为导向的命题框架

上述框架表明,“情境”和“知识”同时服务于“问题”的提出与解决;“问题”“情境”“知识”三者之间存在着密切的联系;情境的设计、知识的运用、问题的提出与解决均应有利于实现对学生核心素养的测试。命题是以核心素养为测试宗旨,以真实情境为测试载体,以实际问题为测试任务,以化学知识为解决问题的工具。

案例 6-2 《普通高中物理课程标准(2017 年版)》中的情境

《普通高中物理课程标准(2017 年版)》教学建议中指出:在教学设计和教学实施过程中重视情境的创设。创设情境进行教学,对培养学生的物理学科核心素养具有关键作用。

物理概念的建立需要创设情境。学生在学习物理概念之前,基于生活经验形成了大量的经验型常识,要在此基础上建构物理概念,必须对所观察的现象重新加工,在诸多客观情境中概括事物的共同属性,抽象事物的本质特征,完成从经验性常识向物理概念的转变。在这个过程中,教师应促进学生科学思维的发展。例如,在自由落体运动的教学中,学生通常认为重物比轻物下落得快。针对学生的这种认识,教师可利用纸片和纸团等随手可得的生活用品创设各种物体下落的具体情境,分析得出空气阻力对物体下落快慢有影响;通过羽毛和金属片在无空气阻力的真空玻璃管中下落的实验,抽象出物体在真空中下落快慢的共同特征,形成自由落体运动的抽象概念。教学实践证明,在物理概念的教学中,关键是创设体现概念本质特征的情境,发展学生的科学思维。

物理规律的探究需要创设问题情境。学生从情境中发现和提炼问题,对问题的可能答案做出假设,并根据问题情境运用已有知识制订探究计划,选择符合情境要求的实验装置进行实验,获取客观、真实的数据,通过对数据的分析形成关于物理规律的结论。例如,在学习行星运动规律时,可利用木星的卫星便于观测且绕木星运行周期较短的特点,教师把每间隔一定时间拍摄的木星(连同多颗卫星)照片提供给学生,让学生从这些照片中分析不同卫星的运动周期,定量比较这些卫星绕木星做圆周运动的半径大小,对卫星做圆周运动的半径和周期的定量关系提出假设,并通过所测出的数据检验或修正自己的假设,形成相关运动规律的结论。学生在活动中能真切感受科学探究过程,体会通过科学描述和解释自然现象的乐趣,提升对科学本质的认识,提高科学探究能力。

应用物理知识解决具体问题应结合具体的实际情境。运用物理知识解决实际问题能力的高低,往往取决于学生将情境与知识相联系的水平。例如,是否能把情境中的一段经历转化为一个物理探究过程,是否能把情境的故事情节转化为某种物理现象,是否能把描述情境的文字转化为物理表述,是否能把情境中需要完成的工作转化为相应的物理问题。我们常说某个问题很“活”,其“活”的本质之一在于情境的转化,能不能把问题中的实际情境转化成解决问题的物理情境,建立相应的物理模型,这是应用物理观念思考问题、应用物理知识分析解决问题的关键。在物理教学中,应让学生获得在实际情境中解决物理问题的大量经验，形成把情境与知识相关联的意识。

案例 6-3 《普通高中数学标准(2017 年版)》中的情境

《普通高中数学课程标准(2017 年版)》的教学建议部分指出：情境创设和问题设计要有利于发展数学学科核心素养。

基于数学科学核心素养的教学活动应该把握数学的本质，创设合适的教学情境，提出合适的数学问题，引发学生思考与交流，形成和发展数学学科核心素养。

教学情境和数学问题是多样的、多层次的。教学情境包括：现实情境、教学情境、科学情境，各种情境可以分为熟悉的、关联的、综合的。数学问题是指在情境中提出的问题，分为简单问题、较复杂问题、复杂问题。数学学科核心素养在学生与情境、问题的有效互动中得到提升。在教学活动中，应结合教学任务及其蕴含的数学学科核心素养设计合适的情境和问题，引导学生用数学的眼光观察现象、发现问题，使用恰当的教学语言描述问题，用数学的思想、方法解决问题。在问题解决的过程中，理解数学内容的本质，促进学生数学学科核心素养的形成和发展。

设计合适的教学情境、提出合适的数学问题是有挑战性的，也为教师的实践创新提供了平台。教师应不断学习、探索、研究、实践，提升自身的数学素养，了解数学知识之间、数学与生活、数学与其他学科的联系，开发出符合学生认知规律、有助于提升学生数学学科核心素养的优秀案例。

三、思维型教学的情境创设

从上文的分析，我们可以认识到课程标准中对于情境的重视程度。而教与学的理论也普遍支持要创设良好的教学情境。杜威的教学思想指出，要让学生从情境中发现疑难，从疑难中提出问题。建构主义理论指出，学生的学习是一个积极主动的建构过程，教师要为学生创设良好的学习环境，设置适当的问题情境，引起学生的认知冲突，激发学生的积极思维，而教师的活动则是教师通过创设良好的外部学习情境，引导学生主动建构知识的意义，其核心是促进学生积极主动的思维。主体性教学理论也指出，要创设问题情境，精心设计问题，启发学生思维。李吉林老师的情境教学理论则主张以情为纽带，以思为核心，以儿童活动为途径，以美为境界，以周围世界为源泉，从情与境、情与辞、情与理、情与全面发展的辩证关系出发，创设典型的场景激起情绪，把情感活动和认知活动结合起来。

情境创设也是思维型教学理论的主要构成要素之一,并位列要素之首,是认知冲突的先决条件。在思维型教学理论指导下应该如何进行情境的创设呢?

(一) 思维型教学情境创设的基本要求

思维型教学理论要求创设良好的教学情境。根据思维结构模型,积极思维的前提条件是具有良好的思维环境。应用到教学过程中,要求教师创设良好的教学情境,促进学生积极主动的思维。

一是要营造创造型的教学情境。创造型的教学情境是指教师采取民主型的教学方式,平等地对待学生,构建以培养创新意识和创造能力为核心的"学生主体"教育观念;鼓励学生独立思考,让学生敢于标新立异,敢于挑战权威;形成学生主动学习、积极参与的生动活泼的课堂教学氛围。

二是要创设鼓励学生质疑的教学情境。教师对待学生提问的态度是指教师对学生提问产生的一般而稳定的心理倾向,包括积极倾向和消极倾向。教师对待学生的提问应该持积极态度,即喜欢、支持、鼓励、引导学生提问。

三是应该尽量提出高认知问题。所谓高认知问题,就是能使学生产生认知冲突,激发学生积极思维的问题。注意在教学过程中创设情境只是一种手段,其目的是激发学生积极主动的思维和学习。

在进行思维型教学情境创设时,为了能使学生积极主动地思维和学习,教师要调动学生原有的生活经验和认知水平,在原有的生活经验和认知水平上激发学生对新学习内容的认知冲突。同时,教学情境能促使学生积极主动地参与到学习中来,调动学生参与学习活动的积极性和成长的情意因素。另外,教学情境的创设应该是有学科性的,不同的学科、不同的学习内容应该有不同的教学情境创设方法,教师在创设教学情境时要充分考虑到学科及学科内容的特点,创设恰当的教学情境。

(二) 思维型教学情境创设的基本方法

1. 事实情境

事实情境是指通过具体的事实或经验来呈现学习情境。这些事实或者经验为学生所熟悉,能够为学生的学习提供一个熟悉的情境,激发学生学习的兴趣和内在动机。

李吉林老师指出,教学往往割裂了环境与儿童活动的有机联系,教育环境对儿童来说变得疏远、陌生,甚至格格不入……因此,教育教学活动很难成为儿童的主观需求,被动地接受是必然的结果。既然是被动,就势必阻碍儿童潜在能力的充分发展。反之,如果教师创设的教育环境对儿童(个体)来说是熟悉的,就能激发学生学习的兴趣与动机,主动学习也就易于发生。

案例 6-4 “氧化还原反应”情境创设

某位教师在讲授某版本高中化学教材“氧化还原反应”一节内容时,为了帮助学生建立氧化还原反应所依存的情境,举了一个生活中常见的案例:将刚削好的苹果放置一会,我们会发现苹果果肉的颜色变为黄褐色,其中发生了怎样的变化呢?而我们将变色后的苹果放置于溶解有维生素C的水中,苹果又发生了怎样的变化呢?这种变化所蕴含的化学知识是什么呢?带着这个问题我们一起来学习“氧化还原反应”。

【点评 6-4】 在进行“氧化还原反应”一节内容的教学时,教师经常创设“苹果变色”的情境,尽管有些老生常谈,但是其价值却并未消弭。因为学生对于苹果变色的情境是非常熟悉的,这个情境容易唤起学生的生活经验,能够激发学生学习本节内容的学习兴趣和内在学习动机。

案例 6-5 “化学反应速率”情境创设

某位老师在讲授某版本高中化学教材“化学反应速率”一节内容时,为了帮助学生理解化学反应的速率有快慢之别,举了一系列学生生活中常见的案例作为教学情境:钟乳石的形成需要上百万年之久;放置在冰箱里的食物过几天可能就变质了;燃放烟花爆竹却只需要较短的时间就完成了。无论是钟乳石的形成还是食物的变质,或者是烟花爆竹的燃放,都伴随着化学反应,但是化学反应的快慢却不同,那么我们如何来表示化学反应的快慢呢?带着这个问题我们进入“化学反应速率”这一节内容的学习。

【点评 6-5】 学生通过多种途径对钟乳石的形成有一定的认识,并且具有食物变质和烟花爆竹燃放的经验,对于化学反应速率的快慢有一定的感受。通过创设学生所熟悉的事实、经验情境,使学生对于抽象的化学反应速率的概念有直观的感受和认识,有利于学生开展与化学反应速率相关的内容的学习。

案例 6-6 不等式 $a/b<(a+m)/(b+m)$ 教学情境创设

在不等式教学时,我们常常感到很抽象。例如

$$a/b<(a+m)/(b+m)\quad (a,b,m\text{ 均为正数且 }a<b)$$

这个不等式固然是成立的，但是对学生而言过于抽象，好像是“天上掉下来的”，不容易被理解。但是陕西师范大学的罗增儒教授从糖水浓度的角度来进行解释，一切都显得十分简单自然。用 a 表示糖的质量，b 表示糖水的质量，m 表示新加进去的糖，那么 $a+m$ 就是新的糖水中糖的质量（假设完全溶解），$b+m$ 就是新的糖水的质量，加糖 m 以后，糖水变得更甜了，即浓度增加了，所以上述不等式成立。

【点评 6–6】 学生在理解不等式 $a/b<(a+m)/(b+m)$ 时会感到抽象，理解起来有难度，更难以熟练地应用该不等式。罗增儒教授利用了学生所熟悉的生活经验创设情境，将抽象的数学问题转化成了学生熟悉的生活问题，学生理解起来就容易得多。

案例 6–7　“高、长、厚、深”教学情境创设[①]

这是一节“圆柱的认识”的新授课，当学生汇报完圆柱的“高”的有关知识后，老师不失时机地问：“日光灯管可以看作一个近似圆柱体，它的‘高’人们通常怎么表述？”

一个学生站起来说：“人们常用‘长’来表述。”

老师又问：“一元硬币也可以看作一个近似的圆柱体，高怎么说呢？”

一个学生答道：“人们通常说‘厚’。”

这时，所有学生兴致都很高，老师接着问道：“我们有些同学家里挖的水井同样可以看作一个近似的圆柱体，人们又怎样说它的‘高’呢？”学生迫不及待地齐答：“深——”

案例 6–8　应用题的问答[②]

最近发现，张思做应用题时对一类问题的回答老是出问题。比如，“这筐水果有多重？”他总是回答：“这筐水果有 45 重。”瞧，今天的作业又出现了这样的问题。怎样来解决这个问题呢？我把他叫到身边：“你今年多大？”

“9 岁。”

“能把话说完整吗？”

“我今年 9 岁。”

---

① 林天君．精彩数学课堂不可“不拘细节”［J］．新课程学习，2013（3）：28–30.

② 储冬生．跳出数学教数学：小学儿童的生活经验与数学学习［J］．教学月刊（小学版），2004（5）：14–16.

“不,应该说你今年9大。”我故意说。

小家伙立即给我纠正:“不,应该说9岁。”

我不动声色,又如法炮制了几个类似的例子。“你家到学校大约有多远?”“我家到学校大约有2千米。”

“不,应该说你家到学校大约2远。”

“你有多高?”“我的身高大约是130厘米。”“不,应该说你的身高大约是130高。”

“不是的……”小家伙有些着急了。

这时我把作业本递给了他。他一看,吐了一下舌头,立即转身订正去了。

【点评6-8】 这个案例是有针对性地解决学生存在的问题的一个案例。案例中学生存在的问题是不能正确使用单位,如果教师孤立、单纯地指出学生存在的问题,学生可能一时能修改过来,但是在遇到类似问题的时候可能还会犯错。本案例中的教师的策略就比较高明,利用学生熟悉的经验情境和学生存在的问题创设认知冲突,从而使学生深刻认识到自己的问题所在,相信这位小同学在遇到类似问题时就不会再出错了。

2. 问题情境

石本无火,相击而发灵光。有一种矿石名叫燧石,俗称火石,是一种石英的变种,这种矿石有一个特性就是在碰撞或者击打的时候能够产生火花,但是燧石本身是不能够产生火花的,必须需要碰撞或者击打。同样,好的教学能促进学生思维,能激发学生思维的碰撞。通过创设一定的问题情境,可以激发学生的认知冲突,进而激发学生的学习兴趣和动机。

桑代克准备律告诉我们学习是有条件的,在学习过程中学生要处于“饥饿状态”,而这个饥饿状态对于学生而言就是要具有学习的动机。在教学过程中应用设置问题情境的方法激发学生的疑问,激发学生的学习动机。

孔子说“不愤不启,不悱不发”,主张要进行启发式教学,但是“启”和“发”是有条件的,“启”的条件是“愤”,“发”的条件是“悱”,孔子述而不作,对于什么是“愤悱”并没有给出解释。但是宋代理学家朱熹做出了解释:“愤者,心求通而未得之意也;悱者,口欲言而未能之貌也。启,谓开其意;发,谓达其辞。”从构字法的角度来看,“愤悱”二字都是“忄”旁,也就是说愤和悱是两种心理状态,是什么心理状态呢? “愤者,心求通而未得之意也”,也就是说“愤”是心里想明白但是尚未明白的状态。而“悱者,口欲言而未能之貌也”,也就是说“悱”是想使用语言进行表达但是表达不出来的状态。“启,谓开其意”的意思是“启”就是要打通学习者的思路,而“发,谓达其辞”的意思就是“发”就是要使学习者能够表达出来。“启”和“发”的前提是“愤”和“悱”，而这种“愤悱”状态是可以通过创设基于认知冲突的问题情境来达到的。

视频 6-2
问题情境的创设与愤悱启发

案例 6-9 《孔雀东南飞》问题情境创设

在高中语文中有一篇经典的乐府诗《孔雀东南飞》。《孔雀东南飞》是我国历史上最长的叙事诗，与《木兰辞》合称乐府辞南北双璧，在我国文学史上具有重要的地位。既然是叙事诗，必然讲的是一个故事，而故事就要有矛盾冲突。这首长篇叙事诗的主要矛盾是焦母让自己的儿子焦仲卿休掉自己的妻子刘兰芝。那么刘兰芝是一个什么样的人呢？为什么焦母坚决要休掉她？这就是问题。教师可以创设一系列激发学生认知冲突的问题情境引导学生进行积极思考。

1. 刘兰芝是不是很丑，达不到焦母对儿媳容貌的要求？

文章用了大量的篇幅来描写刘兰芝之美，可以说是不吝辞藻，集中表现在刘兰芝归家之前的描写“鸡鸣外欲曙，新妇起严妆。著我绣夹裙，事事四五通。足下蹑丝履，头上玳瑁光。腰若流纨素，耳著明月珰。指如削葱根，口如含朱丹。纤纤作细步，精妙世无双”。这一段文字从不同的角度描写了刘兰芝的美，包含了刘兰芝的妆容之美、形体之美、举止之美三个方面。以作者对刘兰芝手的描写为例，作者通过借代的修辞手法描写了刘兰芝的形体之美。一般认为，在中国文学史上有三双美丽的手，一个是《诗经·卫风·硕人》篇“手如柔荑”的手，另一个是南宋诗人陆游在《钗头凤·红酥手》中所描写的原配唐氏的“红酥手”，还有一个就是刘兰芝“指如削葱根”白而细的手。因此，第一个假设是不成立的，刘兰芝不仅不丑，而且是一个很美丽的女子。

2. 刘兰芝没有才能吗？

尽管中国古人讲女子无才便是德，但如果自己的儿媳妇什么都不会做显然也是不行的，那么刘兰芝是否没有才能呢？诗歌中开篇就通过刘兰芝自述的形式给出了答案“十三能织素，十四学裁衣，十五弹箜篌，十六诵诗书”。这一句诗里使用了借代和互文两种修辞手法，织素、裁衣代指刘兰芝会做女红；箜篌是乐器，代指刘兰芝懂音律，具有音乐素养；诗书代指刘兰芝有文学修养。刘兰芝既会女红又通音律、知晓诗书，即便是在当今社会依然是可遇而不可求的，显然刘兰芝是有才能、才华的，很明显这个假设是不成立的。

3. 刘兰芝不勤劳吗？

如果刘兰芝虽然长得美丽又有才能，但是却好逸恶劳，显然也可能不被焦母所喜。但通过刘兰芝自述中所说的"鸡鸣入机织，夜夜不得息。三日断五匹，大人故嫌迟"来看，刘兰芝不仅美丽有才能，还非常勤劳，每天早早地就起床织布，每天都织布到很晚。在当时东汉末年低下的劳动生产力的条件下，三天织五匹布已经是非常高的生产效率了，而焦母还嫌慢。显然，这个假设也是不成立的。

既然刘兰芝长得漂亮，而且勤劳能干又有文学与艺术修养，为什么为焦母所不容？

4. 刘兰芝的独立人格与焦母驱使的背离

焦母对刘兰芝的不满并非一时之气，而是长久以来积压的一种情绪，这从焦母所说"吾意久怀忿"和"上堂拜阿母，阿母怒不止"可以判断出来，而其"久怀忿"的缘由是"此妇无礼节，举动自专由"，也就是焦母指责刘兰芝不听话、特立独行，而反过来看刘兰芝所说"妾不堪驱使"和"不堪母驱使"，可以看出焦母的期望值与刘兰芝的独立人格之间形成了一个落差。而从刘兰芝的教养以及"奉事循公姥，进止敢自专？""今日还家去，念母劳家里""勤心养公姥，好自相扶将"等表述可见刘兰芝所受的驱使与压抑的内心并未改变其"善""孝"以及高雅的举止与高洁的精神追求。

5. 学术界的两种假设

关于刘兰芝为何不为焦母所容，学术界还给出了两种假设，在课堂教学中也不妨引导学生对此进行探讨。

一个假设是可能因为焦刘二人没有子嗣，我国古人认为"不孝有三，无后为大"，而诗歌中并没有提及焦刘二人有孩子，再结合刘兰芝自述"十七为君妇"和焦仲卿所言"共事二三年"，以及"新妇初来时，小姑始扶床；今日被驱遣，小姑如我长"，可知焦刘二人已婚多年，但膝下并无一男半女。

另一个假设是焦母长期孀居，与子相依为命进而有恋子情结。诗歌中刘兰芝曾提到"我有亲父兄"，而刘兰芝归家之后"阿母大拊掌"，说明刘兰芝父母健在且家有兄长，诗歌中只提及焦仲卿的家庭成员为母亲和妹妹并没有提到父亲健在的问题，而联系到焦母在督促焦仲卿休妻时说"东家有贤女，自名秦罗敷，可怜体无比，阿母为汝求。便可速遣之，遣去慎莫留！"以及刘兰芝归家之后先有县令后有太守之子求婚并且已经筹备婚嫁，而反观焦仲卿在跟焦母言明死志之后焦母所说"东家有贤女，窈窕艳城郭，阿母为汝求，便复在旦夕"，说明此前焦母并未急于为子求妇，这与焦母抱孙心切的假设亦有不符。

由此，不断地设置问题，引导学生不断地产生认知冲突，以便达到对诗歌的更好理解。

【点评 6-9】 这个教学设计脱离了一些语文教师在进行文本教学时往往采取的标注自然段、划分段落、概括段落大意、归纳中心思想的窠臼，而是围绕叙事诗中的故事的矛盾冲突来设计一系列将学生的思维引向深入的问题情境。通过不断地创设层层递进的情境，学生加深了对诗作文本的理解，发展了“思维发展与提升”学科核心素养，而不是简单地、笼统地得出封建礼教对青年男女爱情的扼杀的结论。

案例 6-10 《晓出净慈寺送林子方》问题情境创设

小学语文有一篇《晓出净慈寺送林子方》。诗云：

毕竟西湖六月中，风光不与四时同。
接天莲叶无穷碧，映日荷花别样红。

一位老师在讲授这节课时的教学基本思路是，首先教师带领大家一起读诗，其次教师讲解每一联中重点字词的意思，再次教师要求大家个别读、齐读，最后教师要求学生背诵。

【点评 6-10】 有些教师在讲授诗歌时往往只是停留在让学生认识典型字词句然后会读会背的水平上，这显然是不够的。《尚书·尧典》中即指出“诗言志”，即诗歌要能表达作者的思想、情感、志向和抱负。那么《晓出净慈寺送林子方》这首诗表达了作者杨万里什么样的“志”呢？诗歌教学不能只停留在让学生会读会背的目标水平上，还要引导学生理解作者的思想感情。首先，教师可以提问学生这是一首什么题材的诗？引导学生首先解读本诗的题目“晓出净慈寺送林子方”，题目中九个字传达了这样几个信息：时间是早晨（晓），地点是净慈寺，人物是林子方和作者杨万里，事件是送别，因此这是一首送别题材的诗。但是对照诗歌内容，四句诗描写的都是西湖的景象：莲叶、荷花，因此更像是一首写景状物诗。那么，这就产生了认知冲突，为什么题目表现出来的是送别，而内容却是写景，毫无送别的意味呢？题目与内容是否矛盾呢？这首送别题材的诗与其他送别诗的区别是什么？教师举几个典型的送别题材的诗歌，比如李白的《赠汪伦》：“李白乘舟将欲行，忽闻岸上踏歌声。桃花潭水深千尺，不及汪伦送我情。”这首诗洋溢着浓浓的惜别之情，情比潭深。王维的《送元二使安西》：“渭城朝雨浥轻尘，客舍青青柳色新。劝君更尽一杯酒，西出阳关无故人。”情蕴酒中，依依惜别。高适的《别董大》：“千里黄云白日曛，北风吹雁雪纷纷。莫愁前路无知己，天下谁人不识君。”对比田园诗人王维的优柔，作为边塞诗人的高适显得豪迈而且极富正能量，而且惜别之情表现在了勉励董大上。这样的诗歌都有一定的离愁别绪在心头，为什么在离别时刻，杨万里却一点离愁也没有，反而有心情去欣赏西湖的美景呢？

要正确地理解这首诗的真实含义需要先了解诗歌的写作背景。作者杨万里和林子方是什么关系？首先，杨万里和林子方是上下级关系。林子方当时的官职是直阁秘书，也就是给皇帝起草诏书的秘书，而杨万里的官职是秘书少监，是林子方的上司。其次，两人还是志同道合的好友。当时正值南宋时期，南宋与金对峙，在南宋朝廷内存在着主战派和主和派，杨万里和林子方都是主战派，政见一致。那么，林子方要到什么地方去呢？林子方是由直阁秘书一职调任福州当知府，由皇帝身边的秘书调任地方。如此密切的关系，而林子方又要一去经年，在临别之际，杨万里断无怡然自得地欣赏西湖美景的可能，必然有一番意味在诗里面。

这其实是一首隐喻诗，第一二句使用了对比的修辞手法，将西湖的"六月中"与"四时"进行比较，指出西湖的六月中与其他时间是很不一样的，在这个比较里其实是暗指"中央"和"地方"的区别，指出在中央做官、在京城做官和做地方官是有很大不同的。有什么不同呢？"接天莲叶无穷碧，映日荷花别样红"，"莲叶""荷花"代指林子方，而"天"和"日"则代指的是天子、皇帝，暗指在皇帝身边、接近天子会"无穷碧""别样红"。以此来挽留林子方，不要去当福州知府还是做直阁秘书。但是林子方并未理解其中深意，而是大赞一声"好诗！"然后策马南下，从此被历史的滚滚红尘淹没，从此在历史上籍籍无名。

当然，小学生对这首诗不太可能从这样一个层面来理解，但有必要让学生体会出诗歌的离别之情，因此在创设出认知冲突之后，可以引导学生理解"借景抒情"的写作手法，通过描写西湖之美、杭州之美、临安府之美来挽留林子方。

经由认知冲突的设计，使学生发展"思维发展与提升""审美鉴赏与创造""文化传承与理解"的语文学科核心素养。

视频 6-3
《孔雀东南飞》问题情境创设

视频 6-4
《晓出净慈寺送林子方》问题情境创设

案例 6-11

有一位物理教师在讲密度的时候，这样创设问题情境："人固有一死，或重于泰山，或轻于鸿毛……那么有没有同学想过泰山和鸿毛谁轻谁重呢？是不是和司马迁的认识一样，认为泰山更重，鸿毛更轻呢？"

【点评 6-11】 这位教师的本意是为了让学生一方面要考虑密度，另一方面要考虑体积。但是存在的一个问题是，司马迁的本意是一座泰山与一片鸿毛相比，硬要扯上密度、体积有失偏颇。另一个问题是，如果这样来创设问题，解决的并非密度的问题，而是体积的问题。实际上完全可以创设这样的问题情境："秋叶飘零，坠落在小河或湖面上，树叶漂浮逐水而流，而为什么向水面投掷石子却石沉大海呢？"或者就用钢铁巨轮能浮于水面，铁块却沉入水中来创设问题情境，不要使用抬杠式的问题来创设情境。

3. 实验情境

对于一些课程尤其是理科类课程，教师可以创设实验情境来激发学生的学习动机。

案例 6-12　"滴水生火"实验情境

在某版本高中化学必修 1 课程第三章"金属及其化合物"设计了"钠和水的反应"知识点。教师可以创设如下的实验情境进行教学，激发学生学习的兴趣，使学生对金属钠活泼的化学性质有更清晰的认识。用一块脱脂棉包裹一块黄豆大小除去表面煤油的钠，然后使用胶头滴管向脱脂棉滴加蒸馏水，两三滴后，脱脂棉燃烧起来，教师设计问题："都说水火不相容，水能灭火，刚才的实验为什么是滴水生火呢？"带着这个问题探究钠和水的化学反应。

【点评 6-12】 水能灭火，这是人们的一个常识。该实验创设了一个认知冲突情境，滴水反而生火，从而激发了学生探究的兴趣，使学生带着问题与兴趣来探究钠和水的反应以及钠的其他化学性质。

案例 6-13　"原电池"实验情境

在高中化学"原电池"的教学中，教师为了帮助学生理解原电池的发生条件和反应本质，往往会设计铜锌原电池实验。将铜片和锌片分别插入稀硫酸溶液中，可以发现在锌片上有气泡产生，而铜片上没有，这是因为锌比铜活泼，能够与稀硫酸发生反应放出氢气。而如果将铜片和锌片用一条导线连接，结果发现在铜片表面也有大量气泡生成，导线连接前后实验现象发生了变化。在导线连接之后，实验装置内发生了什么样的变化呢？带着这个疑问和认知冲突来学习原电池的发生条件和反应本质。

【点评 6–13】 通过导线连接前后能够引起学生学习兴趣和认知冲突的实验现象，激发学生探究原电池发生条件和反应本质的兴趣。

案例 6–14 “静电现象及其应用”实验情境

某位高中物理教师在进行“静电现象及其应用”一课的教学时，创设了这样一个实验情境：教师带来了一只仓鼠，将这只仓鼠放入一个金属笼子，然后教师转动起电机给金属笼子通电，啪啪的放电声让学生都为笼子中的仓鼠捏了一把汗。但实际情况是，仓鼠依旧活泼如故，根本没有任何被电击的现象。教师以此实验现象为基础，顺利引出本节课要学习的“静电现象及其应用”。

【点评 6–14】 金属笼子、起电机、啪啪的放电声，无疑会让学生为仓鼠的命运担心，但是实验结果却证明仓鼠毫发未伤，这必然会引发学生的认知冲突，激起学生的好奇心，使学生产生进一步探究和学习的动机。

4. 学科发展史情境

学科发展史蕴含着丰富的学科知识、学科方法和学科思维，对于有些知识的学习，教师可以基于知识的动态产生过程来创设学科发展史情境。

案例 6–15 “燃烧与灭火”中的学科发展史

如何正确地认识燃烧的本质？燃烧本质的发现过程承载着非常丰富的科学精神、科学方法和科学思维，燃烧本质的发现是引导学生学习知识的动态形成过程的一个很好的个案。教师在教学过程中可以创设发现燃烧本质的化学史情境，以此发展学生的学科核心素养。

且不论古人是如何看待燃烧的本质，从近代化学之父玻意耳来看，在 17 世纪中叶，玻意耳认为燃烧是因为存在“火素”，即燃烧的“火素说”。到了 18 世纪初，德国化学家施塔尔在导师贝歇尔的基础上提出了燃烧的“燃素说”，并且在化学界产生了深远的影响，支持者甚众。在众多支持者中，法国大革命时期的革命者马拉是其中之一，在 1780 年其所著的《关于火的特性的研究》中支持施塔尔的“燃素说”，受到拉瓦锡的批判。之后，在法国大革命时期，马拉便喊出“打倒这个人民公敌的伪学者”的口号。拉瓦锡在一系列经典实验的基础上提出了燃烧的“氧化学说”，反对“燃素说”，但是不为当时的科学界所接受，而部分因为马拉的原因，最终导致拉瓦锡被送上了断头台。正如拉格朗日所说“砍下拉瓦锡的脑袋可能只需要一秒钟的时间，而要再长出拉瓦锡那样的脑袋却需要一百年”。而事实证明，拉瓦锡的燃烧的“氧化说”更接近燃烧的本质。

【点评 6-15】 教师要引导学生经历科学发现的过程，学到动态的知识形成过程，在教学过程中，创设典型的学科史情境，让学生经历知识的发生与发展的过程，能够帮助学生更深刻地理解知识。燃烧的氧化本质的发现过程，历史悠久，经历了几代人的努力，甚至付出了生命的代价，也能帮助学生认识到科学的发现并非坦途，可能铺满了鲜花，也可能是筚路蓝缕、披荆斩棘的过程，甚至更为残酷，帮助学生发展以科学精神为代表的核心素养。

5. 艺术情境

教师还可以借助图画、音乐、动画、视频等艺术形式及素材创设情境。

案例 6-16 艺术情境的创设

我的父亲是一位退休小学语文教师，在 20 世纪 80 年代中期，有一次父亲要上王维的《画》这节课。我们知道王维诗画双绝，“诗中有画，画中有诗”，而这首诗恰恰又是关于画的，如何能帮助学生更好地理解这首关于画的体现诗画双绝的诗呢？当时的素材资源和技术手段还存在很多不足，父亲想到了一个方法，亲自画一幅画，并将这幅画挂在黑板上，让学生结合黑板上的画来学习这首关于画的诗，创设出一种基于艺术手段的情境。父亲画了什么呢？我们来看一下这首诗。

画

远看**山**有色，
近听**水**无声。
春去**花**还在，
人来**鸟**不惊。

我们能够发现，王维的这首《画》，每一句都描写了一个要素，连起来就是“山水花鸟”。所以父亲在画这幅画的时候，体现的就是“山水花鸟”四要素，画了层峦叠嶂的山峰（山），飞流直下的瀑布（水），一枝花枝斜刺里伸出（花），一只小鸟伫立在枝头（鸟）。这样学生在学习这首诗的时候，对照着父亲绘制的这幅画，很容易进入诗歌所描写的情境中。

案例 6-17 音乐情境的创设

沈石溪的《斑羚飞渡》被选入某版本初中语文教材。《斑羚飞渡》描写了一群斑羚,后有猎人和猎狗的追击,前有山涧,在这样的情况下,斑羚群在镰刀头羊的带领下所做出的生死抉择,是对生命的礼赞。有一位教师在讲课之前,首先伴随着一首凄婉的音乐,朗读了一段有关生命的小诗,凄凄切切的音乐和教师的朗读相呼应,共同营造了一种思考生命价值的艺术化情境。学生在这种情境的熏陶下,比较容易地进入了文章的主旨中,对《斑羚飞渡》中所描写的镰刀头羊和一众老年斑羚、部分中年斑羚的自我牺牲精神,以及对猎杀珍稀动物的狩猎队的批评有了更深刻的感知。

【点评 6-17】 案例中的教师根据文中所反映的生与死的抉择,对生命的礼赞与讴歌,借助音乐和朗读创设的艺术情境是恰当的,引发了学生对生命的思考。当然,与其他情境的创设相似,情境创设要恰当合理,否则会适得其反。同样是讲《斑羚飞渡》,另一位教师在上课时也创设了艺术情境,不过使用的音乐素材是电影《泰坦尼克号》的主题曲《我心永恒》,结果当音乐响起,学生就开始喧哗骚动,甚至有同学模仿剧中的场景摆出了经典造型,还随音乐摇摆起来,结果整堂课学生都在无序和嘈杂中度过,对文本的理解不能深入,而这缘起于教师对于《斑羚飞渡》的主旨的不恰当理解以及情境创设的失败。

借助于多媒体、教育技术手段和丰富的素材资源,教师可以结合学科特点,根据教学内容的需要,创设恰当的艺术情境。比如,有一位初中历史教师在讲“武则天”时,播放了当时正在热播的《大明宫词》中武则天登基的片段,再现了武则天时代的唐朝。在物理课讲“相对运动”时,可以再现动画片《刻舟求剑》。而在讲“光的折射”时,可以播放《猴子钓鱼》中猴子模仿渔夫使用鱼叉的片段来创设情境。

6. 社会事件情境

教师还可以设计与教学内容密切相关的社会事件情境。

视频 6-5
艺术情境的创设

案例 6-18　“×× 遗产分配案”情境创设

某位教师在讲授初中某版本政治教材“财产留给谁”主题时，引入了一个社会事件情境“×× 遗产继承案”。教师围绕 ×× 因工死亡赔偿金 30 万元的继承问题，主张继承权的原配、再婚妻子、亲生儿子、养子、养女、母亲等人的各自主张以及法院的调解方案，层层深入，帮助学生理解被继承人、遗产、继承人、继承顺序、继承权等的相关概念与知识，使相关的知识存在于一个真实的社会事件情境中，有助于学生更好地理解和应用。

7. 故事情境

案例 6-19　“拿破仑三世的铝碗”故事情境

教师在讲授铝及其化合物时，往往可以创造这样一个故事情境。拿破仑三世特别喜欢举办宫廷宴会，但是一个不同寻常的现象是，王公大臣们使用的餐具都是金碗银盏，而皇帝拿破仑三世使用的却是铝制餐具，是拿破仑三世谦虚、谨慎、节俭吗？并非如此。相反，拿破仑三世特别喜欢炫富摆阔。之所以拿破仑三世使用铝制餐具，是因为在拿破仑三世所处的时代，铝的价格要远远高于金银，那么其原因是什么呢？带着这个问题我们来学习铝及其化合物的相关知识。

（三）创设情境的常见误区

1. 创设情境远离教学内容

情境的创设是为教学内容服务的，而不能相互割裂。有些教师创设的情境远离了教学内容，并不能起到增进教学效益的作用。

案例 6-20

某版本教科书在呈现“乘法”内容时，创设了一个情境，即小学生在“儿童乐园”里游玩。儿童乐园里有人在划船，有人在玩小飞机，有人在乘坐小火车。教师让学生提出相应的数学问题，并引出乘法的认识。有一位小学数学教师在讲授该知识点时，创设了如下情境。

教师：同学们，你们去过儿童乐园吗？

同学：去过。

教师：儿童乐园里都有什么呀？

同学 1：老师，儿童乐园里有跷跷板！

教师：真棒！还有吗？

同学 2：老师，儿童乐园里有假的恐龙。

教师：说得真好！还有吗？

同学 3：老师，儿童乐园里还有旋转木马！

教师：真好，还有没有？

……

教师：同学们说得都很好，下面我们看一看这幅图片里都有些什么。

【点评 6-20】 这不是一节看图作文课，也不是汇报交流课，教师创设的情境远离了教学内容，创设的情境也失去了教育的价值。

案例 6-21 《刘胡兰》一课的情境创设误区①

师问：这篇文章专题是写谁的？

生答：是写刘胡兰的。

师问：你怎么知道？

生答：题目就是刘胡兰。

师问：云周西村在什么地方？

生答：山西省文水县。

师说：在革命根据地。

师说：文中说"说出一个共产党员给你一百元钱"，那个时候发什么钱？

生答：银圆、铜板、中间有窟窿的钱。

师说：反正那时候的钱比现在值钱。

【点评 6-21】 教师在教学过程中要善于提出问题，创设问题情境，课堂提问以师生对话为载体，但师生对话并不意味着提问一定有效。

2. 创设情境喧宾夺主

情境的创设需要激发学生的学习兴趣和认知冲突，但情境的创设不能超过学生的认知水平，不能哗众取宠，否则情境的创设就会对教学活动造成干扰，喧宾夺主。

---

① 李新红．如何打造高效的语文课堂的几点建议[J]．文理导航(教育研究与实践)，2016(2)：123.

案例 6-22　“质数与合数”一课的情境创设误区

五年级“质数和合数”一课，内容枯燥而抽象，数学味十足。小学高年级的学生相对低年级学生而言，抽象思维能力较强，如果从复习上一节的约数、倍数入手，应该不需要什么周折就能构建知识的前后联系。可是有一位教师偏要弄出个“惊天动地”来不可。“咚——”老师的手砸在讲桌上，学生马上抬起了头。老师压低声音说：“同学们，几名恐怖分子在我们县城大商场的橱窗下面埋了一枚定时炸弹，还有 10 分钟就要爆炸了！黑猫警长得到情报，炸弹的密码是 10 以内的质数和合数。请同学们赶快学习质数和合数破解密码！”板书课题“质数和合数”后，老师长长地舒了一口气，他可能以为同学们一定全部进入教学状态了。

课上了将近一半时，有个小男孩实在忍不住了，问：“老师，那枚炸弹到底炸了没有？”

同学们和听课的教师哄堂大笑。

案例 6-23

一位教师在执教“热心公益，服务社会”时，视频播放了周华健演唱的歌曲《我是明星》，课件设计界面精美，多角度展示了 2008 年北京奥运会的许多场景。而教师的目的是让学生从歌曲中体验志愿者的无私和伟大，树立关爱社会、服务社会、奉献社会的思想意识。老师问：“听完歌曲后，你有什么体会？”学生的回答是：“我喜欢周华健，唱得真好！”“我佩服姚明，帮助中国男篮进入了八强。”“我为祖国感到自豪，举办了一届富有特色的奥运会。”“开幕式宏伟壮观，向世人展示了中华五千年的文明史”。

3. 创设情境远离学生的生活

教学情境的创设要尽量贴近学生的生活，贴近学生已有的经验。如果教学情境的创设远离了学生的生活，就不会唤起学生的学习兴趣和动机，甚至会损伤学生学习的兴趣。

案例 6-24　“参观科技馆”一课的情境创设误区①

有一位农村小学教师在执教北京师范大学出版社出版的“参观科技馆”一

① 本案例引自《对创设情境的思考》，作者：丁克荣。

课时，出示情境图并提问："同学们，你们看这是哪里？"同学们面面相觑，个别同学小声说："上面写着科技馆了呀！"教师又问："你们去过科技馆吗？那里有什么？"农村的孩子们可能根本没有走出过大山、乡村，没有去过县城，没有去过科技馆，当然就没有这样的生活经验。因此孩子们大眼瞪小眼，没有一个人吱声和举手，课堂一片沉默。教师额头上的汗冒出来了，但他还是咬着牙坚持问："你们知道科技馆是干什么的吗？"还是没有同学举手或者回答。教师无可奈何，只好自顾自地解释了一通科技馆的有关知识，而后又问道："你们发现图上有哪些信息？"终于有一个学生站起来："上面写着呢！三年级一班和二班共60人一起去参观科技馆，分成两个组，每组多少人？"教师如释重负，赶紧板书课题——"参观科技馆"。

【点评6-24】 正如前文所引用的李吉林老师所说："教学往往割裂了环境与儿童活动的有机联系，教育环境对儿童来说变得疏远、陌生，甚至格格不入……因此，教育教学活动很难成为儿童的主观需求，被动地接受是必然的结果。既然是被动，就势必阻碍儿童潜在能力的充分发展。"案例中的教师在创设情境的过程中忽视了学生的实际，不能唤起学生已有的生活经验，如此的情境创设不能激发学生的心理启动效应，反而会给学生的认知造成障碍。在本案例中，教师完全可以不照本宣科，在不有损教学内容的前提下，可以结合农村实际，创设适合学生的，符合学生已有经验的情境。

4. 创设的情境虚假

情境虽然是创设的，但是情境应该是相对真实的，不能为了创设情境而创设情境，编造一些虚假的情境。

案例6-25 《平均数》一课的情境创设误区[①]

有一位教师在上完一次公开课之后做了以下的自我反思。

一次公开课要讲"平均数的意义"，我为了激发学生学习的兴趣，提高学生的课堂参与度，对学生宣布了一条好消息：下星期学校将要组织学生去春游。顿时，教室里爆发出一阵欢呼声。我接着说："考虑到目前是旅游旺季，游人较多，为了使同学们玩得舒心，又确保安全，学校交给老师一个任务——了解风景区最近的日游客量，选择其中游客最少的一处作为我们春游的目的地，我想请同学们帮忙完成这项工作。"接着，我出示了三个风景区的景点图片及各景区最近一周

① 倪玉双．四种数学教学情境的分析与对策[J]. 学生之友(小学版)，2011(12)：51-52.

的游客人数统计表，让学生计算各景区最近一周平均每天的游客量。整堂课，学生都非常活跃，学习积极性很高，教学进展也很顺利。下课铃响了，我正要走出教室时，许多学生围了上来，七嘴八舌地问："老师，我们下周几去春游？""老师，我们真去春游吗？"我看着孩子们明净而又期盼的眼睛感到一片茫然，随便应付说："等以后再说吧！"学生们的脸上立刻流露出因为感到上当受骗而不满的神情。事后，虽然这堂课受到了许多老师的好评，但是学生那失望、不满的神情着实让我心神不宁。

【点评 6-25】 教师通过创设学生非常喜爱的春游活动的情境，确实成功地激发了学生学习的兴趣和课堂参与的热情。但这是建立在虚假的基础之上的，这位教师赢得了一堂课的精彩，却失去了学生的信任。

案例 6-26 《董存瑞》一课的情境创设误区

有一位教师上了《董存瑞》一文的公开课。

教师：很多人都有自己的偶像，大家能谈一谈自己的偶像是谁吗？

同学 1：姚明。

同学 2：罗纳尔多。

同学 3：奥特曼。

……

教师深情地说：同学们，大家都说了自己的偶像，可是大家知道老师的偶像是谁吗？

同学们异口同声地说：董存瑞！

下面听课的老师笑成一片，而执教老师尴尬地不知道该说什么才好。

概括来讲，正如胡卫平教授在本书的序中所强调的，思维型教学强调创设良好的教学情境，产生需要思考和探究的问题，从而激发学生的积极思维。创设情境的基本要求：基于生活实际，接近真实情境；紧扣教学内容，突出教学重点；适合学生水平，符合最近发展区要求；引起认知冲突，激发积极思维；能够融入情感，激发内在动机；具有形象性、具体性、探究性和可感知性。信息技术在教学中的重要作用就是创设情境，包括问题情境、探究情境、互动情境、应用情境、评价情境等。提出问题的基本要求：问题的设计有思维性和挑战性、开放性和探索性、准确性和恰当性、层次性和条理性；留足思考时间，给予恰当引导；反馈具有针对性，鼓励自我评价。

◎ 思考题

1. 为什么要创设良好的教学情境?
2. 如何理解教学情境的创设与发展学生核心素养的关系?
3. 常见的创设教学情境的方法有哪些?
4. 创设情境时要注意避免哪些常见的误区?
5. 如何基于思维型教学理论创设教学情境?

■ 专题七

教学评价设计

◎ 学习目标

知道教学评价设计的基本原则，能在思维型教学理论指导下正确地设计教学评价，能在教学过程中体现教、学、评一体化设计。

◎ 知识导图

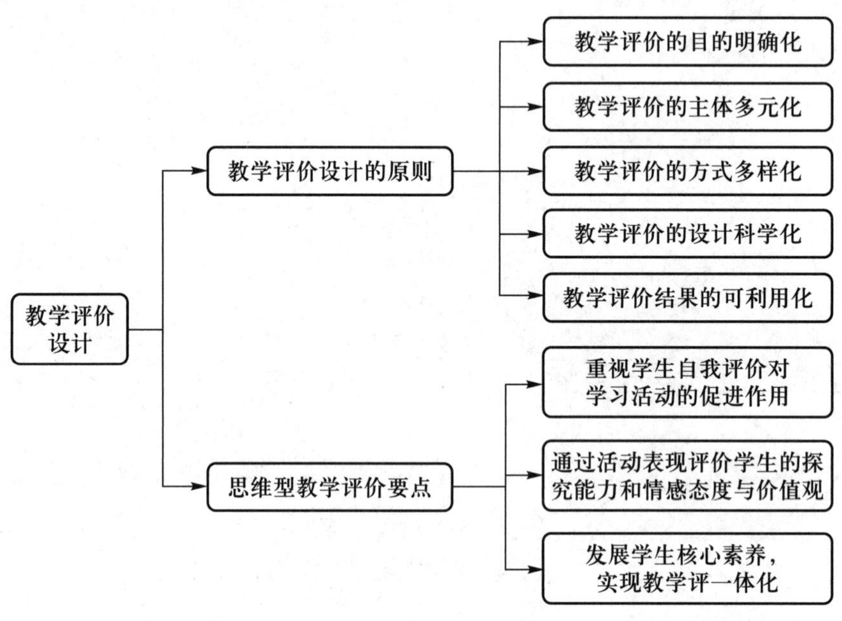

教学评价设计
教学评价设计的原则
教学评价的目的明确化
教学评价的主体多元化
教学评价的方式多样化
教学评价的设计科学化
教学评价结果的可利用化
思维型教学评价要点
重视学生自我评价对学习活动的促进作用
通过活动表现评价学生的探究能力和情感态度与价值观
发展学生核心素养，实现教学评一体化

教学评价是教学过程的一个重要环节，从本质上讲它是一种对教学活动及其效果的价值判断，对教学有着导向、激励、调控等功能。在特定的教学活动中，学生是否掌握了预定的知识、技能，教学目标、教学任务是否得以实现，都必须通过教学评价得到验证。课堂教学中的评价活动可以为教师提供有关教学实际情况及变化的及时、有效的反馈信息，这对教师及时调整教学策略，提高课堂教学效果有着非常重要的作用，所以，做好教学设计中评价环节的设计对教学活动顺利、有效地开展具有非常重要的意义。

教学是有目的的、有计划的活动，它要求经常对教学实际情况及其变化进行评价，以便检验教学目标或教学计划的实现程度。教学设计中的评价是教学评价的一个重要方面，主要是指在教学活动中以学生为评价对象，教师通过观察、课堂提问、练习等课堂评价环节及时获取学生的课堂表现、学生对教学内容的掌握程度等反馈信息，从而合理地、有针对性地安排教学策略，提高课堂教学的有效性。

一、教学评价设计的原则

（一）教学评价的目的明确化

教师进行教学评价设计时，首先要明确教学评价的目的是什么。从教学评价的功能来看，有本体性功能和附加性功能。本体性功能是指教学评价与生俱来的功能，附加性功能则是后来由于其他需要而加上去的额外功能。

教学评价的本体性功能主要表现为四个方面。

第一是导向功能。教学评价总是要根据一定的标准来展开，而这个评价标准通常就是教学目标。通过教学评价可以诊断学生是否通过教学活动达到了教学目标，并根据学生的反馈来调整教师的教和学生的学的行为，从而起到对教师的教与学生的学的导向功能。

第二是发展功能。通过评价帮助学生建立自我意识，形成自我概念，提高自我评价能力。

第三是激励功能。一般而言，在教学评价中获得肯定性结果的学生都能在某种程度上获得精神上的满足和成就感，从而就极有可能更加努力，在其中得到否定性结果的学生也许会产生紧张或者焦虑。而适度的紧张或者焦虑也具有激励的作用，但是过度的紧张或者焦虑则会产生具有破坏性的消极作用。

第四是教学功能。由于教学过程前、过程中和结束后所进行的各种测验或表现性评价本身就是教学活动的一个组成部分，所以教学评价具有教学功能。

教学评价能为教师的教学提供诊断、反馈信息，例如学生的经验与兴趣、学生学习困难的原因与具体表现、教学活动与目标之间的差距等，以便教师能够调整自己的教学方案和教学行为。

教学评价除了具有本体性功能之外还有附加性功能，教学评价的附加性功能主要有两个方面，一个是选拔功能，另一个是管理功能。

教学评价设计的最根本的目的应该是提高学生的学科核心素养，发展学生的学习能力。关于这一点，课程标准的评价建议部分做出了相应的说明和建议。以普通高中课程标准(2017 年版)为例，我们来看一下各个学科对于教学评价的目的给出了怎样的建议。

案例 7-1 《普通高中语文课程标准(2017 年版)》

1. 着眼于核心素养的整体发展

语文课程评价的根本目的在于全面提高学生的语文学科核心素养。评价的过程即学生学习的过程，应围绕阅读与鉴赏、表达与交流、梳理与探究等学习活动，在具体的语文学习情境和活动任务中，全面考查学生核心素养的发展情况。

语文课程评价要综合发挥检查、诊断、反馈、激励、甄别、选拔等多种功能，不宜片面强调评价的甄别和选拔功能。评价不仅要关注学生外在的学习结果，更要关注内在的学习品质。注意通过评价引导学生学会学习，自觉提升语文学科核心素养。

语文教师要有意识地利用评价过程与结果，发现学生学习的个性特点和具体问题，及时引导，提出有针对性的建议，激发学生学习的动力。同时，依据评价结果改进日常教学，优化教学内容，调整教学策略，完善教学过程，为学生语文学科核心素养的发展提供有力支持。

【点评 7-1】 从《普通高中语文课程标准(2017 年版)》的评价建议部分，我们可以看出，语文学科对于评价的目标定位是“着眼于核心素养的整体发展”，围绕这个目标定位，从教学评价的功能上来看，既要体现出教学评价的一般功能，又要关注其发展的功能。既要关注学习的外显化的结果，又要关注学习者内在学习品质的提升。对教学评价结果的使用也立足于为学生语文学科核心素养的发展提供有力的支持。

案例 7-2 《普通高中物理课程标准(2017 年版)》

《普通高中物理课程标准(2017 年版)》指出，评价应以促进学生物理学科核心素养的提升和学习能力的提高为目的。围绕“物理观念”“科学思维”“科学探究”“科学态度与责任”等物理学科核心素养收集反映学生发展情况的信息,判断学生达到的水平和学习中的问题,明确进一步学习的方向;创造机会让学生开展自我评价和相互评价,学会正确评价自己的进步,反思自己的不足,更好地进行学习。

评价任务设计是实施评价活动的基础,一般包括以下三个步骤。

步骤一,根据物理学科核心素养和学业质量水平的要求,制定评价目标。评价目标的描述,要明确、具体、可测,体现一定的概括性。要说明学生在什么样的问题情境中,运用哪些物理知识、思想和方法,其行为应达到什么样的水平。

步骤二,根据评价目标和课程内容要求设计评价内容。评价内容的设计应以物理基本概念和规律为依托,指向物理学科核心素养,创设有利于学生讨论、探究的真实问题情境,评价学生在真实学习环境中物理学科核心素养的表现水平,以提高评价的真实性和准确性。评价内容主要包括以下方面。

① 物理观念。评价学生关于物质、运动与相互作用、能量等物理观念的发展水平。如,能否理解所学的物理概念和规律及其相互关系,能否正确表述和解释自然现象,能否综合应用所学的物理知识解决实际问题。

② 科学思维。评价学生从物理学视角对客观事物的本质属性、运动规律及相互关系认识的科学思维发展水平。如,能否将实际问题中的对象和过程转化成物理模型;能否对综合性物理问题进行分析和推理,获得结论并做出解释;能否恰当使用证据证明物理结论;能否对已有结论提出有依据的质疑,采用不同方式分析解决物理问题。

③ 科学探究。评价学生提出科学问题、获取证据、做出解释、表达交流等能力的发展水平。如,能否分析相关事实或结论,提出并准确表述可探究的物理问题,做出有依据的假设;能否制定科学探究方案,选用合适的器材获得数据;能否分析数据,发现规律,形成合理的结论,用已有的物理知识进行解释;能否撰写完整的实验报告,对科学探究过程与结果进行交流和反思。

④ 科学态度与责任。评价学生在认识科学本质、形成科学态度和社会责任感方面的发展水平。如,能否认识到物理研究是一种对自然现象进行抽象的创造性工作;是否有学习和研究物理的内在动机,坚持实事求是,在合作中既能坚持观点又能修正错误;能否依据普遍接受的道德规范认识和评价物理研究与应用,具有保护环境、节约资源、促进可持续发展的责任感。

步骤三,依据物理学科学业质量水平制定评价指标。评价指标的制定要针对评价内容,依据物理学科学业质量水平进行具体描述,要体现学生在具体学习活动中的行为表现。

【点评 7–2】《普通高中物理课程标准(2017 年版)》明确指出“评价应该以促进学生物理学科核心素养的提升和学习能力的提高为目的”,在设计教学任务时给出的三个步骤的建议也均围绕着学科核心素养和学业质量水平展开,在评价内容中围绕着物理学科核心素养的四个方面,即物理观念、科学思维、科学探究、科学态度与责任。

《普通高中数学课程标准(2017 年版)》也指出,评价的目的是考查学生学习的成效,进而也考查教师教学的成效。通过考查,诊断学生学习过程中的优势与不足,进而诊断教师教学过程中的优势与不足;通过诊断,改进学生的学习行为,进而改进教师的教学行为,促进学生数学学科核心素养的达成。在评价原则中也指出,重视学生数学学科核心素养的达成。教学评价要以数学学科核心素养的达成作为评价的基本要素。基于数学学科核心素养的教学要创设合适的教学情境、提出合适的数学问题。在设计教学评价工具时,应着重对设计的教学情境、提出的问题进行评价。评价内容包括:情境设计是否体现数学学科核心素养,数学问题的产生是否自然,解决问题的方法是否为通性通法,情境与问题是否有助于学生数学学科核心素养的达成。基于数学学科核心素养的教学评价具有挑战性,可以采取教研组集体研讨的方式设计评价工具和评价准则。

《普通高中化学课程标准(2017 年版)》教学与评价建议部分也指出,应树立“素养为本”的化学学习评价观,紧紧围绕化学学科核心素养的发展水平和化学学业质量标准来确定化学学习评价目标和评价标准。

(二) 教学评价的主体多元化

教学评价的主体是主持评价的人或人群,也就涉及由谁来进行评价的问题。在新一轮基础教育课程改革之前,由于评价方式的单一化、评价功能的片面化,导致教学评价的主体主要是教师或者教育管理者。新一轮基础教育课程改革以来,随着评价方式的多样化,除了学业成就评价还有表现性评价,除了终结性评价还有过程性评价,而评价的功能由单纯的鉴定、证明发展到导向和发展功能,更加重视发展性评价,因此倡导评价主体的多元化。所谓的评价主体多元化是指评价者由教师和教育管理者拓展到更多样的人群,包括学生、同伴、家长等,都可以参与到教学评价中来。这种变化的主要趋势是调动评价对象参与评价的积极性。因此,从聘请评价专家等第三者参与评价,到鼓励评价对象自己开展自评,都是评价人员关系的调整,评价主体多元化就是这种调整的主要表现。

学生参与教学评价主要是指他们在教师的指导下,通过自定学习目标,自己检查目标的完成度,自己反思学习中存在的问题,自己采取措施调整与改进,达到自我教育和发展的目的。学生的自我评价有助于他们更好地认识和调整自己。与此同时,学生也可以对教师的教学提出看法,师生共同改进教学。除了自评以外,学生参与教学评价还应该包括他们之间的相互评价,互评可以激发学生之间的互帮互学,在学习中建立一种新的伙伴激励的机制,更好地开展合作学习,这对提高学生的学习积极性是十分有意义的。

学生家长参与教学评价可以建立一种家长与教师共同关心学生学习的机制。教师通过让家长参与教学评价,可以引导他们把关心的着力点放在最适当的地方,与学校教育、教师的要求保持一致,也更能见证孩子的发展与成长,也可以通过家长参与评价更全面地认识学生,开展有针对性的教学活动。当然,在评价主体多元化中教师仍然承担着重要的作用,应该是所有以上教学评价活动的发起者、协调者,有时仍然是主持者。

在普通高中各学科 2017 年版课程标准中也继承了 2003 年版课程标准和义务教育阶段 2011 年版各学科课程标准普遍关注评价主体多元化的特点。

《普通高中物理课程标准(2017 年版)》建议,要发挥学校、教师和学生等不同角色在评价中的作用,从不同的视角进行评价。自我评价和同伴评价是让学生作为主体对自己或同伴的学习进行反思,检查回顾学习的起点、过程、成果、困难和问题及其产生的原因,从而对自己的学习方法和学习能力有清醒的认识,明确下一步学习的方向,进而学会评价与反思。自我评价和同伴评价不仅对学生当前的学习很重要,对学生形成终身学习能力也十分重要。自我评价和同伴评价的方法多样。如,教师要创造机会,引导学生在学习过程中及时自我反思和相互讨论;采用成长记录的方式,让学生用自己的语言描述学习和进步的情况,对自己和他人的作品进行评议,教师要及时对成长记录进行评析,肯定学生的进步,指出存在的问题,明确进一步学习的方向;在一阶段的学习结束之后,可通过分组或全班的形式举行学习分析讨论会,教师不应代替学生进行分析,而应提出具体的问题,引导学生讨论,和学生一起分析总结。

《普通高中数学课程标准(2017 年版)》建议,教学评价的主体应多元化,评价形式应多样化。评价主体的多元化是指除了教师是评价者之外,同学、家长甚至学生本人都可以作为评价者,这是为了从不同角度获取学生发展过程中的信息,特别是日常生活中关键能力、思维品质和学习态度的信息,最终给出公正客观的评价。合理利用这样的评价,可以有针对性地、有效地指导学生进一步发展。在多元评价的过程中,要重视教师与学生之间、教师与家长之间、学生与学生之间的沟通交流,努力营造良好的学习氛围。

《普通高中语文课程标准(2017 年版)》也指出,语文课程评价应面向全体学生,尊重学生的主体地位。评价要注重展示学生自我发展的过程。在保证基本目标达成的基础上,评价要考虑学生的个体差异,关注学生的不同兴趣、表现,满足不同发展需求。在具体学习任务的评价中,语文教师应提供细致的描述性反馈,提出具有操作性的建议,引导学生通过评价反馈,调整学习进程,梳理学习方法,确立学习目标,制订学习规划。鼓励学生、家长、教师、教学管理人员等参与课程评价。语文教师应利用不同主题的多角度反馈,帮助学生更好地认识语文学习与个人发展的关系,学会自我监控和管理。学校应创造条件,引导学生参与多种评价活动,建构学习与评价的共同体,学会持续反思、终身学习。

(三) 教学评价的方式多样化

评价方式的多样化是指除了传统的书面测验以外,还可以采用课堂提问、课堂观察、口头测验、开放式活动中的表现、课内外作业等评价的形式。这是因为一个人形成的思维品质和关键能力通常会表现在许多方面,所以需要通过多种形式的评价才能全面反映学生学科核心素养的达成状况。同时,将日常评价与学业成就评价相结合,将过程性评价、表现性评价与结果性评价相结合。

日常学习评价主要是评价学生在日常学习过程中所表现出来的素养水平和综合能力。日常学习评价应该与学生的学习融为一体,成为日常教学的一部分。为此,教师在教学设计过程中应该同时考虑安排丰富多样的评价任务,选择恰当的评价方式,确保评价全面、真实、有效,起到检查效果、诊断问题、明确方面、促进发展的目的。日常学习评价通常有四种方式:课堂问答、书面评语、自我评价和同伴评价、阶段性测试。在日常评价中,可以采用形成性评价的方式。在本质上,形成性评价是与教学过程融为一体的。在教学过程中,教师既要获取学生的整体学习情况,也要关注个别学生的学习进展,在评价反思的同时调整教学活动,提高教学质量。基于学科核心素养的教学,在形成性评价的过程中,不仅要关注学生对知识技能掌握的程度,还要更多地关注学生的思维过程,判断学生是否会用学科的眼光观察世界,是否会用学科思维思考世界,是否会用学科语言表达世界。

接下来,以比较典型的课堂问答和书面评语为例探讨教学评价方式的多样化。

1. 课堂问答式评价

《普通高中化学课程标准(2017 年版)》指出,课堂提问的设计应有意识地关注化学学科核心素养达成情况的诊断。“课堂点评应有的放矢,增强促进学生化学学科核心素养发展的指导性。”《普通高中物理课程标准(2017 年版)》则指出:“课堂问答指在课堂教学过程中教师和学生之间的言语互动,在多数情况下是教师提问和学生回答。课堂提问是一种融教师教学与学生学习为一体的过程性评价,可及时了解学生学习的情况,找出存在的问题,及时加以纠正。课堂问答应起到一种桥梁作用,在学生原有基础与课堂学习的目标之间搭起桥梁,帮助学生克服学习障碍,纠正原有的错误观点或模糊认识,达到新的思维高度和探究水平。”“课堂提问的关键在于问题的设置。问题设置应有针对性,即针对学生原有的想法、观念和思维惯性等设置问题,引发认知冲突;应与学习目标密切关联,学生能正确回答问题,就意味着向学习目标前进一步,这样通过一系列的问题和对问题的分析解答,促进学生自然而然地达到学习目标;应有恰当的思维难度,让学生‘跳一跳、摸得到’,使学生既不至于无从下手,也不会觉得没有挑战性,过难和过易的问题既不利于学生的学习,也不利于调动学生的积极性。”

在以课堂提问为方式的教学评价活动中,教师要善于提出和回答问题并能对学生进行恰当的评价。《学记》中说:“善问者如攻坚木,先其易者,后其节目,及其久也,相说以解。不善问者反此。善待问者如撞钟,叩之以小者则小鸣,叩之以大者则大鸣,待其从容,然后尽其声。不善答问者反此。此皆进学之道也。”短短几十个字,却讲述了很深刻的道理,教师要善于提问,所谓善于提问就是由易而难、循序渐进,也就是逐渐提出难度水平不同的问题。而善于回答,就是要善于启发学生。

教师在进行教学的时候,要善于提出问题,启迪学生的思维,使学生要“有疑”。一般而言,教师提出的问题按照认知水平进行分类可以分成不同的水平。美国学者特内(Tane)根据教学提问的水平分为低级认知提问和高级认知提问。

低级认知提问又分为回忆性提问、理解性提问和运用性提问三种。回忆性提问,要求学生对具体的知识进行再现或再认(例如概念、定义、具体的事实等),通常可以用正确或错误进行判断,教师常用的关键词是什么是、说出、什么时候等。理解性提问,要求学生能够用自己的话来叙述所学的知识,能比较和对照知识或事件的异同,还要求学生能把一些知识从一种形式转变为另一种形式,教师常用的关键词是用自己的话来解释牛顿第一定律等。运用性提问,是通过建立一个简单的问题情境,让学生运用新获得的知识和回忆过去所学知识来解决新的问题。这类提问可以用来鼓励和帮助学生应用已学知识去解决问题。教师常用的关键词是运用所学的某个理论来解释什么。

高级认知提问分为分析性提问、综合性提问和评价性提问三种。分析性提问,要求学生识别条件与原因或者找出条件之间、原因与结果之间的关系,教师常用的关键词是为什么、什么因素、得出结论、证明、分析等,例如实验室制备和收集 H_2 的方法有哪些,为什么? “为什么一片薄铁片在水中会沉下去,而钢铁制成的轮船却会浮在水面上?”综合性提问,所考查的是学生对某个课题或内容的整体性理解,要求学生能预见,创造性地解决问题,在这类提问中,教师常用的关键词是预见,如果……会……,总结等。评价性提问,要求学生对一些观念、价值观、问题的解决办法或伦理行为根据一定的标准进行判断和选择,也要求学生能提出自己的见解,教师常用的关键词是你有什么看法?哪种好?为什么?等。

教师在进行课堂问答的时候还需要注意以下几方面。

(1) 教师要能够提出不同认知水平的问题,引导学生积极思维,尽量少提问单纯基于识记的问题,多提问具有高阶认知水平的问题。

(2) 教师提出问题之后,要留给学生一定的候答时间,不要提出问题立即点名,要给学生思考的时间,能够不需要时间思考的题目往往都是低水平、低认知的问题。至于候答时间,一般的题目 3 秒左右即可,而对于难度较高的问题时间会更长一些,具体点名的时机可以根据学生的表现来确定。

(3) 要先提问后点名,不要先点名然后再提问,要通过提问使每一个学生都能积极参与到问题解决的过程中,而不是一个问题的旁观者,仅观看师生两个人的对话。

(4) 如果学生不能顺利作答,那么教师可以进行干预。一般在学生不能作答或回答不完整时才引入此阶段,教师以不同的方式鼓励学生回答问题,主要有以下几种介入形式。

① 核查问题。学生回答问题时卡了壳,教师应该核查学生对问题是否明白,对题意是否理解。

② 重复原题。在学生没有听清问题的情况下,重复所提的问题。

③ 变换表述。在学生不理解题意时,例如对题中关键词不理解,教师应该变化语句叙述问题。

④ 催促回答。有时学生沉默较长时间不作答,这时教师应该婉转催促学生。

⑤ 提示探询。教师向学生提示问题的重点或答案的结构,或解答问题的思路、方向等,鼓励学生大胆作答。

(5) 在学生回答之后,教师要及时予以积极性评价。评价阶段是提问过程的最后阶段,也是必不可少的阶段。不论学生的回答正确与否,教师都应该以不同的语言或行为方式予以评价。完整的评价步骤如下。

① 评论。教师对学生回答的内容加以评论。

② 追问。教师针对学生的回答提出追问。

③ 更正。教师对学生回答中的错误给予更正。

④ 重复。教师重复学生的重要答案。

⑤ 重述。教师变换不同的词语,重述学生的答案。

⑥ 查核。教师查核其他学生是否理解,是否赞同。

⑦ 延伸。教师依据学生的答案,联系其他有关的材料,引导学生回答另一个问题。

⑧ 扩展。教师依据学生的答案，引入新的学习内容，引导学生思考更深的问题，扩大学习成果。

教师要对学生的回答首先给予及时的评价和反馈，不能不预置评。曾经有一位教师在讲初中历史“武则天”的时候，提出了一个问题：“中国历史上有几位女皇帝？”一位同学站起来说：“有两位。”教师追问：“哪两位？”学生回答：“武则天和慈禧。”教师没有进行评价，而是叫起来另一位同学，还是问：“中国历史上有几位女皇帝？”这位同学回答：“中国历史上只有一位女皇帝，武则天。”然后教师微笑示意学生请坐，重复了这位同学的答案：“中国历史上只有一位女皇帝，武则天。”但是对第一位同学的回答没有做出评价。我想这位同学可能会很困惑“慈禧”为什么不是女皇帝。所以，教师要对学生的回答及时评价。

教师的评价还应该是积极评价，当然积极评价并不意味着毫无原则地肯定学生的回答，而是从评价的取向上是积极的，但是对于学生回答中的错讹之处，教师需要及时纠正。

教师的评价还应该考虑学生的特点，根据学生的特点选择正确的评价方式。比如，对于低年级的学生可以评价“你真棒”“你真了不起”这样的激励性话语，或者采用奖励小星星、小贴贴等方式，但是对于高年级的学生这样的评价就不适合了。基于高年级学生认知发展的特点，教师的评价应该更侧重于从思维的方式、内容与品质等角度进行评价，发展学生的学科核心素养。

2. 书面评语

《普通高中物理课程标准(2017年版)》指出，书面评语指的是教师对学生的作业、实验报告、研究性活动或其他活动报告所做的书面评语，是一种过程性的质性评价。书面评语不是简单地给学生一个等级或分数，而是用一段话表达教师对学生学习的看法。主要内容通常包括：学生的学习欲望、投入情况和学习策略，反映学生物理学科核心素养水平的学习成果。书面评语可具体地说明学生的进步、存在的问题亦即今后努力的方向，带给学生的信息比简单的一个等级或分数更好、更具体和深入，对学生的学习有更大的促进作用。评语应以正面鼓励为主，但也要明确指出学生学习中存在的问题，并进行合理分析，起到帮助学生认识和解决问题的作用。

《普通高中物理课程标准(2017年版)》特别指出，书面评语是很重要的，这是一种典型的质性评价，同时也是一种特殊的师生对话。我们对此观点持高度认可的态度。教师在批阅学生的作业本或者改错本时，不仅要给出一个定性的等级评价词，而且要结合对学生的观察和学生这一段时间的表现进行评价，对学生在学习的态度、学习的方式、学习的结果方面进行点评，指出学生可能存在的不足和努力的方向，更多的则是对学生的积极评价或者是勉励。学生非常喜欢这种方式,这也开辟了一条师生互动的新渠道。

(四) 教学评价的设计科学化

教学评价设计的科学性表现为不同的方式。

对于测试类的定量评价,测试应该有较高的信度和效度,要制定科学、可操作的评价指标,能客观、全面、有效地收集学生学科核心素养发展水平的信息,真实反映学生学科核心素养发展的水平。

同时,教学评价设计的科学性还表现在要有科学的评价体系。教师在进行评价的时候要基于学业质量标准和内容要求设定不同学段的评价目标,关注评价的整体性和阶段性。

教学评价设计的科学性还表现在评价的导向应该是积极的、正面的,评价应该能起到激励的功能,当然积极地评价并不意味着一味地肯定。

(五) 教学评价结果的可利用化

评价结果的呈现和利用应该有利于增强学生的自信心,提高学生的学习兴趣,使学生养成良好的学习习惯,促进学生的全面发展。应该更多地关注学生的进步,关注学生已经掌握了什么,得到了哪些提高,具备了什么能力,还有什么潜能,在哪些方面还存在不足等。

要尽量避免终结性评价的“标签效应”——简单地依据评价结果对学生进行区分。评价的结果应该反映学生的个性特征和学习中的优势与不足,为改进教学的行为和方式、改进学习的行为和方法提供参考。

除了考查全班学生在学科核心素养上的整体发展水平之外,还需要根据学生个体的发展水平和特征进行个性化的反馈,特别是要以适当的方式将学生的一些积极变化及时反馈给学生。个性化的评价反馈不仅要系统、全面、客观地反映学生在数学学科核心素养发展上的成长过程和水平特征,还要为每个学生提供长期、具体、可行的指导和改进建议。

教师要能对评价的结果进行科学的解释,教师要充分利用信息技术,收集、整理、分析有关反映学生学习过程和结果的数据,比如Z分数的计算、差异性检验等,能较为准确地解释学生的学习结果及其变化,从而了解自己教学的成绩和问题,反思教学过程中影响学生能力和素养提高的原因,寻求改进教学的对策。

二、思维型教学评价要点

教学评价的主要功能是诊断和评价教学目标的完成,思维型教学的目标指向核心素养,核心素养是学生在接受相应学段的教育过程中形成的适应个人终身发展和社会发展需要的正确价值观念、必备品格和关键能力。在这些素养中,思维能力处于核心地位,不论学生发展核心素养还是学科核心素养,最核心的都是思维。思维型教学理论要求培养学生的核心素养,要符合学生的认知水平和知识经验,要制订系统的培养规划和教学计划,并能根据学习情况及时调整目标,教学过程要围绕教学目标展开并落实良好。因此,思维型教学理论指导下的教学评价要关注核心素养尤其是学生思维的发展。

(一) 重视学生自我评价对学习活动的促进作用

思维型教学理论强调学生的自我监控。自我监控是主体将活动本身作为意识的对象,不断地对其进行积极主动的计划、检查、评价、反馈、控制和调节。自我监控能力不仅是教师教学能力的核心,而且是学生学习能力的核心,它影响着教学过程和教学效果,也影响着学生创造性的发展。在教学实施环节,教师要监控整个教学过程,根据教学实际情况,合理调整教学难度、教学方法和教学速度。要重视知识和方法的应用及迁移,特别是要重视教学反思环节,即在每一次课堂活动将近结束时,教师都要引导学生对学习对象、学习过程、思维方式、所学知识和方法等进行总结和反思。通过总结和反思,学生加深对知识和方法的理解,总结学习中的经验和教训,形成自己的认知策略,发展自己的认知结构,提高自我监控能力。因此,思维型教学理论重视教师在教学评价中鼓励学生进行自我评价,强调对学生思维能力的评价,引导学生对所学内容进行总结、反思,教师根据学生的反馈来做出评价、判断和调节。

案例 7-3　“轴对称图形”教学片段①

在“轴对称图形”的学习中,当学生已经学习了轴对称图形的概念后,教师出示了一组图形让学生判断它们是否是轴对称图形,其中有一个一般的平行四边形。下面是学生和教师的一段对话。

生 1:我认为平行四边形是轴对称图形,因为平行四边形分成两个部分,就可以完全重合了。

师:其他同学认为呢?

生 2:不是,因为平行四边形沿着对称轴不可能重合。

师:我想与你握一握手!握手并不是表示我赞同你的意见,而是因为你给我

---

① 张培新.追寻诗意的数学课堂:张齐华老师课堂教学语言艺术赏析[J].小学青年教师(数学版),2006(5):21-22.

们的课堂带来了第二种声音。大家想一想，如果我们的课堂只有一种声音那是多么的单调啊！

师：其他同学认为是的，说出理由；认为不是的，说出原因。

生3：如果单讲这个图形，如果不让剪的话，就不是轴对称图形了。

在学生再次进行操作实践后，第一个学生改变了自己的看法，知道了平行四边形不是轴对称图形。

师：你的退让让我们更接近真理！

【点评7-3】 在这个教学案例中，教师非常重视学生的自我评价，而不是急于给出"标准答案"。教师针对第一位学生的回答没有给出自己的意见，而是征求其他学生的意见，引入学生评价。在第二位学生进行了回答之后也没有急于判断对错，而是给学生的不同回答予以了肯定。接下来，教师同样是将问题抛给学生，鼓励学生给出不同的观点并解释原因。经过了这个过程之后，第一位同学主动调整了自己的观点，经由同伴评价而达到自我评价的积极结果。

（二）通过活动表现评价学生的探究能力和情感态度与价值观

思维型教学要求引导学生对所学的知识和方法进行系统的概括与总结，建构合理的知识结构、认知结构和学科结构，并反思学习过程中的经验和教训，提高学生的自我计划和自我反思能力。

总结与反思的基本要求：①结构合理，便于学生建构合理的学科结构；②内容全面，包括知识和方法的总结，既反思探究的过程，也反思探究中的经验教训；③引导恰当，基于学生的反思能力，立足学生积极参与，展示学生思维过程，引导学生自主完成；④针对性强，围绕教学的重点、难点和关键点，教给学生探究、总结和反思的方法，注意对易错点进行总结和反思。

思维型教学强调将所学的知识与方法应用迁移到真实情境和其他领域中去，以及将在学习过程中形成的积极态度、创新精神、行为规范和价值观以不同的形式迁移到日常生活中。重视学生的探究能力，以及在探究过程中所学到的知识和方法的应用迁移，重视学生情感态度与价值观的培养。

案例7-4　《卖火柴的小女孩》教学评价片段

有教师在一篇论文中谈到了其自认为正确的基于鼓励学生质疑和创造性思维的评价。

教学进行到一定的环节，教师要掌握时机，及时发现学生的"愤""悱"状态，展开训练过程。例如在《卖火柴的小女孩》一文的教学中，当学生读到"她不敢回家,因为她没卖掉一根火柴,没挣到一个钱,爸爸一定会打她的……"时,我让学生充分讨论她不回家的原因以及还有什么疑问时,学生受到了启发,随即发问:"老师,小女孩为什么没有想到妈妈呢?"这个问题挑起了新的争论点,许多学生联系自己的现实生活经验,出现了"卖火柴的小女孩之所以不想妈妈,是因为她妈妈嫌她家穷跟别人跑了"的课堂创造性判断。教学中由情感所推动的"参与"活动导致了奇迹般的效果。

【点评 7-4】 这位教师自认为"教学中由情感所推动的'参与'活动导致了奇迹般的效果",自认为学生给出"卖火柴的小女孩之所以不想妈妈,是因为她妈妈嫌她家穷跟别人跑了"的回答是创造性的判断。语文学科素养倡导"思维发展与提升",鼓励学生批判质疑,但这种批判质疑不等同于哗众取宠,不等同于只要是所谓的"批判质疑"就是积极的,这位教师需要知道的是除了"思维发展与提升"以外,语文同样追求"文化传承与理解",同样需要有"正确的价值观念"。教师也应该对《卖火柴的小女孩》到底要表达什么样的思想感情有一个起码的正确认知。

案例 7-5　《丰碑》与《放弃射门》教学片段①

教学片段 1

师:学了这篇课文,你们觉得军需处长是一个什么样的人?

生 1:我觉得军需处长是一个不怕牺牲、关心集体的英雄。

生 2:军需处长是一个全心全意为人民服务的好战士。

生 3:军需处长是一个把生的希望让给别人,把死的危险留给自己的好战士。

……

生 7:我觉得他是一个不合格的军需处长。因为人最重要的是生命,他连自己都保护不好,怎么能去保护别人呢?

(教师感到这样理解不妥当,但又觉得有点道理,于是点点头,示意其坐下)。

师:刚才同学们对军需处长是一个什么样的人发表了自己的见解,大家谈得很好。下面我们继续学习……

教学片段 2(特级教师支玉恒执教)

师:你觉得福勒是不是一个优秀的球员?

生 1:我认为福勒是优秀的球员,他的踢球技术比较高超,带球突破,行云流水般晃过几名后卫直插对方禁区。

① 案例引自:《学生的独特体验不应越位》,作者:陈志峰。

生 2:我认为福勒是优秀球员,他几岁就成为世界级的球星。

……

生 6:我不同意他们的观点,我认为福勒并不是优秀的球员,球员的职责是把球踢进对方的球门,而他放弃了一次进球的机会,更何况罚点球时漫不经心,故意将球踢飞,他给本队带来了损失,他不负责任。

(学生相互争论。)

师:那么什么样的球员才算是优秀球员呢?

生 1:品质好,技术好。

生 2:友谊第一,比赛第二。

……

生 6:给本队带来利益,不顾一切进球。

师:自己的观点可以保留,觉得福勒是一个什么样的人,写一句话(生动手写,汇报)。

生 1:处处关心别人。

生 2:有职业道德的人。

…………

生 6:技术好,但工作不负责任。

师:课文学完了,同学们讨论得很热烈,发表了不同的观点。最后,老师送给你们一句话(面向生 6),一场比赛的胜利重要,还是一个人的生命重要?

【点评 7–5】 在上述两个案例《丰碑》和《放弃射门》中,课堂上都出现了不同一般的学生回答,但是两位教师采取了不同的评价方式。第一位授课教师隐隐感觉学生 7 的回答有问题,但又缺乏正确的判断,或者不太敢于质疑学生的“质疑”,从而选择了点头,纵容了学生的这种回答,教师的默许同样也会对其他学生建立怎样的人生观、价值观产生不当的影响。如果教师不能纠正学生明显的价值观念偏差,就是失败的,是具有误导性的,教师的积极评价绝不等同于无原则的肯定。第二位教师面对学生 6 的回答,没有直接批评或者采用负面评价,而是送给学生意味深长的另一个问题“一场比赛的胜利重要,还是一个人的生命重要?”相信学生 6 也能从教师的这个问题中体味出个中深意。

教师的问题设计要紧扣教材,围绕教学目的,有计划、有步骤地提出,切忌缺乏目的性和计划性,并对学生的回答适当干预。

案例 7–6 《司马光》教学评价片段

师:你们觉得司马光砸缸救人的做法好吗?

生:大家都慌了,有的去找大人,有的哭起来,只有司马光的办法又快又好。

生:我觉得司马光的办法不好,砸坏了公园的缸,有可能把缸里的小朋友砸死。

师:你们觉得第二位同学说的有道理吗?

生:对,小石头都会砸伤人,这么大的石头真的会把缸里的小朋友砸死。

生:缸片飞出来,还会把外面的小朋友砸伤。这办法危险!

师:这几位小朋友真会动脑筋。

案例 7-7 《愚公移山》教学评价片段

有教师在讲授《愚公移山》一课时,引导学生尝试假设愚公在说完“何苦而不平”之后智叟可能进一步提出的问题,同学们畅所欲言,假设自己是智叟,提出了如下问题。

1. 你能保证你的子孙后代都是男孩吗?
2. 你能保证子孙都愿意挖山吗? 说不定想移民。
3. 你也太自私了吧,毁了子孙的前程。
4. 不要忘记地球还在进行造地运动。

……

最后,教师满意地评价道:同学们说得太好了……愚公真是一个又笨又疯狂的老头。

案例 7-8 《邱少云》教学评价片段

有一位教师在讲授《邱少云》一课时,有一位学生发表了自己独特的见解:“人的生命是何等的宝贵,邱少云在完全可以保住生命的情况下,却活活被烧死,死得可惜,死得不值,我觉得他这是犯傻。”教师居然大加赞许:“你真了不起,有了自己独特的理解和感受!”

【点评 7-6,7-7,7-8】 在案例 7-6,7-7,7-8 中,无论是教师评论“这几位小朋友真会动脑筋”,还是感叹“同学们说得太好了……愚公真是一个又笨又疯狂的老头”,还是点赞“你真了不起,有了自己独特的理解和感受!”与前几个案例相类似,教师貌似进行的是积极评价,对学生予以肯定,但实质上教师的教学评价偏离了教学目标,对学生的不正确回答以及所流露出的不正确的价值观念未能进行恰当的干预。学科核心素养是本学科所能发展的学生的正确价值观念、必备品格和关键能力。教学评价要为发展和培养学生的核心素养服务,如果教师的评价不能起到培养学生正确必备品格和价值观念的作用,教师的评价就出现了问题。

教学评价应该促进学生思维的发展。

案例 7-9 《江雪》教学片段

教学柳宗元的《江雪》,有一位教师向学生提了这么一个问题:这么寒冷的下雪天,这位老人真的是为了钓鱼吗?

学生 1:老人是在独自欣赏雪景。

师:万里江山,粉妆玉砌,渔翁之意不在鱼,在乎雪景之美也!

学生 2:老人内心十分孤独、寂寞,每一行的第一个字连起来就是“千万孤独”。

学生 3:我觉得老人在磨炼自己的意志,因为天寒正可以锻炼人。

学生 4:这位老人与众不同,看起来很清高。

师:诗人那种不愿意同流合污的心迹不正隐含其中吗?

学生 5:他是在钓一个春天!

【点评 7-9】 教师没有满足于学生会读或者是会背柳宗元的这首《江雪》,而是提出了一个带有批判性和创造性倾向的问题“这么寒冷的下雪天,这位老人真的是为了钓鱼吗?”给学生批判性、创造性地理解这首诗提供了一个机会,很显然,学生抓住了这次机会,给出的回答深刻甚至是富有诗意,而教师适时而又恰当的点评有助于学生理解柳宗元在写《江雪》时的思想与情感。

案例 7-10 《杜十娘怒沉百宝箱》教学片段①

教师先让同学们快速浏览课文,然后简要概述故事情节。铺垫工作做完之后,教师在黑板上写了两个字“出路”,并说:“当杜十娘得知自己被李甲转手卖给孙富之后,除了投江自尽以外,她还有没有其他路可走?”

老师要求同学们给杜十娘做一回“策划人”,帮她设计一下她的出路,除了投江自尽以外,还有没有其他办法?

生 1:我觉得杜十娘完全没有必要在一棵树上吊死。李甲对她不好,她可以另找别人,不一定要自杀。

这是第一种,教师把它概括为“另觅知音”。

生 2:杜十娘很有钱,她可以先把自己赎出来,然后买一座房子,过一种自由自在的生活,这样也比她投江自尽好。

---

① 赵清芳. 出路?死路?——《杜十娘怒沉百宝箱》教学片段[J]. 语文建设,2002(8):35-36.

这是第二种，教师把它概括为“独身生活”。

生3：去当尼姑，当尼姑总比投江自尽好吧，可以保住生命。

生4：看看李甲有没有悔过自新的表现，也许他们经过一段曲折磨难以后，又会重结良缘。

……

教师把学生的各种意见归纳为五个观点、五条出路，然后教师提问：我们在为人物安排命运的时候，能不能违背人物本身的性格特点？

在学生的思维发散之后，教师又将学生的思维聚拢：人物能不能脱离她所处的时代背景？

短暂的沉默之后，学生一起说：不能！

师：既然这样，我们就来看一看人物的性格特点和人物所处的时代背景。杜十娘的性格分析很简单，大家很快概括出“心地善良”“聪明机智”“坚强刚烈”“忠贞不渝”等。

教师对时代背景做了简单的介绍，主要强调的一点是明代整个社会是“以利相交”的，存在利益色彩浓厚的社会风气。

师：好，现在就请大家结合杜十娘的性格特点，并结合明代社会的特点，想一想，同学们为杜十娘设计的这些出路有没有可能实现？

大家又是一阵讨论，一个一个地分析。到最后，教师和同学总结：她唯一的选择，唯一的出路，是用自己的死来表明理想的高贵和现实的卑劣。正如题目中的一个“怒”字，她是以了结生命的方式来表达对时代、对社会的愤怒与控诉！　这也正是这篇小说的悲剧内蕴所在。

【点评7-10】 案例中的教师在讲授《杜十娘怒沉百宝箱》这篇文章时，非常巧妙地设计了一个问题：帮助杜十娘寻找“出路”。一石激起千层浪，学生积极为杜十娘出谋划策，思维瞬间被打开，学生的思维开始发散出去。在学生把思维发散出去之后，教师又将学生的思维聚拢，引导学生结合明代中叶时期的特点以及杜十娘的人物性格的分析，虽然未直接对学生的回答进行评价，但是这样的评价活动恰恰激发了学生的逻辑思维，使学生能够将人物的命运与人物的性格和时代背景相联系，而不是孤立地去看待人物，将学生的思维引向了深入。

案例7-11　《恐龙》教学片段①

师：下面我们重点来学习课文的第二自然段。请大家自由朗读，遇到不认识

① 王宗海．小学语文教学中的问题与对策[M]．长春：东北师范大学出版社，2010.

的字自己查字典解决或问问同桌。

师：好，下面大家齐读一遍课文，把气势拿出来，有感情地读。

生齐读，声音洪亮，精神饱满。

师：大家读得很好，声音很洪亮、整齐。下面谁想给大家再读一读？

生纷纷举手，教师找了两个学生读。

师：好，有没有读错的地方？（学生进行了纠正。）

师：刚才两名同学读得都不错，除了个别发音不准以外，较为流利，很有感情。下面谁能告诉我你喜欢哪种恐龙？把你喜欢的恐龙的有关描写有感情地读给大家听好吗？

【点评 7-11】 古人说，读书有“三味”，读经味如稻粱，读史味如肴馔，读诸子百家味如醯醢。可见，不同的文体的朗读会带来不同的感受，并且不是所有的文体都适合朗读。有些老师不顾文体的特点，常常是反复进行朗读，一节课下来，除了学生的朗读和教师的分析，几乎看不到师生之间思维的交流与碰撞。在这个案例中，教师存在以下问题。

(1) 朗读的目的与作用不清，片面强调“有感情”。

(2) 说明文问题适用大量朗读吗？

(3) 阅读文本仅朗读一种途径吗？

(4) 朗读的评价是否单一？

案例 7-12 《黄河的主人》教学片段

教师让学生来读《黄河的主人》一文中第三自然段“一、二、三、四、五、六，一共六个人”。

学生朗读，六个数字读得越来越慢，显得有些犹豫。

师：你为什么这么读呢？

生：从插图来看，作者离得太远了，看不清羊皮筏子上的人。

师：你观察得很仔细，除了插图，课文中怎么说的，有依据吗？

生：课文第二自然段“我的眼光被河心一个什么东西吸引住了。那是什么？正在汹涌的激流里鼓浪前进？从岸上远远望去，那么小，那么轻，浮在水面上，好像只要一个小小的浪头，就能把它整个儿吞没。”

师：谁还有其他读法？

学生朗读，前“一、二、三”声音较大，后“四、五、六”读得声音越来越小。

师：为什么这么读？

生：紧张得都不敢数了。

师：是啊，太让人担心了，人越多越担心，越不敢数了，你的感受更细腻了。

师：还有其他读法吗？

学生朗读六个数字读得越来越快。

师：为什么这么读？

生：小小筏子，居然坐了六个人，多危险啊，显示了作者的惊叹与担心。

师：好，三种读法，三种理解，三种感受。下面请同学们根据自己的理解把整段内容连起来，自己读几遍。

案例 7-13 《夜宿山寺》教学片段

其中，学生 1 把"不敢高声语，恐惊天上人"读得响亮高亢，学生 2 却读得低沉轻缓。

师：你能说说为什么把这句读得这么响亮吗？

生：因为作者登上这么高的楼，心里一定感到特别的骄傲和自豪，所以读的时候声音必须高一些，才能把内心的感情表达出来。

师：你体会到了作者当时的心情，说得很有道理。

师：(对生 2) 那么你能说一说为什么把这一句读得这么低沉吗？

生：因为连高声说话都担心惊动了天上的人，所以读的时候必须把声音压低，才能把诗里要表达的感情表达出来。

师：你是从诗的感情来考虑的，说得也非常有道理。同学们能从不同的角度想问题，而且有充足的理由来说明自己的观点，这是你们的 大进步，老师很欣慰。下面大家按自己的理解来朗诵这句诗。

【点评 7-12，7-13】 两篇文章，教师都认可了不同的读法。读，确实是语文学习的重要手段，而"一千个读者就有一千个哈姆雷特"，不同的人对于文本有不同的理解，而理解的不同就导致了学生在阅读时候的不同。同样是"一、二、三、四、五、六，一共六个人"，却有读得越来越快、读得先快后慢、读得越来越慢三种不同的读法。不同的读法体现了学生对文本及文本所表达的情感的不同理解，教师进行的点评也是恰当的。这也诠释了我们不主张学生齐读的原因。不过教师在进行评价的时候要注意避免一种教学活动评价异化的倾向，要注意发挥教师进行评价的主导作用，不应该无原则地出现甲也正确，乙也不错，丙很好，丁真棒，整堂课学生"跑野马"、想说啥就说啥的倾向。

(三) 发展学生核心素养，实现教学评一体化

新一轮基础教育课程改革不断地深化，倡导发展学生的核心素养，提高学生

的学业质量，主张“教学评一体化”。以《普通高中化学课程标准(2017 年版)》为例，指出“依据化学学业质量标准，评价学生在不同学习阶段化学学科核心素养的达成情况，积极倡导‘教、学、评’一体化，使每一个学生化学学科核心素养得到不同程度的发展。”其他学科课程标准也做了类似要求。之所以强调教学评一体化，是针对目前日常学习评价中，“有教无评”“有评无促”的现象的。在目前的教学过程中，往往存在评价与知识的建构过程相脱离的现象，课堂练习成了课堂学习评价的主要形式，严重弱化了评价对于学生学科核心素养的诊断与发展功能。而在学业成就评价中，“教”“学”“考”分离的现象十分突出，甚至出现了用考试大纲代替课程标准，用考试大纲指导教学的现象，导致了教学的畸形化。①

教学评一体化是一种新型的教学方式和评价方式，旨在突破传统教学与评价二元隔离孤立的局面，使评价不再凌驾于教学之上或游离于教学之外，而是嵌入教学之中，成为教学的有机组成部分，与教学活动紧密联结，与学习过程良性互动。②

“教”什么？“学”什么？“评”什么？如何实现教学评的“一体化”？“教”和“学”的结果要通过“评”来监测诊断，“评”要为提高“教”和“学”的质量服务。在核心素养的背景下，教师教的是核心素养，学生学的是核心素养，评价要以提高学生的核心素养为目的。

教师的教、学、评要紧密围绕核心素养，围绕本学科应该发展的学生的正确价值观念、必备品格和关键能力开展教、学、评的活动。而核心素养的核心是思维，在思维型教学理论指导下的教学评要立足于学生以思维能力发展为核心的核心素养的全面发展上。

◎ 思考题

1. 教学评价设计的基本原则有哪些？
2. 思维型教学理论指导下的教学评价要点有哪些？
3. 如何在教学设计中进行基于教学评一体化的设计？

---

① 郑长龙．基于“教、学、评”一体化理念的化学学习评价设计[J]．中学化学教学参考，2018(6)：3-5.

② 王少非．课堂评价[M]．上海：华东师范大学出版社，2013.

专题八

教学设计的预设与生成

◎ 学习目标

能正确理解预设与生成的关系；能认识到预设与生成中常见的问题；能在思维型教学理论的指导下进行正确的预设与生成；能在预设与生成中侧重发展学生的思维能力。

◎ 知识导图

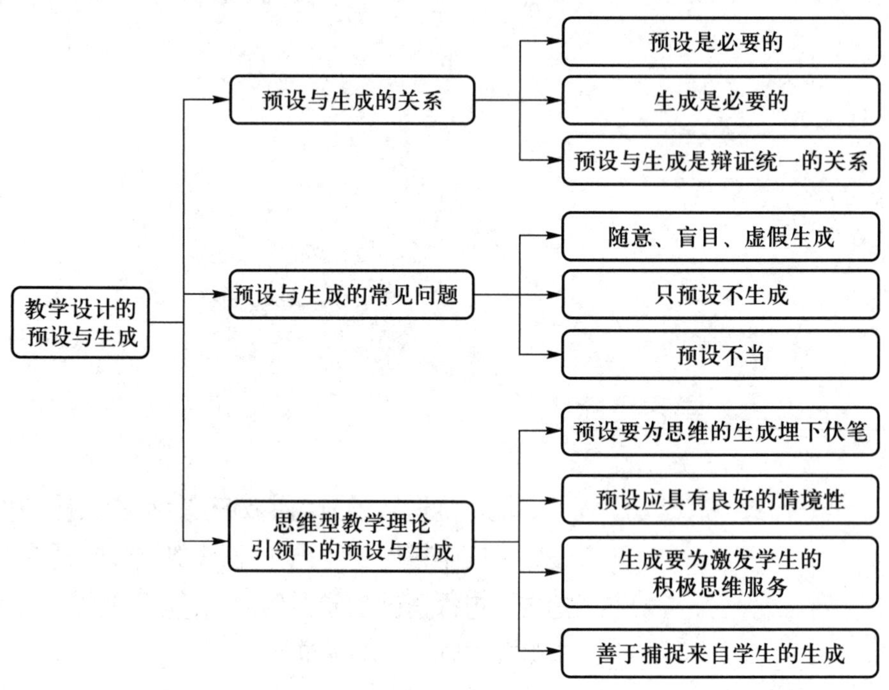

教学设计的预设与生成
预设与生成的关系
预设是必要的
生成是必要的
预设与生成是辩证统一的关系
预设与生成的常见问题
随意、盲目、虚假生成
只预设不生成
预设不当
思维型教学理论引领下的预设与生成
预设要为思维的生成埋下伏笔
预设应具有良好的情境性
生成要为激发学生的积极思维服务
善于捕捉来自学生的生成

叶澜教授曾说，课堂应是向未知方向挺进的旅程，随时都有可能发现意外的通道和美丽的风景，而不是一切都必须遵循固定的路线而没有激情的行程。教学设计是带有预设性的，是在对课程标准、教材、学情等因素进行分析的基础上对教学过程的预先设计。预设是一种理想状态，在实际教学过程中，教学的进程不一定按照教师的预设按部就班地展开，会有“意外的通道”和“美丽的风景”。教师的教学预设应该是有弹性、有张力的，预设应该包含对“生成”的预设。根据思维型教学理论，在课堂教学过程中包含动机激发、认知冲突、社会建构、元认知、应用迁移等环节，在任何一个环节都可能有“生成”性的资源，尤其是在认知冲突、社会建构、元认知等环节。生成不是任意的生成，而是在思维的碰撞与建构中产生的。它基于留有生成空间的预设，是在问题引领下的生成，是基于社会建构和元认知的生成，是基于学生反思性的生成。思维型教学理论引导下的教学设计，教师要基于学生思维的发展、教学内容与教学目标的需要充分预设教师、学生、文本之间多边对话可能出现的情况，将预设与生成有机统一。

叶澜教授强调，课堂中应该有一些生成性的内容，而不能将课堂教学完全按照课前的设计进行，但也并非否认预设的重要性，而是需要重视课堂教学中生成的资源，包括教学设计中对生成的预设。教师需要正确地理解预设与生成之间的关系，并处理好存在的问题。

一、预设与生成的关系

（一）预设是必要的

凡事预则立，不预则废。课堂教学是一种有目的、有意识的、有计划的教育活动。预设是课堂教学的基本特性，是保证教学质量的基本要求。教师在践行课程改革基本理念，重视课堂教学的动态性、开放性、生成性特征的同时，不能忽视了预设，或者不能以动态、开放、生成为理由不进行教学设计。从近年来的理念和研究来看，对于生成性教学的推崇和研究占据主流，但这绝不意味着预设不重要，之所以会出现这种情况，可能与研究者和教师迫切地改变过去过分注重知识的线性传授和单向授受的关系状态有关，但提倡重视课堂教学中的生成并不意味着走向反对预设的极端。

课堂教学需要预先设计并据此开展教学活动，保证教学活动的计划性和效率。但重视预设同样不等于无视生成，我们所重视的预设是按照新课程理念进行的教学预设，强调课程的育人功能，不仅关注学生知识与技能的发展，更关注学生内心情感的深层次体验和深层次的思维发展。

（二）生成是必要的

叶澜教授认为，需要从更高层次，也就是生命的层次，用动态生成这个概念重新全面地认识课堂教学，构建新的课堂教学观[①]。传统的预设性教学的特点主要表现为生成性、确定性和线条性。这种传统的教学因为只看到了教学中预设性和规律性的科学属性的一面，而忽视了教学也有生成性、动态性和发展性等艺术性的一面，所以预设性教学的弊端在于使教学活动这种充满人文色彩的活动简化为程序化的流程。科学的预设是我们所倡导的，但是如果将预设性教学当成一种价值偏好，成为一种固化的教学信条就会偏离教学的育人功能主线，表现在教学模式上就会成为刻板的灌输式的基于单向信息输出与输入的教学，就会减少预设的价值。

课堂教学要有生命力就需要生成，而怎样的生成才是真正的生成呢？余文森教授认为课堂上真正的生成通常都是以学生的思维参与和情感体验为重心的，使教师和学生、学生和学生在特定的情境中，展开真情互动和真心交流，在互动和交流过程中引发思维碰撞、激活灵感、发现新知、产生顿悟、分享感动，以便达到新的理解，生成新的知识，产生新的感悟。它往往能使教学达到未预设的高度和深度[②]。

从教学设计的角度来说同样是需要生成的，教学设计并不只是课堂教学实施前的活动，教学设计贯穿于教学前、中、后的整个过程，在课堂教学过程中所进行的教学设计，通常就是指在教学过程中教师根据教学的进程、学生的反应等进行的生成性设计。

（三）预设与生成是辩证统一的关系

预设和生成的两个极端——预设的保守化和生成的形式化都会影响到教师的教学行为与结果。在保守化的预设中，教师想尽办法让学生在预设好的套路中学习，追求顺理成章地直达目的地，然而看似努力非凡，做的却都是“无用功”甚至“有害功”，长此以往，学生问题意识显得比较淡薄，学习兴趣丧失，探究精神缺乏。而在形式化的生成中，教师一味地放手让学生成为课堂教学的主体，结果将会导致教学目标不明，教学组织混乱，学生貌似积极讨论其实空洞无物，这其实是一种虚假的、表面的繁荣。

课堂教学具有二重属性，这二重属性在微观方面是指预设性和生成性，而它所映射的宏观属性是教学的科学性和艺术性。教学的这二重属性不仅表现在教

① 叶澜．让课堂焕发出生命活力[J]．教育研究，1997(9):3-6.

② 余文森．论教学的预设与生成[J]．课程·教材·教法，2007(5):17-20.

学的主体学生和教师上，还表现在教学的内容和过程等方面[①]。对《中庸》的理解应该做到“动中取衡，静中就重。不辞两极，勾势恰作。不死不肆，不邪不正”，执其两端而折其中。预设与生成作为课堂教学的两个方面，既不能预设过度，也不能生成过度。

预设体现教学的计划性和封闭性，生成体现教学的动态性和开放性，两者具有互补性。教学既要重视知识学习的逻辑和效率，又要注重生命体验的过程和质量。预设过度必然导致对生成的忽视，挤占生成的时间和空间；生成过多也必然影响预设目标的实现以及教学计划的落实。[②]课堂教学预设与生成是辩证统一的关系，从逻辑上讲，预设是基于预想结果的前置设计，而生成是基于现实过程的动态调节。[③]

视频 8-1
预设与生成的辩证关系

二、预设与生成的常见问题

（一）随意、盲目、虚假生成

在预设和生成理念快速发展的这几年里，虽然在教学过程中教师往往能够重视生成的价值，但是很多时候会出现有的教师是单纯地为了生成而生成，课前预设做得不充分不到位，让课堂失去了教学的重点和难点。有时教师自己也思绪混乱，在课堂教学中迷失方向，导致学生随意生成的现象严重，不着边际地胡乱想象和发散，这样的生成虽然看似课堂很热闹，但其实是空中楼阁，使课堂教学失去了实质。教师应该在课前做好弹性预设，在课堂中把握生成的范围。

而有的教师将生成理解为一种操作的形式，继而有意无意地“回归正统”，将问题的生成变为教师背后的控制与操作，生成就演化成“虚假生成”。而有的教师则将生成理解为撒手不管，完全放弃了对课堂发展走向的引导，使整个教学毫无重心目标，变成了“无序生成”。新课程改革倡导课堂的生成性，倡导课堂的开放性，有些教师就错误地认为课堂不需要预设，课堂完全依赖生成性问题，“铃声一响，走进课堂，要讲什么，等我来想”。这是一种错误的理解，是不负责任

---

① 王鉴，张晓洁．论教学的二重性［J］．高等教育研究，2007（1）：67–72.

② 赵小雅．课堂：如何让“预设”与“生成”共精彩？［N］．中国教育报，2007–04–06（6）.

③ 靖国平．生成性课堂何以可能？［J］．教育教学，2005（7）：4–6.

地以新课改理念为幌子不进行精心设计的错误做法。案例 8-1 就是这个问题的典型案例。

案例 8-1 《落花生》教学片段

一位教师在上《落花生》一课时，有学生提问："为什么花生不像桃子、石榴与苹果那样高高地挂在枝头，让人一见就生爱慕之心？"于是，这位教师放弃了原先的教学设计与学生一起讨论，一节语文课就在"花生为什么不高挂枝头"的讨论中过去了。

【点评 8-1】 此案例与案例 4-11 相似，属于典型的无教学目标设计和任意生成。教师的教学设计要有预期的教学结果，有预期的学生要达到的教学结果。基于思维型教学理论，教学内容要为教学目标服务。教师要明确本节课的教学目标是什么，生成性的内容也要为教学目标服务，"意外的通道""美丽的风景"也要为教学目标服务。如果生成性的内容远离了教学目标，就属于任意生成。这个案例，"花生为什么不高挂枝头"的讨论显然不能为本节课的教学目标服务。机械地死守预设固然不对，但盲目地追求"生成"也不可取。

案例 8-2 《早发白帝城》教学片段

生 1：白帝城在哪里？

生 2：诗人为什么从白帝城出发？他要去哪里？

生 3：千里江陵怎么一日就能"还"？

生 4：轻舟到底是什么"舟"？

生 5：既然那么快，怎么还能数山有几重呢？

……

【点评 8-2】 以上是在五分钟内学生提出来的部分问题。这些问题和今天的课多多少少还是有关系的，有的问题可能就扯得更远、荡得更开，执教老师根本没有想到学生会提出这些问题，而这些问题他根本无法应付，关键是教学的进展与他的教学设计风马牛不相及。思维型教学理论指出，在教学活动中，学生的学和教师的教相互作用、相互影响、相互制约，学生的学离不开教师的教，教师的教是为了学生有效地学，教学活动的质量和效果如何，是教师的教和学生的学相互作用、相互影响的结果。思维型教学理论强调在教学过程中教师和学生积极主动地思维。学生能够提出问题是值得肯定和鼓励的，说明学生真正参与了教学活动。但是，由于学生对预期达到的教学目标不可知，以及学生思维的方向性和目的性可能存在不足,所以导致学生提出的问题可能偏离教学内容和教学目标。基于教学活动中教师与学生的双主体作用,教师要发挥教学主体的作用,不应该完全被学生牵住了教学的牛鼻子,而应该将学生提出的问题聚合、回拢、归纳到教学的内容与目标上来,对学生提出的生成性的问题进行适时、适当地干预。

视频 8-2
任意生成

(二) 只预设不生成

教师在上课之前进行教学设计,对教学目标、教学内容、教学任务、教学方法、教学过程等每一个要素都要进行周密的思考。教师的教学需要预设,但预设不是为了防止学生思维的“出格”,也不是为了防止课堂发生“意外”。有的教师在进行课堂教学时,完全按照预先设计好的方案进行教学,不考虑实际教学中出现的问题,不允许或者刻意去回避教学预设之外的生成性的内容。在这样的背景下,教师往往不敢与学生互动,担心在互动过程中产生“偏离课堂主旨”的意外,即便是提出问题,教师提出的问题也往往是封闭式的问题,不给学生留出创造性的、发散性的空间。

教师的课堂教学不应该按部就班、按图索骥地按照教师预设的路径线性前进,不能给学生的思维套上绳索由教师牵引而行。有的教师往往以课时不足、要保证进度为由,为课堂教学的按部就班进行辩护,教师需要思考这样几个问题:教学目标到底是什么?教学目标应该如何完成?教学进度与学生发展的关系是什么?而另外有一些教师则往往担心自己的课堂驾驭能力,担心自己驾驭不了课堂中的“节外生枝”,因此往往对学生在学习过程中遇到认知冲突、产生的智慧火花和提出的有价值的问题,以不在教师的预设计划之列为由,或者一带而过、有意回避,或匆匆、强行将课堂的走向拉回“主题”。在这样的情形下,预设就像一把无形的手,控制着教师;又像一套缰锁,羁绊着教师。

美国教育学家布卢姆认为,人们无法预料教学所产生成果的全部范围。没有预料不到的成果,教学也就不成为一种艺术了。我们也认为,通过思维型教学所激发的学生的认知冲突、碰撞产生的智慧火花,往往能使学生提出有价值的、服务于课堂教学内容、更有利于完成教学目标的“预想不到的成果”。因此,教师不要先入为主地将生成性资源视为阻碍教学目标完成和影响教学进度的“节外生枝”,而应该思考如何引导学生提出有价值的问题,激发学生积极深入地思考,将生成性资源作为生长点,更好地实现教学目标。而当生成性资源与教师的预设不相符时,教师要学会对生成性资源的合理利用。

案例 8-3 《乡愁》教学片段①

教师设计了一个提问导语,目的是想让学生说出课题来。于是他叫起一个同学,启发道:"如果有一个人到了一个遥远的地方,时间一长,他开始想念自己的亲人,这叫作什么?"

学生答道:"多情。"

"可能是我问得不对,也可能是你理解有误,我换一个角度再问:这个人待在外乡的时间相当长,长夜里他只要看见月亮就会想起自己的家乡,这叫作什么?"

"月是故乡明。"学生很干脆地回答。

"不该这样回答。"教师有点急了。

"举头望明月,低头思故乡。"学生的回答显得不太自信了。他抬头一看,教师已经是满脸阴云,连忙换了答案:"月亮走我也走。"

"我只是求你用两个字回答,而且不能带'月'字。"教师继续启发。

"深情。"学生嗫嚅道。

好在此时下面有学生接口"叫作乡愁",教师才如释重负。

【点评 8-3】 在本案例中,教师希望通过创设游子思乡的情境引导学生自己明确说出授课的课题名称"乡愁",出发点是好的,似乎由此引出课题也是顺理成章的。但是如果教学并没有按照教师预设的方向发展,教师就不要再囿于预设的窠臼,而是要根据课堂的动态进程灵活地去调整自己的设计。在此案例中,学生连续数次不能正确地说出课题名称的时候,教师应该进行干预。比如当学生在回答"月是故乡明"时,教师完全可以因势利导:"我们说环球同此明月,月亮是同一颗月亮,为什么月亮是故乡的明呢?这里面寄托了作者一种怎样的情怀呢?带着这个问题,我们一起来学习余光中先生的名篇《乡愁》。"就非常自然地引出所要学习的课题。或者教师不要揪住这个学生不放、穷追猛打,完全可以提问另一位同学引出课题名称。所以,教师的教学不要完全依赖教学设计方案按部就班地进行教学,教学是动态的、生成的、真实的,要根据课堂教学的实际情况调整自己的教学设计。

---

① 蔡伟.新理念为何难以走进语文课堂:从两则案例谈起[J].语文建设,2003(5):23-24.

视频 8-3
只预设不生成

案例 8-4 《“番茄太阳”》教学片段①

教师:请同学们再读课文里的三个故事,把最令你感动的一小节读给大家听。

生甲(动情地朗读):那个正午我坐在窗口,看城市满街的车来车往,眼前总浮现出明明天使般的笑脸。如同一轮红红的“番茄太阳”一直挂在我的心中,温暖着我的心。

教师:啊,这一段老师还没讲到呢。×× 同学,你选择的哪一小节?

生乙(朗读另外一小节):……

生甲欲语无言,沮丧地低着头坐下了。

【点评 8-4】 教师的教学带有预设性,而且教师往往比较习惯于制定详尽的教学环节,在预定的时间范围内、既定的教学环节里完成预设的教学任务。但是,在课堂教学过程中,教师应该根据课堂教学的新情况适时适宜地调整自己的教学任务。教学内容、教学任务是为教学目标服务的,在这个教学片段中,教师的教学目标应该是感受盲童“明明”的心灵之美,感悟“明明”对“我”带来的快乐和感动。尽管学生甲可能由于并没有听清楚老师题目中“课文里的三个故事”的要求,或者认为所读的这一部分属于这三个故事,与老师的预设不相符,但其教学功能可能与教师的教学目标是一致的,教师完全可以适时追问:“你为什么认为这一小节最令你感动?”在与学生互动的过程中,通过学生的表达,基于这个生成性的问题,顺利地达到教学目标。但是教师却因为“这一段老师还没讲到呢”,就把学生的回答搁置一边,失去了一个基于生成性资源完成教学目标的机会。即便教师认为学生甲所读的小节并不在三个故事里,教师对于学生的回答也可以进行干预,提醒学生在已经学过的三个故事的段落里寻找最令自己感动的小节,而不是简单地回避学生的回答转而去提问其他同学。

案例 8-5 “解比例”教学片段②

在教学“解比例”的一节课时,教师出示了一道题,把 3×40=8×15 改写成

① 案例引自:《语文课堂教学不要囿于预设》作者:石云荣。
② 杨雪城. 老师!请你仔细想一想[J]. 小学教育科研论坛,2003(4):9.

比例。学生很快根据比例的基本性质说出了结果：

(1) 3∶8=15∶40;(2)8∶40=3∶15;(3)15∶3=40∶8;(4)40∶15=8∶3。

接着，教师问怎样改写容易。这时一位同学很有自信地说：先将题中的四个数按照从大到小或者从小到大的顺序排列，再添上比号和等号就可以了。此时，其他同学或许因为没有听懂，露出了不解的神情。然后，教师只是简单说了一声"请你再仔细想一想"，然后让其坐下，继续教学。

【点评 8–5】 在本案例中，教师的预设中显然并没有这位同学的回答，当学生的回答与教师预设不符时，教师直接选择了无视学生的回答，不管其他学生是否困惑，也不给这位同学进行解释的机会。利用比例的基本性质无疑是本节课训练的重点，也是解决问题的基本策略，但是，如果 4 个数可以组成比例，两个较大数之比何尝不等于两个较小数之比？这位同学的回答恰恰是创新思维的体现，是有价值的思维过程，而这种创新思维却因为教师简单的一句"请你再仔细想一想"而被否定。如果教师给学生解释的机会呢？不仅呵护了学生参与课堂的热情，解答了其他同学的疑惑，对于教师而言，课堂也生成了精彩片段。因此，教师在进行教学的时候，面对学生的回答，有时候教师也需要"仔细想一想"。

案例 8–6　"工程问题"教学片段①

教师给出一道题：打一部书稿，小李单独打 10 天完成，小王单独打 12 天完成，小胡平均每天打 64 页，如果小李与小王两人合打 4 天，那么就剩 256 页没打完。三人合作几天才能完成这部书稿？

大多数学生会读完题后都在冥思苦想，而后才动笔演算。突然，一个男孩猛地举起手，但又马上缩回去了，教师询问缘由，男孩怯生生地说："我的答案是 4 天，不知道对不对……"

教师："这道题的答案就是 4 天，你是怎么知道的？"

男孩说："我是用 256÷64 求得的……"

其他同学听了哈哈大笑，可能是因为有人在听课，授课教师也面带怒气地说："胡闹，坐下！"

【点评 8–6】 当教师面带怒气地说"胡闹，坐下！"的时候，我想这位怯生生的同学的自信心受到了严重伤害，而同学们哈哈大笑无疑使这种感觉更加强烈。这位男孩真的是胡闹吗？恐怕不是，只是不符合教师的预设罢了。其实对于本题而言，男孩的回答尽管不是很确定，但答案无疑是正确的，为何不给学生

① 颜锁林．从一则常见案例中触摸数学课堂[J]．新课程改革与实践，2009，4(9)：82.

一个解释的机会？剩余256页，小胡平均每天打64页，小胡需要打4天，而小李与小王合作完成的部分也是4天，三人合作可不就是4天完成书稿吗？

案例8-7　“平均数”教学片段[①]

这是一节有关“平均数”的活动课，教师引导学生分析，在求出连续3个、5个、7个自然数的平均数的解题特点后，出示了这样一道题：“小红的爸爸因公出差，5天没有回家。回家后一次撕下这5天的日历，这5天日期数相加的和是90。小红的爸爸回家这天是几号？”

不少学生都列出了这样的算式：$90 \div 5 = 18$，进而推断出撕下的5天日期分别是16、17、18、19、20，21，小红爸爸回家的这天是21号。

在评价总结阶段，突然，一位同学提出了一个问题：“这5天会不会是月底和月初的5天呢？”

这个问题出乎了老师的意料之外，但是老师既兴奋又表现出一副不理解的表情说道：“刘亮同学真能动脑筋，发现了一个老师都没注意的新问题。怎样求出新的答案呢？大家一起讨论讨论。”

【点评8-7】 同样是学生生成性的问题，与前几个案例不同的是，本案例中的教师为学生的生成而兴奋，为学生的批判思维与质疑精神而兴奋，能将生成的问题作为资源来开展探究教学。

（三）预设不当

教师在进行教学设计时应该考虑不同学生群体的需要，基于课程标准、教材、学情、教学条件、自身特点等进行充分预设，才能在课堂上胸中有沟壑、游刃有余，有效的生成也是基于留有生成空间的预设的。但是，教师在进行教学设计的时候，往往由于对课程标准和教材理解不准确、分析学情不恰当等原因，造成预设本身出现问题，出现预设不当的情况。

案例8-8　“过氧化钠与水反应”教学片段

过氧化钠与水反应加入无色酚酞后，现象为溶液先变红后变为无色。学生能够比较容易地理解溶液变红的原因，但学生对于为何溶液又从红色变为无色的原因不能确定。因为从生成物氢氧化钠和氧气来看，氢氧化钠可以使溶液变

---

① 王均列，祝中录．愿“生活”更加美好[J]．江苏教育，2006(7)：28.

为红色，但另一种产物氧气似乎并不能将生成的有色物质氧化为无色物质。有些教师在解释这种现象的时候往往不恰当地认为是由于过量的 Na_2O_2 具有漂白性将产生的红色物质漂白。

【点评 8-8】 与案例 3-5 相同，这属于预设不当的问题。事实上，如果按照反应的物质的量进行计算，可以发现按照实验中的计量比，Na_2O_2 在跟水反应的时候并不过量，出现该现象另有缘故。在课堂教学过程中，教师可以把这种“异常”现象转化为一个探究的问题，可以引导学生对这种“异常”现象的成因做出一系列猜想。

猜想 1：有可能是产物中 O_2 的氧化性使溶液褪色。

猜想 2：有可能是受生成物氢氧化钠溶液浓度的影响。

猜想 3：产生的热量导致温度升高，使红色褪去。

猜想 4：Na_2O_2 与水反应过程中可能产生具有漂白性的 H_2O_2。

猜想 5：……

在学生做出猜想之后，针对猜想设计实验进行探究，通过控制变量，能够对“溶液先变红色后变为无色”做出更为科学的解释。

案例 8-9 “出游价格方案的确定”教学片段

有一位教师出题训练学生的最优化题：旅行社推出“××风景区一日游”的两种出游价格方案。

方案 1：成人每人 150 元，儿童每人 60 元。

方案 2：团体 5 人以上（包括 5 人），每人 100 元。

(1) 成人 6 人，儿童 4 人，选哪种方案合算？

(2) 成人 4 人，儿童 6 人，选哪种方案合算？

学生按照两种方案分别计算(1)和(2)的最优方案，分别做出了选择。教师本以为这道题很顺利地结束了，忽然有一个学生举起了手：“老师，我认为有第三种方案。”教师一愣，显然并没有预料到还有第三种方案的存在。但是教师还是请这位同学发表自己的观点，学生说：“我认为(2)还有第三种方案，就是儿童中的 1 人与成人 4 人组成团体，执行方案 2，而剩余的 5 位儿童执行方案 1。这样，总共需要 $5\times100+5\times60=800$ 元，是最为合算的。”

【点评 8-9】 对于本题，教师往往错误地预设为方案 1、方案 2 的简单选择。其实对这个问题而言，对于(1)是没有异议的，方案 2 是合算的，但是对于(2)而言，则还有方案 3 的存在，那就是 4 个成人和一个儿童采用方案 2，而 5 个儿童采用方案 1。

视频 8-4
预设不当

三、思维型教学理论引领下的预设与生成

思维型教学理论强调思维结构是静态结构和动态结构的统一，而动态性又是思维结构的精髓，所以思维型教学重视课堂教学中的生成性思维。思维型教学重视问题情境的创设，重视认知冲突的激发，重视教学过程中学生与学生之间、学生与教师之间的双向建构，强调课堂教学中教师和学生之间、学生和学生之间发生具有促进性和抑制性的相互影响、相互作用，进而达到师生心理和行为的改变，强调课堂教学中的情感、行为与思维的交互，强调思维的互动，关心学生是怎样提出问题的，并重视学生分析问题和解决问题的目的性及方向性，以便提高他们思维活动的自觉性和能动性，鼓励教师提出高认知问题，并给学生留有足够的时间，引导学生进行积极主动的探究。

（一）预设要为思维的生成埋下伏笔

好的生成来自留有生成空间的预设，教学设计要善于留白。所谓的留白就是要给学生创造性地学和教师创造性地教预留出时间和空间来，强调课堂教学要改变传统课堂教学中固定不变、按部就班、机械僵化的教学模式。教师的预设既要有学科的内在逻辑性更要心中有“人”，教师在进行预设时要考虑到学生的已有知识、能力水平、心理特质和思维水平等因素。教师的预设不是规定教师进行线性教学的路径，预设要有利于学生思维的生成。教师在进行预设时要根据教学内容、教学目标和学情设计启迪学生思维和创造性的问题，引导学生的思维向不同的方向拓展，并找到适合的探究方法。在引导学生思考和探索的过程中，教师要创设一系列激发学生思维的问题情境，使学生处于思维不断激荡的“愤悱”状态，促使学生积极思考，不断地发生思维的碰撞，提出创造性的问题并创造性地解决问题。

案例 8-10　《鸿门宴》教学片段[①]

例如《鸿门宴》一课，刘邦假装如厕悄悄逃走时，肯定有同学会说：“刘邦走

① 宋现娟，周玉芹．不预难立　不成则废[J]．中学语文教学参考，2018(10)：66—68.

了，项羽错失了当皇帝的机会，太可惜了。"教师基于这个可能的学生的观点，提出问题"斗力，是项羽的长项。斗智，是刘邦的绝活。刘邦逃走是不是项羽最后失败的根本原因，结合这篇课文和自己掌握的知识讨论一下。"

一石激起千层浪，学生的思维被打开了，讨论得很热烈，教师顺势在黑板上写下了两方的观点。

甲方：霸王百行扫地空，不杀一端差可取。天命由来归有德，不在沛公生与死（明丘浚《公莫舞》）。

乙方：鸿门宴上逃刘邦，妇人之仁不可取。放虎归山终遗患，项羽自刎乌江岸（结合课文内容临时整理）。

要求学生选择一方的观点展开辩论。学生纷纷畅谈自己的看法，反驳对方的观点，辩论得很激烈。学生旁征博引，加深了对这篇课文的理解，更加深了对刘邦、项羽两个人物形象的理解，课堂收到了意想不到的效果。

【点评 8–10】 教学不能只关注课堂表面的热闹，更要关注课堂的思维含量。灵活多样的预设，能使学生思维多元化，适时生成，没有刻意雕琢的痕迹。在本节案例的教学中，授课教师预设的"有同学会说：刘邦走了，项羽错失了当皇帝的机会，太可惜了"是有利于学生思维的形成的。在史学界与民间都有关于项羽放走刘邦是否左右了楚汉争霸成败的争论，相信学生对此也有疑问，也有争论。教师在课堂教学中基于这个事实预设这个问题，能够在教学过程中激发学生的认知冲突，促使学生结合史料和文本进行积极、深入地思考，可以加深学生对于课文的理解，能够收到意想不到的生成性效果。

案例 8–11 《荷塘月色》教学片段

有一位教师说起自己对《荷塘月色》一课的教学设计。在教授完第一、第二自然段之后，教师要求学生对余下的自然段仔细品读，把握感情。经过学生几次的诵读后，学生对文本已经有感知。然后教师让学生选择自己最喜欢的一段来赏析。教师根据以往的教学经验，预设到学生一般选择第四、第五自然段的居多，但同时教师在进行预设时也考虑到有学生提到自己喜欢第三自然段作者的独白：这一片天地好像是我的，我也像超出了平常的自己，到了另一个世界里。我爱热闹，也爱冷静；爱群居，也爱独处。像今晚上，一个人在这苍茫的月下，什么都可以想，什么都可以不想，便觉是个自由的人。白天里一定要做的事，一定要说的话，现在都可不理。这是独处的妙处，我且受用这无边的荷香月色好了。

教师预设到如果学生选择第三自然段就以此为切入口，设计两个问题来引导学生积极思考,体会作者的思想感情,把握文章的感情基调。第一个问题是:你为什么喜欢这一段独白?教师预设到学生可能会说:它写出了作者追求自由的心境。教师就可以追问:你从哪里可以看出?引导学生抓住关键词语揣摩语言。第二个问题是:这段独白作者心里有几个荷塘,有几个自己?作者喜欢哪个荷塘,喜欢哪个自己?联系文章的开头,作者在此表达了怎样的心情?教师预设在引导学生讨论后,就会发现这里有两个荷塘:平时的荷塘,一条曲折小煤屑路,路边的树也不知名,白天也少人走,夜晚更加寂寞,一点诗意也没有。而今晚的荷塘在这满月的光里,总该另有一番样子,仿佛到了另一个世界。这里也有两个自己,一个是平常的自己。平常的自己是个什么样子呢?平常的自己:想不想、做不做、说不说都由不得自己;另一个是超出了平常的自己:什么都可以想,什么都可以不想……白天里一定要做的事,一定要说的话,现在都可不理。进而引导学生发现此时的作者已经感受到了独处的妙处,暂时摆脱了由不得自己的不宁静,获得了心灵的自由,所以也就超出了平常的自己。

在此基础上,教师引导学生扣紧文本、抓住矛盾展开讨论,继续抓住学生的思维分析两个矛盾。第一个矛盾:本来清华园就是一个世界,哪来的另一个世界呢?第二个矛盾是平常的自己和超出了平常的自己。引导学生经过讨论探究得出:正因为作者在这另有一番样子的荷塘里才超出了平常的自己,心情变得解放了,觉得自由了,平时并不怎么起眼的荷塘此时此刻也就变得美好起来,显得有诗意了,所以这一段最后一句话说:我且受用这无边的荷香月色好了。

在分析完第三自然段之后,再让喜欢第四、第五自然段的同学来朗读,并让学生各自说出喜欢自然段的哪些语句,为什么?在这之后,老师做必要的启发、指点,引导学生细细地品味,用刚才所学的赏析方法从语言、情感、描写的角度这几个方面进行赏析,使学生不仅能体会到这篇文章的佳处,而且学会赏析散文的方法,学会自己赏析文章。

【点评 8-11】 从以上这位教师的教学设计来看,教师对《荷塘月色》可以说是进行了非常充分地预设,对学生可能做出的反应都尽可能考虑到了。但是,我们也注意到教师的这些预设是为思维的生成埋下伏笔的,教师在预设可能的学生反应时,以问题为导向,以思维为核心,不断地提出了诸如文中“有几个荷塘,有几个自己?作者喜欢哪个荷塘,喜欢哪个自己?”以及荷塘与自己的关系等问题,调动学生的思维,加深对文本的理解,学习文本赏析的方法,并将学到的方法应用迁移到后续文本的学习中。

(二) 预设要具有良好的情境性

思维型教学要求创设良好的教学情境。根据思维结构模型,积极思维的前提条件是具有良好的思维环境，应用到课堂教学中，要求教师创设良好的教学情境，促进学生积极主动的思维。教师要创设鼓励学生质疑的课堂教学情境，采取民主型的教学方式，平等地对待学生，鼓励学生独立思考，让学生敢于标新立异、敢于挑战权威，使课堂形成学生主动学习、积极参与的生动活泼的教学氛围。在这样的课堂教学环境中，学生的思维才能被激发，在敢于批判质疑的条件下，学生才能有效生成，学生才能进行有效思考和提问，教学才是真正有效的教学。而教师对待学生提问的态度是教师对学生提问产生的一般而稳定的心理倾向，教师对待学生的提问应该持积极态度，即喜欢、支持、鼓励、引导学生提问。必须注意的是，课堂教学中创设情境只是一种手段，其目的是激发学生积极主动地思维和学习。

（三）生成要为激发学生的积极思维服务

生成不应该是盲目的、任意的、形式的、虚假的，生成要为激发学生的积极思维服务。思维型教学重视让学生经历知识的产生过程，这个过程不是静态的知识的传授与学习，而是要求经历思维的过程。良好的生成性的资源因为其开放性、动态性特征，使其具有较强的可探究性，能够激发学生积极的、深刻的创造性思维和批判性思维。

案例 8-12 《斑羚飞渡》教学片段

案例 6-17 中的教师在进行教学的时候，在教学进行到“只见半大斑羚轻巧地落在对面山峰上，兴奋地咩叫一声，钻到磐石后面不见了”时，或许是由于教学过程中学生的深度参与激发了教学灵感，在与教师课后交流的过程中，这名教师谈到，本来对于这段话设计的教学活动是分析这句话所用的修辞手法，但忽然想到是不是可以让学生进行换位思考，如果学生是这只半大斑羚，在看到老斑羚像火箭残骸一样坠入崖底的时候该是何种心理，是否是如半大斑羚一般如此“兴奋”。结果证明，教学效果非常好。

【点评 8-12】 这节课，教师设计的这个生成性的、课堂教学过程中所进行的二次教学设计课后证明教学效果确实非常好，学生针对这个问题展开了热烈的讨论。本来，教师和学生对“兴奋”一词并没有足够的关注，但是在问题提出来之后，学生纷纷认为半大斑羚不应该“兴奋”，而应该是悲伤的、感激的、痛哭流涕的。经过学生的讨论之后，教师跟同学们就沈石溪的写作风格进行了探讨。使学生认识到，沈石溪有多年的观察动物的经验，早期的动物传记作品也倾向于写人格化的动物，而后期的作品则往往是以动物的心理、动物的行为来写动物。

从而使学生加深了对于“兴奋”这个词的理解，就更好地理解了沈石溪动物传记作品的写作特点：严格按动物特征来规范所描写角色的行为；深入动物角色的内心世界，把握住让读者可信的动物心理特点；作品中的动物主角是个性化的；通过描写动物而反思人类社会。

可以说，这个生成是点睛之笔，激发了学生的积极思维，深刻地理解了文本与文本之外。教师在课文后段的教学过程中，还生成性地提出了进一步让学生思考的问题：如果你是镰刀头羊，在你看着族群有的坠落崖底有的生存下来，只留下自己和后面的猎人与猎狗，毅然走向了那一道彩虹，当时你在想什么？你为何没有选择向猎人下跪寻求生的机会，你是如何思考的？这几个问题，同样引发了学生的积极思考，学生踊跃发言，教学效果非常好。

（四）善于捕捉来自学生的生成

无论是基于预设的生成，还是在教学过程中进行二次设计，都是来自教师的生成。而事实上，在教学过程中更多的生成来自学生，教师要善于捕捉来自学生的生成，重视学生的创造性和提出的问题，并以此来促进积极思维的发生。

案例 8-13 《桥之美》教学片段

有一位教师在进行《桥之美》教学的时候，讲到“摄影师和画家继续在探寻桥之美，大桥、小桥，各有其美。有人画鹊桥，喜鹊构成的桥不仅意义好，形式也自由，生动活泼。凡是起到构成及联系之关键作用的形象，其实也就具备了桥之美！”时，有一个学生站起来提问：“老师，整篇文章前面几个自然段写的桥都是真实存在的桥，无论是石拱桥、方桥、索桥、烟雨桥，还是赵州桥、宝带桥、卢沟桥、南京长江大桥，都是现实中真实存在的桥，而第七自然段的‘鹊桥’却不是真实存在的桥，是想象中的桥、虚拟的桥，作为一篇说明文放在这里是不是不合适？”教师听完一愣，在教学设计中并没有预料到学生会提出这样的问题。不过教师认为这个问题提得好，对这个问题的探讨有利于学生加深对课文的理解，于是教师引导同学们就此展开了讨论和探究。

【点评 8-13】 学生提出的这个问题很有价值，不仅涉及了对课文内容的探讨，还涉及了文体的特征。这个版本的初二语文教材将《桥之美》与《中国石拱桥》《苏州园林》《故宫博物院》等文章放在了同一个说明文单元。教材编写者将《桥之美》视为说明文，这是有争议的。而同一单元中有两篇写桥的文章，则给教师和学生提供了比较的视角。因此，教师在引导学生进行讨论的时候，要求学生将《桥之美》与前面刚学过的《中国石拱桥》进行比较，比较作者身份的不同、视角的不同。在这种启发下，学生发现《中国石拱桥》的作者是茅以升，《桥之美》的作者是吴冠中，茅以升是桥梁专家，而吴冠中是画家，桥梁专家会从建筑力学的角度去写桥，所以茅以升会写单拱桥、联拱桥，而画家会从建筑美学的角度去写桥，所以吴冠中会写桥的线条、曲面，会写不真实存在的桥。然后，教师引导学生对文章的题目进行分析，《桥之美》是一篇写美的文章，结合对文本行文的分析，就会发现《桥之美》兼具散文的特征，既然兼具了散文的特征，也就具有了散文"形散而神不散"的特点，"形"的散就包括了真实存在的桥和理想中的桥，而不散的"神"则是"美"，真实存在的桥有形态的美，不真实存在的鹊桥有情感的美、意境的美。

而教师在引导学生对这个学生提出的问题进行讨论探究之后，学生认为，最后一个自然段关于鹊桥的内容不仅并非不合适，而恰恰由于有关鹊桥的这一段内容更使文章增色不少。

总体来说，预设和生成是辩证统一的关系，教师在进行教学设计时需要合理地处理预设和生成的关系，既不能把课堂教学设计得满满当当，不给生成留有空间，也不能不去做预设而在课堂教学过程中任意盲目生成。没有预设的"放羊式"的课堂，就容易产生远离文本、"脚踏西瓜皮滑到哪算哪里"的局面，形式上很热闹，好似突出了学生的主体地位，似乎每个人都能参与到课堂教学当中，但是这种热闹只是虚假的繁荣，而当繁华落尽将会一池萍碎、一地萧索。反之，严格按照教学预设而没有生成资源的课堂，从形式上来看，看似按部就班、中规中矩，其实是循规蹈矩、刻板僵化，流失了很多的人文气息和学生的创新精神。没有预设的生成往往是盲目的生成，而没有生成的预设往往是无效的预设。好的生成应该是基于留有生成空间的预设。教师在教学设计中留有生成空间，给教学过程中师生、生生之间多向的信息交流提供机会，从而更有利于认知冲突的激发和思维的碰撞，有利于元认知的参与和形成的知识与技能的应用迁移。

正如叶澜教授所讲的，"一个真正把人的发展放在关注中心的教学设计，会为师生教学过程创造性的发挥提供时空的余地；会关注学生的个体差异（不仅是认知的）和为每个学生提供主动积极活动的保证；会促使课堂教学中多向、多种信息交流的产生。这样，教学设计就会脱去僵硬的外衣显露生机。"①

① 叶澜．让课堂焕发出生命活力[J]．教育研究，1997(9)：3—6.

◎ 思考题

1. 应该如何正确理解预设与生成的关系？
2. 常见的预设与生成存在的问题有哪些？
3. 如何在思维型教学理论的指导下正确地预设与生成？

思维型教学理论指导下基于核心素养的课堂教学与评价

参考文献

[1] 李高峰 .IBSTPI 教师能力标准述评[J]. 教育探索,2013(5):18-19.

[2] 胡淼 .21 世纪法国中小学教师专业能力标准探析[J]. 比较教育研究,2011(8):40-45.

[3] 李海荣 . 中小学教师专业能力问卷的编制及初步应用[D]. 临汾:山西师范大学,2010.

[4] 胡卫平,张皖 . 教师专业能力发展的理论与实践[J]. 陕西师范大学学报(哲学社会科学版),2018,47(2):2-8.

[5] 李美凤 . 波兰尼知识理论与中小学教师教育技术能力培养:一种基于反思的教育技术能力形成与发展策略体系[J]. 南京晓庄学院学报,2007(3):96-99.

[6] 周玉文 . 教案检查不能以偏概全[N]. 中国教育报,2008-10-21(7).

[7] 林崇德,胡卫平 . 思维型课堂教学的理论与实践[J]. 北京师范大学学报(社会科学版),2010(1):29-36.

[8] 皮连生 . 教学设计[M]. 北京:高等教育出版社,2000.

[9] 邱靖玲,吴秀君 . 教学设计理论体系综述[J]. 河西学院学报,2008,24(5):100-104.

[10] 加涅 . 教学设计原理[M]. 皮连生,译 . 上海:华东师范大学出版社,2000.

[11] 乌美娜 . 教学设计[M]. 北京:高等教育出版社,1994.

[12] 何克抗 . 教学系统设计[M]. 北京:北京师范大学出版社,2002.

[13] 杨承印 . 化学课程与教学论[M]. 西安:陕西师范大学出版社,2010.

[14] 严文法,胡卫平 . 国外青少年科学推理能力研究综述[J]. 外国中小学教育,2009(5):26-31.

[15] 严文法,李彦花 . 初中生控制变量能力发展研究[J]. 现代中小学教育,2013(9):78-81.

[16] 辛涛,姜宇,刘霞 . 我国义务教育阶段学生核心素养模型的构建[J]. 课程·教材·教法,2013(1):5-11.

[17] 胡卫平．物理学科核心素养的内涵与表现[J]. 中学物理教学参考，2017，46(8)：1-3.

[18] 于漪．于漪语文教育论集[M]. 北京：人民教育出版社，1996.

[19] 卫灿金．叶圣陶的语文思维教育观[J]. 课程·教材·教法，2002(2)：26-29.

[20] WEISS I R，PASLEY J D. What is high-quality instruction? [J]. Educational Leadership，2004，71(5)：24-28.

[21] 奚定华．数学教学设计[M]. 上海：华东师范大学出版社，2001.

[22] 中央教育科学研究所．中华人民共和国教育大事记：1949—1982[M]. 北京：教育科学出版社，1984.

[23] 余文森．从三维目标走向核心素养[J]. 华东师范大学学报(教育科学版)，2016(1)：1-13.

[24] 余文森．从三维目标走向核心素养是课改深化的标志[J]. 人民教育，2016(19)：27.

[25] 郑昀，徐林祥．从"双基"到"三维目标"，再到"核心素养"：新中国成立以来语文学科教学目标述评[J]. 课程·教材·教法，2017，37(10)：43-49.

[26] 马开剑．"三维目标"和"核心素养"：概念的魅惑与实践[J]. 天津教育，2017(11)：31-34.

[27] 严文法，李彦花．美国科学探究教学的历史回顾与启示[J]. 课程·教材·教法，2010，30(8)：107-112.

[28] 苏令．教师讲授时间岂能硬性限定[N]. 中国教育报，2006-03-07(7).

[29] 丛立新．讲授法的合理与合法[J]. 教育研究，2008(7)：64-72.

[30] 刘娟．讲授法真的不合时宜了吗[J]. 成长之路，2012(22)：76.

[31] 武丽婷．论讲授法的误解与误用[J]. 太原大学教育学院学报，2010，(28)：78-79.

[32] 李孝诚，刘兆丽．我国"讲授法"的研究现状及趋势分析[J]. 天津师范大学学报(基础教育版)，2015，16(4)：6-11.

[33] 奥苏贝尔，等．教育心理学：认知观点[M]. 佘星南，宋钧，译．北京：人民教育出版社，1994.

[34] 罗佳美，严文法．"冰山红莲"：高中化学吸热反应演示实验的再改进[J]. 中学化学教学参考，2018(10)：39-40.

[35] 马圆，严文法．再探铜与浓硫酸反应实验的改进[J]. 中学化学教学参考，2018(9)：50-51.

[36] 严文法．美国 RIP 和 4-H 科学探究模型评析及启示[J]. 化学教学，

2008(11):49–52.

[37] 杨晓宏,党建宁. 翻转课堂教学模式本土化策略研究:基于中美教育文化差异比较的视角[J]. 中国电化教育,2014(11):101–110.

[38] 严文法,包雷,李彦花. 国外“翻转课堂”教学模式的理论与实践探析[J]. 电化教育研究,2016(11):120–128.

[39] 包雷,李彦花,严文法.“翻转课堂”的理论辨析与实践解读[J]. 课程·教材·教法,2017,37(6):25–31.

[40] 姜宇,辛涛,刘霞,等. 基于核心素养的教育改革实践途径与策略[J]. 中国教育学刊,2016(6):29–32.

[41] 李吉林. 情境教育的诗篇[M]. 北京:高等教育出版社,2004:46.

[42] 韦志成. 语文教学情境论[M]. 南宁:广西教育出版社,1996:25.

[43] 胡卫平. 科学思维培育学[M]. 北京:科学出版社,2004.

[44] 郑长龙. 基于“教、学、评”一体化理念的化学学习评价设计[J]. 中学化学教学参考,2018(6):3–5.

[45] 张培新. 追寻诗意的数学课堂:张齐华老师课堂教学语言艺术赏析[J]. 小学青年教师(数学版),2006(5):21–22.

[46] 王宗海. 小学语文教学中的问题与对策[M]. 长春:东北师范大学出版社,2010.

[47] 王少非. 课堂评价[M]. 上海:华东师范大学出版社,2013.

[48] 叶澜. 让课堂焕发出生命活力[J]. 教育研究,1997(9):3–6.

[49] 余文森. 论教学的预设与生成[J]. 课程·教材·教法,2007(5). 17 20.

[50] 王鉴,张晓洁. 论教学的二重性[J]. 高等教育研究,2007(1):67–72.

[51] 靖国平. 生成性课堂何以可能[J]. 教育教学,2005(7):4–6

[52] 蔡伟. 新理念为何难以走进语文课堂:从两则案例谈起[J]. 语文建设,2003(5):23–24.

[53] 杨雪城. 老师! 请你仔细想一想[J]. 小学教育科研论坛,2003(4):9.

[54] 颜锁林. 从一则常见案例中触摸数学课堂[J]. 新课程改革与实践,2009,4(9):82.

[55] 王均列,祝中录. 愿“生活”更加美好[J]. 江苏教育,2006(7):28.

[56] 宋现娟,周玉芹. 不预难立　不成则废[J]. 中学语文教学参考,2018(10):66–68.